河北省社会科学基金项目，项目编号：HB20

李克非　汪佐丽　著

多维视角下

高职院校德育教育创新策略研究

北方文艺出版社

哈尔滨

图书在版编目（CIP）数据

多维视角下高职院校德育教育创新策略研究 / 李克非，汪佐丽著 . -- 哈尔滨：北方文艺出版社，2022.4
ISBN 978-7-5317-5498-5

Ⅰ . ①多… Ⅱ . ①李… ②汪… Ⅲ . ①高等职业教育 – 德育工作 – 研究 – 中国 Ⅳ . ① G711

中国版本图书馆 CIP 数据核字 (2022) 第 056967 号

多维视角下高职院校德育教育创新策略研究

DUOWEI SHIJIAO XIA GAOZHI YUANXIAO DEYU JIAOYU CHUANGXIN CELÜE YANJIU

作　者 / 李克非　汪佐丽
责任编辑 / 张　璐　　　　　　　　　　封面设计 / 张顺霞

出版发行 / 北方文艺出版社　　　　　　邮　编 / 150008
发行电话 / (0451) 86825533　　　　　经　销 / 新华书店
地　址 / 哈尔滨市南岗区宣庆小区 1 号楼　网　址 / www.bfwy.com

印　刷 / 三河市元兴印务有限公司　　　开　本 / 710mm×1000mm　1/ 16
字　数 / 214 千　　　　　　　　　　　印　张 / 14.5
版　次 / 2022 年 4 月第 1 版　　　　　印　次 / 2023 年 1 月第 2 次印刷
书　号 / ISBN 978-7-5317-5498-5　　　定　价 / 35.00 元

内容简介

　　《多维视角下高职院校德育教育创新策略研究》是一本基于多维视角系统地研究高职院校德育教育及其创新的专著。本书在阐述高职院校德育教学方针、教学原则、教学方法及实现路径等知识的基础上，进一步探讨了我国高职院校德育课程中存在的问题及其成因，并提出了相应的改革创新策略。同时，本书还阐述了网络时代背景下高职院校思想政治理论课教学创新的必要性，并提出了具体的教学创新策略，旨在为提高我国高职院校德育教育水平提供理论上的参考。

目 录

第一章　高职院校德育教学概述

第一节　高职院校德育教学方针

德育的内容十分丰富，但学校的德育时间有限。目前，在我国的德育教学中，高校有三门德育课，即"思想道德修养与法律基础""毛泽东思想、邓小平理论、'三个代表'重要思想和科学发展观"和"时事政治"，在仅有的各两个学期的教学过程中，德育被赋予了时事政治教育、人生观和价值观教育、心理素质教育、文明习惯教育、爱国主义教育、思想道德教育、法制教育等丰富的内涵。学生在校期间，甚至毕业10余年后，若出名了，媒体还会曝光其所属学校，若是名校则更甚。这说明人们对学校德育寄予了太多的希望和期待。但德育又受到家庭环境、学习环境和社会大环境的影响，因此学校德育不可能成为影响人一生德行形成的唯一变量。德行的培养是一个长期的过程，学校教给学生的是一种道德思维方式，是德性，而不是具体的德行。社会的复杂性决定了人的思维的复杂性，人在德性和德行之间，或者说行为与目的之间有时不是统一的。只有将德育精神根植于学生的心中，才能真正滋生出道德的种子。

一、为什么要提出德育实践教学方针

鉴于目前高校德育的丰富性，以及道德精神的延展性和动态变化性，德育教师需要一个简捷易行的德育实践教学的指导方针，使德育实践教学由浅入深、由表及里地得到贯彻落实，促使德育思想在贯彻实践的同时，上升为刻骨铭心的道德精神。因此，"以身作则，循循善诱；知行合一，循序渐进"的德育实践教学指导方针被正式提出。

二、德育实践教学方针及内涵

（一）以身作则，循循善诱

在德育过程中，德育教师自身就是一个充满情感的、鲜活的德育教育资源，教师在讲台上的所有举动尽收学生眼底。教师衣着得体、举止优雅、谈吐文明、落落大方，就能很快被学生接受。教师在各类活动的组织过程中身先士卒，学生就能紧随其后，积极配合教师的工作；教师在活动中指手画脚，说完就走，学生则随后就走。在学校和班级的层面上，德育学习似乎由于社会规范而得到强化，这种社会规范重视对理解的探求，给学生（还有教师）犯错误的机会。因此，学校德育以德育理论课程为主渠道，学生的德性培养在于校园的日常生活，包括教师在学生面前的所有言谈举止。教师毕竟是人而不是"神"，在德育建设中，允许教师犯错误，人类就是在无数次失败中获得进步的。

在"四德"（家庭美德、职业道德、社会公德、个人品德）中：家庭美德的学习主要是靠父母，周围人的行为也会对孩子产生影响；职业道德的学习包括多个方面，在学校可以见师德，在家庭中可以学习家长（家长对子女的道德影响是终身的），在单位可以学习同事，还可以学习领导；在社会公德层面上，学生受社会环境的影响很大，整个社会风清气正，正能量得到张扬和扶持，就会引导人们树立良好的社会公德；个人品德建立在以上诸多方面的德育学习大环境的基础之上。

因此，教师以身作则是德育实践教学能够扎实开展的前提和基础。大学教师面对的学生不同，有通过普考入学的高中毕业生，有从职业高中、高级技校考入的学生，也有在社会上工作几年后又报考入学的，他们需要有接受彼此的心理调适和准备。德育教师可以通过教学、布置作业的方式，进入学生的心理空间，了解他们。例如，在了解学生家庭的基本情况时，教师可以布置"我的家乡、我的爹娘"主题作文作业，教师已经考虑到这类作业或许会伤害单亲家庭或失去父母的学生，以及家庭环境更加复杂的学生，但人生必须学会面对，任何回避都是暂时的躲避，能直面和正视人生，才能健康地成长。该类作业使教师更加深入地了解了学生的家庭背景，对需要心理安抚的学生可以精心地做出批注，学生需要的话，可以进行个别交流。

德育教师的理论知识教学固然重要，但德育的真谛是教给学生一种德育思想、德育思维方式和德育思维能力，而非德育理论知识自身，至于德育理论自身，需要人用一生在社会生产和生活实践中循序渐进地品味，逐渐地认识、提升。因此，道德的"修"，无论是在家庭、学校还是社会，都是有阶段性的，但道德的"养"需要一生的过程，"修"而不"养"则难"成"，养成是一个过程，养成了，则成功、成才、成人。因此，德育教师的"教"非同其他教师的"教"。在课堂上，教师的言行就是一种极佳的教具，教师以身作则，精心组织教学，细心批注作业，在三尺讲坛上持之以恒，对教育事业脚踏实地、忠心耿耿，热爱和尊重学生，学而不厌，诲人不倦，由表及里、由浅入深，循循善诱，自然就能取得良好的德育效果。

（二）知行合一，循序渐进

知行合一是明代思想家、教育家王守仁的典型思想。知行合一是一种境界。"知行合一"学说的出现，是中国哲学最后一次整合的标志，它完成了从隋唐以来儒、道、释三教思想融合、超越和升华的历史使命，使理学体系达到了顶峰。知行观是中国哲学中出现较早、贯穿认识论的一种重要理论。"知之真切笃实处即是行，行之明觉精察处即是知。""知"有知识、认识的意思，强调人的活动是有目的、有意识的，即王守仁所说的"致良知"，要使人的主体与客体联系起来，则要"求理于吾心"，即"知行合一"，做到身体力行，知一行一，知行转化，以达统一。王守仁认为，知和行是不能分离的，知是行的主意，行是知的功夫，知是行之始，行是知之成。

从哲学上看："知"属于认识的范畴，是主体对客体观念的把握；"行"属于实践的范畴，是主体对客体的物质活动。辩证唯物主义认为，实践是认识发展的源泉和动力，又是认识发展的最终目的和最高归宿，而认识又反过来指导实践，为实践服务，对实践产生重大影响。在知行关系上，教育家陶行知很清楚地指出：知来源于行而又指导行。这句话中的后一个"行"是指有理论指导的"行"，是达到更高境界的"行"。就德育而言，需要从"源于行"的"知"入手，进行由浅入深的教学研究和探索，才能将"源于行"的"知"给学生讲深、讲透、讲明白。因为，所有的"知"都建立在人类长期的社会生活或生产实践的基础上，是一个"实践—认识—再实践—再认识"的循环往复的过程。如果背离了"实践"直接进入对"知"的认识，原本鲜活的教学过程就变成从书本到书本、从理论到理论的机械、枯燥的教学过程了。人无完人，集所有优秀品质于一身的人是不存在的。但学术知识是德育教师应该不断学习和丰富的，同时，学生对德育教师的人格魅力需求，说明了德育教师的知识造诣、人格魅力、责任感和教学能力本身就是一种德育教育资源，这种教育资源具体、鲜活而生动地体现在教师的言行中，根深蒂固地影响和教育着学生。教师的"行"是学生的一面镜子，而学生的"行"也是教师的一面镜子，在德育教师抱怨学生的时候，反映的是教师自身教学过程的问题。在这方面，从高校进行的"知行"讲坛、专业课实践教学融合学生职业素质教育、辅导员的班级管理和学生社团活动，以及德育实践教学的探索等效果看：绝大部分学生对学校安排的各类有针对性的专题讲座给予了肯定，并希望多进行这些方面的活动；他们认为专业课实践教学融合职业素质教育的方法可行，对自身影响深刻；他们对辅导员的班级管理量化赋分和围绕专业进行的企业化班级管理等德育实践尝试给予肯定；他们对德育教师利用网络，对热点、焦点问题进行案例分析和课堂讨论的方法给予肯定。

"知行合一"中"知"是前提，"行"是落脚点，从"行"入"知"，从易到难，由浅入深，方得真知。由"知"到"行"是一个需要精心传递、耐心培育、循序渐进的过程，是一个对"知"的逐渐学习、体会，然后行动的过程，不能有半点的虚伪和急躁，没有便捷的路径可走。因此，需要高度重视德育过程中"循序渐进"的重要意义，无论是教师的师德建设还是大学生的德育建设，都不能搞"一阵风"似的教育，家庭、学校、社会都需要坚持不懈，常年观察和引导。就家庭而言，家长是孩子的第一任德育教师；就学校而言，每位教职员工都是学生眼中的老师，即便是教辅人员或工勤人员。尤其是在学生刚入学的时候，面对全新的生活、学习环境，学生会先入为主。

例如：学校的卫生环境很好，学生就"不好意思"随地乱扔果皮纸屑等；反之，就会出现"破窗效应"，当管理不能及时跟进时，会形成问题很多、积重难返的被动局面。因此，学校德育应从大处着眼、从小处入手，循循善诱，循序渐进，认真分析学生的性格特征、家庭生活及背景等实际情况，因人而异，因材施教，精心细致地制订好每个阶段的德育计划，并切实抓好落实。一个好的品格的养成需要一个很长的过程，正如毛泽东同志所说的，一个人做一件好事并不难，难的是一辈子做好事。《左传·昭公·昭公十年》中提到过的"非知之实难，将在行之"说的就是这个道理。因此，需要用"不积跬步，无以至千里；不积小流，无以成江海"的道理引导德育教师成为有耐心、有学术造诣、有人格魅力、有使命感和责任感、有教学能力的受学生欢迎的教师，引导学生"勿以善小而不为，勿以恶小而为之"，使学生成为努力追求知行合一的学习和生活意境，在人生的每个阶段都能自省、自勉，脚踏实地的人，成为有修养意识、有学习能力、有职业素质、有责任担当、有理想、有道德、脱离了低级趣味、有益于人民的人。因此，德育不只是教师的工作，需要从家庭就开始培育孩子的道德意识和德行，在学校则需要全程德育、全员德育、全面考核，这样才能使学生知行合一，循序渐进，全面发展。

三、德育实践教学方针的延伸性与拓展性

马克思认为："人的本质并不是单个人所固有的抽象物。在其现实性上，它是一切社会关系的总和。"① 马克思主义关于人的本质的科学表述，说明了人的本质的社会性和综合性。同时，每个人从出生起，就受到生长环境的影响，也打下了时代的烙印，无论是人的素质的全面发展，还是人的能力的全面发展，都离不开社会大时代和大环境的影响。因此，德育实践教学也不能背离这个方向。德育实践教学中的两个主体是教师和学生，他们的学习、生活和教与学都是在开放的状态下进行的，这是由社会经济进步、高科技的通信手段和发达的网络导致的。高科技是一把双刃剑，它在丰富教学手段和

①马克思，恩格斯. 马克思恩格斯选集：第一卷 [M]. 2版.北京：人民出版社，1995.

教学方法的同时，也让无数师生陷入网络结成的"玫瑰陷阱"。教师在网络世界中应走进去出得来，摄取大量的知识，获得丰富教学内容和方法的宝贵资源；走进去出不来，就会被卷入信息网络的旋涡中，独自徘徊。学生如果没有自省、自觉和自我节制的意识，走进去出不来，就会沦为"网虫"，甚至会有极端的行为。

德育实践教学最终必然是要走向社会生产和生活，因此教师必须建立开放的视野。对学生的德育，向前要追溯到学生的家庭，当下要全面把握学生在校期间的生活学习和身心健康，向后要贴近社会经济发展、科技进步等。要做好教育和引导的全面策划和科学设计。做好策划设计的前提是要了解社会，这就要求教师建立终身学习的自觉性。为什么需要终身学习？因为社会经济发展迅速，网络的发展不可阻挡地渗透我们每个人的生活空间，网络的飞速发展，真正实现了"上下五千年，弹指一挥间"，尤其是在每个人都成为"新闻发言人"的自媒体时代，待在家里就能"运筹帷幄于千里之外"，教师掌握的情况，学生也能同时掌握，教师与学生常常会就同一个问题产生思想认识的碰撞，教师只有把握更多相关知识，才能就同一问题和学生展开充分的讨论，让学生在网络世界里走进去，也能及时抽身跳出来。

在开放的国度、开放的时代，在多样化和多元化的社会经济生活中，各种社会思潮不断地撞击着人们的精神世界，不断地调整和改变着人们的思维方式。教师首先要提升能够清醒而勇敢地走向社会的能力，只有这样，德育实践教学才能向社会延伸和拓展，这是德育教学时代发展的必然和特征。同时，教师还要有在开放的社会中筛选有效教学素材的能力，掌握学生关注和聚焦的社会问题，结合德育课程进展情况，将问题与教学计划有机地融合，通过对教材的深刻把握，采用案例分析或师生共同研究的方式将问题说清，将道理说透。必要的话，可以给学生留出继续探索和研究的空间，但这种探索和研究必须是在教师正确的引导下进行的、有正确方向的研究。

综上所述，德育理论教学的时间是绝对的，有一定的教学课时，有一定的教学地点，如教室或讲堂等；德育实践教学的空间则是开阔的，可以通过学生在校生活、学习的任何角落体现出来，即便是文体活动，也是"醉翁之意不在酒"，而是通过各类活动，锻炼师生的协调、组织等方面的能力，观察学生的纪律与文明情况，观察学生友爱、互助和协作等方面的能力；思想道德修养的时空更是无限的，从人出生时的家风影响开始，一直到步入耄耋之年，甚至死亡后才能盖棺论定。例如：像孔子那样有思想的人还能为后人留下"学而时习之，不亦乐乎？"等论述，他的思想光辉照耀着中华民族；最美教师、最美村干部、最美乡村医生的精神，在美丽中国代代相传，生生不息。

四、德育实践教学方针指导德育实践教学研究的可持续性

"以身作则，循循善诱；知行合一，循序渐进"的德育实践教学方针，对德育实践教学研究具有一定的指导意义。德育实践教学方针充分地考虑了德育教学过程中的两个主体。在后现代教育思潮的影响下，人们常纠结于两个主体中何者为先的问题，在德育实践教学方针中，则明确地将教师的"以身作则"放在首位，这也同时确立了教师在教与学两个主体中的主导作用。在目前的德育教学课程安排上，《思想道德修养与法律基础》教材在第一节中就设计了大学生"适应人生新阶段"的一系列入学教育，该门课大部分都在新生入学的第一个学期授课，这样的设计是很科学、很合理的。因为目前的大学生大部分是独生子女，个性强，但处理个人生活的能力不强；大部分学生在家时都有自己独立的生活、学习空间，与他人的融合需要教师及时加以引导；大学生的学习方式也发生了很大的变化，从小学到高中毕业，在生活和学习方面的、来自家长和教师的全程关注突然没有了，"解放"后的学生有的还真会"找不着北"，如果不及时引导，学生就容易彻底地"放松"到"网络世界"中而不能自拔，这样的案例是不鲜见的。这个阶段的学生有的因为生活的自理能力弱，但一切又需要自己打理而焦虑，有的因为陌生的集体环境而纠结，有的因为宿舍中的集体生活或起居的生物钟差异而无奈，也有的因为面对全新的学习生活而不知所措。因此，入学第一个学期，尤其是前 2 个月对学生的必要关注和及时引导是十分重要的。德育教师此时就应出现在学生面前，一个好的、优秀的德育教师应当理解此时自己的身份——

一名教师，但又不仅仅是一名教师。因为，此时的德育教师，犹如一盏灯。你的高度决定了你能顾及多少学生的感受；你的深度决定了你能否进入学生的内心世界；你的宽容随时都在调适着学生的心态；你的言谈举止直接反映着你自身的道德修养、职业素质和职业素养；你按时、文明、有节地缓缓进入教室，从如何适应大学生活开始娓娓道来，学生的心就会瞬间被你抓住……德育教师所肩负的责任和义务是法定的，是从中央到地方各级政府高度重视的，更是由教师自身的使命感和责任意识决定的，是最不敢、最不能放松和懈怠的，其职责和义务是紧密地联系在一起的。教师在道德修养方面是学生的正面、直观、明亮的镜子。你用不友好的眼神扫视你的学生，学生就会以不屑的眼光回报你；你热爱本职工作，满腔热情、温文尔雅、文明有礼地对待每一位学生，他们也会以文明有序的课堂秩序回馈于你；当来自异地的学生初到新的学习生活环境中时，你心里装着学生，在气温变化大时提醒学生注意增减衣服，学生反馈给你的就是关心和爱戴，如节日的问候等。反之，学生也是教师的一面镜子，在抱怨自己的学生课堂纪律有问题、不尊重教师、作业完成得不认真的时候，教师需要用逆向思维的方式，反思一下自己的言行，如是否严格遵守了课堂纪律、按时上下课，是否尊重和爱护了自己的学生，是否认真地对待、关注和批注了学生的作业等。这种关爱和被关爱如同力学的作用力和反作用力一样，是有付出才有回报的。因此，教师要"以身作则"，在把握德育理论教学的同时，随时加强自身的修养，让"知行合一"的道理首先体现在自己的言行和教学过程中，再去教育、引导学生，德育就是一个自然而然的过程了。

"学而不厌，诲人不倦"，在一个优秀的德育教师眼中，"学而不厌"不是针对学生的，而是直面教师自身的。在科技和经济社会迅猛发展的今天，知识大爆炸是众所周知的，无论是学生还是教师都应当是"学而不厌"的主体，此时的教学主体是同位的，教师肩负着时代赋予的教育使命，必须有终身学习的自觉性。经济社会发展越迅速，越需要学习，这是教师的义务和职责。而学生的学则是在教师主导下的学。教师确立了终身学习意识，就会关注社会焦点和热点问题，紧扣教材主题，言传身教地和学生一起进行探索和研究，寓教于学，教学相长，相得益彰。所谓"循循善诱"，是建立在"诲人不倦"的基础上的。一名优秀的教师是在良好的家庭、学校和社会教育氛围中渐渐形成的，教师要有爱心、细心、精心，还要有耐心，持之以恒，就一门课程深入探究，经年累月，必将取得令人满意的成果，而最大的成果就是学生对德育课程的认可。

问题是，目前有的德育教师自身对德育都存在疑问，尤其是在面对社会问题的时候。当然，面对纷繁的社会生活，教师不是圣人，但德育教师要坚守自己的底线，要以身作则，发挥教师的德育主导作用。因此，无论是德育理论教学还是德育实践教学，都要求教师具有慎独的意识，具有崇高的道德情操和道德精神。在德育教学过程中，德育教师要时刻牢记党的教育事业宗旨，在教学的过程中要言行谨慎，恪守师道和师德。为师之道在于为学生解惑释疑；为师之德在于忠于职守，忠诚于党的教育事业，以个人崇高的精神境界和文明的言行，引导学生沿着中国特色社会主义道路健康发展。在现实社会生活中，媒体频频曝光一些道德问题，这些展示在师生面前的问题，既是社会客观存在的问题，又是德育教师通过结合教材进度、把握问题，循循善诱地引导学生逐渐走出迷惑，树立正确世界观而能够解决的问题。德育教师自己要明白，同时也要让学生明白：目前我国的社会在经济迅速发展的同时应当相应地健全法制，实现法治，德与法仅一念之差，因此还应密切关注社会科技进步、经济发展和人类生活多元化带来的道德问题、社会问题、人们的心理健康问题等。因此，对于社会频频曝光的一些"道德问题"，德育教师不能同其他人一样，人云亦云地将一些社会问题、心理问题和法制不健全的问题一股脑地简单归咎于道德问题。德育教师应该有独立的辨析、分析和研究的能力，必要的话，可针对学生关注的问题进行分析和研究。

总之，德育教师应当清醒地意识到：社会生活中频频曝光的"道德问题"也是社会进步和发展中自然产生的问题，是发展中的问题。能够意识到问题，并被媒体提出来就是社会的进步。改革开放以来，在社会经济迅猛发展的同时，人们的竞争压力、工作压力、社会压力越来越大；近年来，随着城市化的推进，很多新社区落成，社会建设和管理面临着很多新问题；由于社会基层组织松散，不法分子有了可乘之机，出现了恶性案件频发等问题。以上这些都是发展中的问题，即使是发达国家，也经历了发展过程中的一系列社会问题。而社会媒体从对"小悦悦事件"到老人倒地救助反被诬陷等道德问题的关注和讨论，恰恰体现了一种社会责任，社会对于教育的责任便是它至高无上的道德责任。通过法律和社会舆论的讨论，社会就会以一种机遇性和偶然性的方式来调整和形成它自身。但是通过教育，社会却能够明确地表达自己的目的，能够组织自己的方法和手段，进而明确地、有效地朝着它所希望的前进目标塑造自身。社会媒体对社会发展进程中的道德问题的关注和披露，恰恰又是社会公共道德和社会文明的进步。在开放的国度和多元化的社会生活背景下，如果媒体对于类似的社会问题和道德问题麻木不仁，才是一个社会的悲哀。

由于社会舆论对道德的监督和制约机制，很多社会问题经常以道德的形式，通过舆论的手段展示给大众，极大地丰富了德育理论和德育实践教学的内容，德育教师要在德育实践教学过程中，紧密联系社会生活实践，结合学生的德育实践教学，进行深入的、科学的辨析、分析和研究。因此，丰富的社会德育内容和广阔的德育实践教学平台，必将为德育教师的德育实践教学研究提供开阔的视野，也必将引导学生在逐渐深入剖析各类问题的实质内容后，获得道德精神的真正体验。

在整个德育实践教学中，教师是一面镜子，也是一个靶子。是镜子，所以学生能从教师身上看到自己的影子；是靶子，如果教师不能遵守师德、恪守为师之道，必将引起学生的强烈不满而成为被嘲讽或唾弃的对象。因此，"己所不欲，勿施于人"，要培育理论与实践有机结合的高等职业院校的学生，教师自身必须首先进行知行合一的自我完善，在德、智、体、美方面完善自己。教师要具备优秀的教学能力，建立终身学习的意识，与学生一起学习、成长，尤其是德育教师，应具有师生互为人师的意识，和学生融为一体，不断地从社会生活中汲取道德精神的养料，不断地提升自己的教学能力，提升自身的教学水平。在这个基础上，教师的教学才能让学生感到"好吃"，才能让学生"吃饱"，"循序渐进"才能最终实现。

第二节 高职院校德育教学原则

人由于掌握了知识和科学法则而能够控制自然过程，并且能够对它们担负起责任。在现代社会，人已经在领会、认知和理解这个世界了，也已经具有了必要的技术，可以根据自己的利益合理地影响这个世界了，同时人又用物质产品和技术结构丰富了这个世界。所有这一切说明，人已经成为自己命运的潜在主人。人成为自己命运的潜在主人有两层含义：一是人只能成为自己命运的主人，而非他人命运或大自然命运的主人；二是人只能成为自己命运的"潜在主人"，而非完全意义上的"主人"，因为在社会中，人还受到社会环境等方面的制约。但若掌握了知识和科学法则而能够控制自然过程的人，没有社会进步和人类社会发展需要的道德认知，就不能够对它们担负起责任，所以科技越发展，人的道德认知的培养越重要。因此，德育是在人的一生中都需要不断完善的重要内容。如果说，加强人的个人修养属于道德自律范畴的话，那么制定德育实践教学原则就是完善和丰富德育教学内容，使道德的理论教学和实践教学成为德育教学的两翼，对助力德育教学实效性必然有着重要的作用。鉴于目前德育教学课时少而内容丰富的客观性，需要制定德育实践教学基本原则，以规范德育实践教学向健康的方向发展。

一、制定德育实践教学原则的依据

制定德育实践教学原则的依据是国家的法定性和党的政策的规约性。

首先，在我国，任何政党和社会组织及武装力量都必须在宪法和法律规定的范围内活动。作为高等职业教育，所有教学管理的依据是由国家制定的、与教育相关的一系列法律法规，我国以法律的形式规定："高等教育必须贯彻国家的教育方针，必须为社会主义现代化建设服务，必须与生产劳动相结合，培养德、智、体等方面全面发展的社会主义事业的建设者和接班人。""高等教育的任务是培养具有创新精神和实践能力的高级专门人才，发展科学技术文化，促进社会主义现代化建设。"[①] 高等职业院校既要严格执行国家高等教育赋予的法律义务和责任，又要建立、健全职业教育所需要的职业知识、职业技能，也要进行职业指导；既要培养大学生的专业知识和技能，又要培养大学生的职业道德和职业素质；既要进行大学生的就业指导，又要对大学生进行创业精神的培育和引导，引导高校大学生建立热爱劳动、劳动光荣的意识，使学生的学习能够理论联系实际，做到知行合一。

其次，高等教育的目的是为中国特色社会主义事业培育德、智、体等方面全面发展的社会主义事业的建设者和接班人。我党历来高度重视大学生队伍建设，制定了一系列规章制度以引导和规范大学生的思想政治工作和德育建设，始终如一地坚持中国特色社会主义办学方向。党的十八大报告更加明确地指出："努力办好人民满意的教育。教育是民族振兴和社会进步的基石。""坚持教育为社会主义现代化建设服务、为人民服务，把立德树人作为教育的根本任务，培育德智体美全面发展的社会主义建设者和接班人。全面实施素质教育，深化教育领域综合改革，着力提高教育质量，培养学生的社会责任感、创新精神、实践能力。"[②] 高等职业教育既要赋予大学生相应的高等职业专业知识，也要给予大学生相应的高端技能。因此，教师既要具备专业理论知识和理论教学水平，也要具备与专业相关的高端实践操作技能，提高实践能力。知行合一，理论与实践相结合，是高职教育的典型特征。如果德育只重视理论教学，相对于社会这个大舞台，教师在教室这个方寸之地，即便利用了网络知识、多媒体教学，采用了教学互动、第二课堂教育的专题讲座等形式，因材施教，也依然没有走出从小课堂到大讲堂的理论教育模式。没有德育实践教学的德育，如折了羽翼的大鹏鸟，难以展翅飞翔。因此，德育实践教学是高职教育必须建立并要不断充实和完善的、重要的德育内容。建立德育实践教学原则，能有效地规范德育实践教学的有序探索，起到少走弯路的作用。

---

①教育部法制办公室. 教育法律法规规章汇编 [M]. 北京：教育科学出版社，2004.
②本书编写组. 十八大报告辅导读本 [M]. 北京：人民出版社，2012.

二、德育实践教学原则及内涵

由于德育实践教学尚处在摸索阶段，根据多年的对德育教学和学生管理情况的分析，可建立以下原则：准确定位原则、系统整合原则、知行合一原则、教学互动原则、因材施教原则、遵循自然原则、终身学习原则、社会参与和反哺社会原则、全员参与和全面发展原则。

（一）准确定位原则

多年来，由于社会生活的多元化，道德问题也不断地出现，引起社会对学校德育的问责。因此，高校要准确定位德育实践教学的作用和适用范围。这里涉及三个方面：一是要对高校德育的时空局限性有清醒的认识；二是对高等教育的德育要有冷静的判断；三是要充分发挥高校专业实践教学面向社会生产一线的优势，做好德育实践教学的系统规划。首先，只有对高校德育时空观有科学的认识，才能把握时机，将德育实践教学适度地向学生家庭、社会延伸。学生的在校时间是有限的，而人的道德建设是由环境和意境因素决定的，有着极大的变动性，因此，学生在学校每个阶段的德育都不能放松。而目前，从小升中、中考到高考，中小学生客观上持续地、长时间地面对着巨大的升学压力，德育被严重边缘化了。素质教育开展了二三十年，中小学生依然在中考和高考的"纤绳"上荡悠悠。家长自然是更重视学生的艺术技能培养、特长训练和成绩，各个中小学校在巨大的升学压力下也不得不全面关注升学率，在这种状况下，高校德育成为学校德育的终点站，从而倍受社会关注。但高校德育不能人云亦云，必须对自己的德育局限性有一个客观的认识，并积极探索，突破教育时空的限制。例如，与学生家长合作，让学生家长参与学生家庭美德、职业素质和社会公德等内容的教育。对学生进行德育教育，家长有着不可推卸的责任，家长参与德育教育可以极大地拓展德育空间，延伸德育的时空，丰富德育的内涵。其次，无论社会如何喧嚣，对高等教育的德育都要有冷静的判断，尤其是对社会上出现的道德问题，要冷静地分析和研究，弄清究竟是道德问题还是法律问题，是社会问题还是心理问题，是学校教育问题还是其他问题……总之，要冷静和理性地分析和判断，引导学生正确认识和把握问题的实质，而非片面地一边倒，引起不必要的思想混乱。最后，发挥高校专业课实践教学面向社会生产一线的优势，将德育实践教学与专业课实践教学有机融合，让专业学习与德育理论学习融合在一起。在巩固理想信念教育的同时，提高专业课学习的主动性和自觉性；在加强专业技能的同时，加强学生的职业道德和职业素质教育。要真正做到德能双修、和谐发展。因此，高校德育实践教学的准确定位是非常重要的，定位准确能达到事半功倍的效果。

（二）系统整合原则

以往的德育与专业课教学是相互剥离的，似乎德育就是德育教师的德育。如今，很多高校将德育渗透进了专业课中。原本这也是自然而然的事情，但由于课程的机械安排，将德育与专业教学机械地分类、分裂开来，讲专业课程的只顾讲完专业教学计划就行了，至于学生的学习主动性、课堂纪律，以及学生是否热爱本专业等，似乎都是德育教师或辅导员的事情。因此，高校德育需要进行系统整合。将团委、学生工作部、学生社团、学生志愿者服务、专业课实践教学、学生寒暑假从事的社会生产实践，以及所做的家务、农活，包括学生的考试纪律、学术的原创意识、网络自律意识、孝行孝德等有机整合，开阔德育实践教学视野，对学生在大学学习期间的全部德育表现和道德风貌进行全面、深刻的观察与考核，在大学毕业前，同毕业设计一起，做出系统的、规范的、全面的，以及贯穿学生大学全程的、科学的评价，可以在大学阶段全程培育大学生建立良好的品德，确立崇高的道德情操。人之德育不是一两个学期或一两个学年的德育，道德修养是一个持续的、恒久的过程，需要一生的努力。贯穿全程的德育，也有益于引导教师树立持久的立德树人、教书育人的思想意识，而不是教而不育，或育而不教的知识与技能、理论与实践脱离的纯书本或纯理论的教育。

（三）知行合一原则

知行合一既是高职教育的方针，也是高职教育的原则。高职教育不同于其他普通高等教育。首先，从学校办学规模和层次上来说，高等职业教育的"高"字，意味着其教育从技工教育走上了大学专科层次，办学规模也随着办学层次的提升得到了拓展。就学生角度而言，毕业生从获得中级技工或高级技工毕业证书一跃成为获得了大学专科层次的毕业学历，从"蓝领"阶层进入了"金蓝领"阶层。高等职业教育的"高"字，体现了理论教学不再是中专或技工层次的内容，必须向一个新的高度、高的层次进军，而实践教学也不再停留在原来的中、高级技工的基本技能上。当国家产业向"三高"（高端、高质、高效）转型时，高等职业教育要迎合国家着力构建的现代产业发展新体系，符合区域经济发展新需求，适合战略性新兴产业、先进制造业发展的新需要，建立高端的技术技能，而非原来低端运营所带来的高投入、高消耗、高污染，低产出、低效益、低收益。目前高科技的发展导致现代企业管理的高端技能型人才奇缺，高端技能型人才已然成为同博士一样的稀缺资源，恰恰是因为社会经济迅猛发展对高端技能型人才的需求，高校十年来得到了飞速发展。

其次，从高校毕业生就业趋势看，毕业生绝大部分是面向社会生产第一线就业的。由于现代企业的发展，出现了介于蓝领和白领之间的行业，如计算机平面艺术设计、动漫艺术设计、广告设计等；企业现代化的生产和管理方式，也催生了薪水很高的"金蓝领"阶层。而"金蓝领"和蓝领的一个"金"字之差，给高职教育教学提出了一系列新的要求——必须随着社会技术进步的需要拓展新技能和高端技能。

最后，高职教育的"高"是前提，"职"是落脚点。高职教育所开设的专业必须依据社会经济发展的需要，学院才能有生存的价值和发展的前景。如果说高校的理论知识要突出"高"字，那么专业课实践教学则应明确地体现专业性、职业性和行业性。因此，高职教育必须将理论与实践紧密结合，使"知"与"行"高度合一。就德育而言，也必然要受到高职教育教学特征的影响，"知"与"行"高度合一，德育理论与德育教学不能是"两张皮"，"两张皮"的结果就是"言""行"不一。因此，德育教师既要注重学生德育知识的传授，也要关注学生在自学基础上对知识的领悟，并适时地组织好交流和研讨，提高学生独立获得德育知识的能力和对社会热点、焦点问题的分析、判断等方面的能力。

（四）教学互动原则

在社会中，德育是通过人与人的交往或人与物的交互性实现的，是通过职业道德中人与职业之间的关系，社会公德中人与人、人与社会融合、友爱、互助等和谐现象，人与自然或人与其他物种之间的善待等体现出来的，是通过社会舆论来调节的。在学校，德育的主渠道是思想政治理论教学的系列课程，尚没有将辅导员对学生的日常行为纳入大学生德育考核考评的标准。其实，真正的大学生德育渗透在大学生进入大学后的整个阶段。从新生办理入学手续时要讲秩序、讲文明，一直到毕业生的就业指导和文明离校，贯穿每个大学生在校学习的全过程。就德育教学主渠道而言，从德育教师的角度看，立德树人是师生共同追求的目标。教师在德育教学实践中既履行了教师的职责和义务，也将自己的德育思想传递给了学生。教师可以借助于现代通信网络，引导学生收集现代社会关注或自己热切关注的热点、焦点问题，将其作为教学案例，师生可在课堂上或作业里进行教学互动、教学研讨等。站在交往的角度看德育，站在德育的角度看交往，是我们所采用的两种不同视角。它们的结合——交往与德育的深层活动，乃是我们的切入点。因此，德育实践教学的切入点就是教学互动，可以在课堂上就某一德育内容或相关内容的观点在师生或同学之间展开讨论，也可以就某项活动，如春季运动会上学生所体现的秩序或纪律等问题进行互动，互动可以在课堂上，也可以在具体的学生管理活动中。总之，德育教学也好，管理也罢，要让学生说话。在德育过程中，教师要体验学生的真实感受，才能使德育收到事半功倍的实效。

（五）因材施教原则

专业课教学和德育教学面向的是同一个群体。同样的教学方式，专业课教学可以收到比德育课教学更好的效果，其原因在于：一是专业课内容对于学生来说是崭新的，学生对崭新的专业内容有着好奇心理和探求欲，不同的学生对基础知识的掌握程度可能会有些差别，但面对全新的专业课，他们是在同一个学习起跑线上的；二是就德育教学而言，理想信念教育是从小学到大学都有的内容，但是在多元化的社会经济生活中，每个学生受家庭背景不同、教育环境不同等多方面的影响，对德育的认识有着很大的差异。德育就其直接的、现实的承担者和实现者来说是个体性的，也就是说，从事具体的德育实践活动的活生生的个体是德育最直接、最现实的承担者和实现者，这也意味着，无论德育以何种形式出现，其最终必须通过个体的德育活动才能变为现实的存在。因此，在德育实践教学中，德育教师要密切关注每个学生面对社会现实所体现出来的外在表现和内在心理冲突，因材施教，德育实践教学才能展示出鲜活的"教"与"学"的互动性和能动性。教师要充分认识德育实践教学这一教学环节在人才培养中的重要地位，切实把德育实践教学与德育理论知识有机地结合起来，使实践的教学环节切实成为德行培养、检验理论，以及加深理论认识和理解的重要途径。

（六）遵循自然原则

在文字产生以前，人们的道德认知就开始萌生了，并规范着人类原始状态的简单生产和生活。直到今天，伴随着人的出生，德育在人牙牙学语时就在家庭内潜移默化地进行着。例如：让一个走路还打着趔趄的幼童，将切下来的第一块西瓜双手捧着先送到老人手里的行为，在很多家庭一代代地传承和演绎着；幼儿园老师在领着孩子外出活动时，指着路边的鲜花说，"花儿好看我不摘，大家都说我真乖"；小学生与大人节假日乘公交车出行时，孩子的父母让自己的子女给老人或孕妇让座等行为，如春风化雨般滋润着社会的文明。这一切，自然而然，正如托马斯·亨利·赫胥黎所言："对我们每一个人来说，在我们受到其他任何方式的教育影响之前，自然界就支配着我们，社会生活的每一分钟都产生了教育影响，使我们的行为与自然法则基本一致，因此，我们不会因为过分的不服从而过早地被消灭。"大自然是人类最好的老师，也是人类最好的大学。"在这个极不寻常的大学——宇宙里，自然界仍然继续对我们进行耐心的教育。""在自然界这所大学里获得优等成绩，认识到并服从于支配人和事物的法则的那些人，是世界上真正伟大和成功的人。"[①] 只有真正地融入大自然中，人的思想行为才能同人的呼吸一样，和大自然完全融合。尤其是在我国生态文明建设中，若还存有"人有多大胆，地有多大产"的愚昧想法，必然要受到大自然的惩处。

良好的道德思想的形成如同良好的生态圈的形成一样，需要有一个过程，因此，德育教学也好，德育科研也好，高等教育的德育需要一些冷思考，要做到宁静致远。目前激烈的竞争把整体学术水平推到了"高原"的状态，适度的压力是有益的，但过度的紧张会压垮人，做不出好学问。高职德育亦然，需要冷静下来，追求符合人的德育成长规律的、遵循自然的德育。每所院校可根据专业发展趋势开展特色鲜明的德育，使德育更具备实效性和人性。例如：医学院的学生要学习医德，具备了医德的医生就不会以医谋私；师范教育的学生要学习师德，具备了师德的教师就不会"索拿卡要"；行政管理，以及警察、司法等学科或专业的学生要培养依法执政的能力；经过公务员培训的学生要建立官德等。办学时间较长的院校要充分挖掘优秀的传统办学思想和文化，将其融入德育教学；专业性明确的高校可根据专业发展方向，建立职业道德和职业素质教育。总之，德育建设要时时处处尊重和遵循每所院校所处的自然环境、社会环境和人文环境，顺其自然、顺势而为，才能顺理成章、和谐自然。

（七）终身学习原则

大自然的一切是不断发展变化的，人类社会的发展正在发生着前所未有的剧烈变化，社会生产的高速度、高科技通信工具的不断更新及迅速提升的知识，均促进了社会经济的急剧发展。与时俱进、和平发展是整个人类社会发展的主流。时间的一维性决定了万物的转瞬即逝，空间的三维性注定了事物发展的无定性、无定数，人睿智的大脑决定了人思维的高度敏锐性和复杂性，就像扬·阿姆斯·夸美纽斯（以下简称"夸美纽斯"）在《大教学论》

---

①托·亨·赫胥黎. 科学与教育 [M]. 单中惠，平波，译. 2版. 北京：人民教育出版社，2005.

中所叙述的那样："人心的能量是无限的……它上天入地，即使天地之广再大一千倍，它也一样能去，因为它在空间穿行的速度简直是大得令人不能置信的。"① 人的思维在瞬间就能穿越无际的太空，振动翅膀在太空任意翱翔几个来回。如此聪慧的人类，促进了政治和经济文化的发展，在日新月异的大自然和人类社会中，只有建立终身学习的自觉意识和自主行动，才不至于被历史、被社会淘汰。

面对迅速发展和知识大爆炸的人类社会，早在 1972 年，联合国教科文组织国际教育发展委员会就发表了著名的报告：《学会生存 —— 教育世界的今天与明天》。它特别强调两个基本概念：终身教育和学习化的社会。它指出：教育是贯穿人一生的、不断积累知识的长期、连续的过程；终身教育是现代化社会的基石，唯有全面的终身教育才能培养完善的人；我们需要终身学习，去建立一个不断演进的知识体系 —— 学会生存；要使教育更好地为社会服务，必须积极发展终身教育的思想；只有终身教育的思想，才能使教育变成有效的、公正的、人道的事业。

"终身教育和学习化的社会"概念的提出，是人类社会发展和思想发展的一大进步，它使教育不再是青少年的特权，也不再是专家学者的特权。国际 21 世纪教育委员会向联合国教科文组织提交了题为《教育 —— 财富蕴藏其中》的报告，强调必须把终身学习放在社会的中心位置上，并建议确立终身学习的四大支柱：学会认知、学会做事、学会合作、学会生存。

以上更多的是在主观上强调学习的必要性。从客观的角度分析，知识经济时代的来临告诫人们，学习能力等于生命能力、生存能力、竞争能力。用手办事、用知识办事、用先进的文化思想办事，同样的事，其结果是不同的。现代经济社会发展趋势表明：可以没有学历，不能没有学习能力；可以没有文凭，不能没有水平。在现代社会发展的进程中，在经济结构调整和社会机构巨大的变动过程中，社会成员要具备竞争能力，首先要具备学习能力，"工欲善其事，必先利其器"，只有具备了一定的自主学习能力，才能在现代社

---

① 夸美纽斯. 大教学论 [M]. 傅任敢，译. 北京：教育科学出版社，1999.

会进步中做到"随心所欲不逾矩"。学习能力需要科学的方法加以提高，人要活得有质量、有气质，要活得精彩，关键要通过学习充实内涵，成为一个有深度、有内涵的理性的人，只有这样，人的特质和气质才能典雅和优雅，人才能有自信并获得成功。科学的学习是有度的学习，有度的学习是和谐的、理论联系实际的做中学、学中做的学习。

目前，我们要引导师生树立终身学习的意识，尤其是德育教师，要排除官本位和任何畸形膨胀的物欲和私欲，正确认识和处理好权力和财富的关系，明白二者不是人生的终极追求目标。其原因很简单，弓箭无论打磨得多么锋利，都不是为了射向自身。一个人拥有再大的权力、再多的财富，都不是纯粹为了自己的享受；除了自身，还有其他的目标，就是为其他人提供更合适的价值，在改善其他人的生活方面有所助益。在开放的国度，德育教师还需要建立包容、宽容、兼容并包的思想，这样才能引导学生建立崇高的人生理想。

德育教师在自我坚持终身学习意识的同时，要坚持不懈地引导学生树立终身学习意识，要让学生意识到教育能为每个地方、每个人培养热爱和平的深厚感情，使人们能随时准备抵抗侵略战争，教育的使命就是帮助人们在各个不同的民族中找出共同的人性。整个德育教学过程必须注入终身教育观念，使学生具备终身学习意识，并积极行动起来，学习、学习、再学习；将学院建设成学习型组织，实践、实践、再实践；将学生在校园生活的一切活动和整个世界的社会生活作为德育实践教学的巨大平台，引导高校的师生担当起引领先进德育文化前进方向的重任。

（八）社会参与和反哺社会原则

正是因为我们处在改革开放的时代，高校又有着面向社会、开放办学的优良传统，今天的德育尤其需要积极面向社会，参与社会生产和社会生活的各项活动，让师生切身感受社会进步带来的责任感和使命感，共同担当起应有的社会责任。同时，高校可吸收优质的社会德育资源。例如：邀请全国、全省道德标兵或社会先进模范，为师生进行专题报告；可邀请兄弟院校的师德标兵进行专题讲座；可邀请企业、行业中的优秀高级技师、优秀管理人员等对师生进行辅导；还可以邀请离退休的一些老领导、老同志，为大学生进行传统教育；等等。在这些德育模式中，师生站在一个学习者的角度，一起感受和领悟优质的社会德育资源带来的一次次思想道德领域的"饕餮盛宴"，获得一次次情感上的震撼和感动。在德育育人方面，现实中的每个人都拥有一个道德思想的"小宇宙"，在校园里、在社会生活中，每个人都拥有各自不同的道德能量，正能量大于负能量，正能量多，校园、社会就文明，就进步。开放办学模式就是"社会为学校""学校和社会打成一片"，彼此之间很难区别，社会含有学校的意味，学校含有社会的意味。我们要把学校的"围墙"拆去，才可能与社会沟通。这种"围墙"是个人心中的心墙。个人把他以前受传统教育影响的感情、态度转变过来，解放出来。因此，教师更要将自己习惯的，在学校、在课堂或大讲堂的德育方式，向生活、向社会延伸，让学生的德育是贯穿始终的德育，让教育是一个完整的教育，只有这样，德育实践教学才能海阔天空。

完善德育实践教学的目的是使师生获得理论与实践相结合、知行合一的真实体验，也是师生用先进的道德思想和德育教学成果反哺社会的必要途径。在德育实践教学中，我们更多地使用"师生"这组词汇，是因为教师在德育实践教学中，既扮演着教师的角色，也践行着学者的义务和责任。如前所述，教师的形象和言行对学生来说就是一种教育资源，教师言行一致，诚信守时，严肃认真地对待每一次讲课和活动，学生就会积极认真地给予配合。因此，教师通过德育实践教学获得的教学体验并不亚于学生，在锻炼学生的协调能力、组织能力时，在强调学生的活动纪律、文明素质、团结协作、友爱互助等方面，能够和学生一起有所体验、有所收获。

更为重要的是，德育实践教学通过一系列的社团活动、志愿者活动，通过在社会上建立德育实践教学基地等，将德育理论教学成果运用到社会生活中，可以反哺社会，为社会做一些有意义、有价值的事情。在培育师生担当社会责任的同时，师生的社会公德意识和责任担当意识在具体的活动中自然而然地体现在言行中。对师生来说，双方都是一面镜子，教师在观察学生的同时，学生也在关注着教师的一言一行，教师在社会活动中温文尔雅、有礼有节、文明有序，学生就会如数效仿。无论如何，高等教育是社会先进文化的引擎，在德育实践教学中，师生在获得优质社会德育资源涵养的同时，也将先进的道德思想向社会传播，作为当代的教师和大学生，反哺社会是我们的义务和责任。

（九）全员参与和全面发展原则

孩子一出生，家庭美德的教育就开始了，但孩子首先获得的是"爱幼"，有被关怀、关切的道德体验。然后，在成长过程中，他们逐渐地学会了"敬老"，学会团结友爱，学会关心他人、爱护公物等。学生一进校门，德育就开始了，新生首先感受到的是来自老师和学长的热烈欢迎的迎新场面和热烈氛围；然后，伴随着德育理论的学习，逐渐掌握比较完整的道德知识体系，并在德育实践教学、日常的起居和生活，以及各类社会活动中运用所学的道德知识，得到德育教学的生理和心理的体验。因此，德育不仅仅是德育教师的德育，还是一所院校全体教职员工的德育；学生的日常管理，也不仅是学生管理人员的管理，而是全体师生和员工的管理。在校园里，每一位教职工都应该将自己作为德育的一员：在敬业爱岗、勤奋工作的同时，积极参与学生管理和德育活动；在恪守职业道德的同时，树立良好的自身形象。例如，新生入学之初，后勤管理人员和学生管理人员要面对整理被褥、拖把、黑板擦，以及发放教材等事情，在这些琐碎的事情面前，教职工要面对形形色色的学生和家长，有良好的师德和修养制约的人，无论面对什么样的学生和家长，都能和颜悦色、细致耐心地引导，在这和颜悦色和细致入微的沟通、服务中，传递给学生的是校园里的热情、理性和正能量，传递给家长的是学校优质的管理和服务资源，是让家长放心、学生安心的校园，这必然会带给学生学习的安全感和温馨感。人民满意的教育不是教师单方面的行为，它所体现的是一所院校的整体管理水平。只有全员参与德育实践教学，才能促进学生的全面发展。

全员参与原则强调师生和员工都是德育实践教学的一分子，应全面参与德育建设。高校的管理者是德育实践教学的积极倡导者、建设者；教师教书育人的职责本身就被赋予了德育理论和实践教学的深刻内涵，无论是专业课还是基础课，教师在教学过程中的思维和行为模式，都为学生传递着浓重的德育气息；后勤工作人员所种植和维护的花草树木，都是紧紧围绕德育校园和德育文化氛围需要进行的。学生一届届地毕业，学校所倡导的学院德育思想也通过一代代教职工传递给一届届学生，周而复始，才能历练出百年大学代代相传的学院精神。一所学校的德育建设，要通过几代人的努力才能形成激励全体师生员工、人人推崇、积极践行的一种精神或品质。学生在学校学习时，作为个体是一个点，但是到社会上后，他们会将这种独有的、特色鲜明的道德精神在工作岗位上、在生产实践中展现出来，此时产生的影响就不是一个点，而是一个面，他们的言行就成了宣传学院的广告，好的德育实践教学使他们终身受益。学生在进入校园的第一天，由于先入为主的思想，每个在校园工作的教职工的言行都会给他们留下深刻的印象，并产生一定的影响。因此，一所学校的德育建设需要全员参与，只有这样才能将其德育思想积极、健康、稳定地传承和发展下去。

以往我们常强调的是教书育人、管理育人、服务育人，在此要再次强调环境育人的重要性。目前随着社会经济迅速发展，人们的社会生活发生了巨大的变化，从小学到初中的九年义务教育制度，以及高中阶段的办学设施的完善，由于党和国家政府的重视，也都发生了巨大的变化。各类高校也都建立了新校区，有的是一校多址办学，校园环境也有了很大的改观。在多元化的社会中，学生、家长及社会都对高等教育赋予了很多期待，期待学生能接受良好的教育，期待学校能给予学生良好的生活和学习环境等。由于人们的社会物质生活水平提高了，这些期待似乎也在情理之中。有的家长在给孩子选择或填报志愿时，先浏览相关高校的网页或网站，了解学校的专业设置、师资力量、办学规模、办学条件等基本情况，有的家长甚至会先到相关的高校进行实地考察，而此时映入家长眼帘的是高校的环境氛围，包括一所学校的人文环境和自然环境。大城市中的大学的环境可以培育学生大度、大气的心智，小城市中的大学的优美环境也可给学生以静谧闲适的身心体验。一些高校负债建设新校区，其校园的环境建设相对于行政教学设施的建设要薄弱得多，导致不少教职工反映，过去办学规模小的时候，多么希望伴随着学校的发展和办学规模的扩张，也能开辟新校区，期待自己也能在一所拥有广阔空间的校园中工作。现在，不少大学都随着规模的扩张开辟了新校区，但其新校区鳞次栉比的崭新楼群，既不是我国的民族建筑风格，也不是欧美的建筑风格，十几所高校走下来，几乎没有鲜明的特色和风格，既找不到老校传统而独特的建筑和文化风格，也找不到新的人文风格。这样的教学环境使人如同进入了一个新的居住小区，没有一丝高等学府的文化品位。

近年来，山东省高校德育评估，把高校在德育文化建设方面狠狠地向前推了一把。其中的"休读点"建设，促使很多高校在人文景观的建设方面真正地花费了心思。随后，有经济实力的高校又在德育评估的基础上加强了校园环境文化建设，使师生切实感受到党和政府对师生的关心和关怀。这里尤其要提到"休读点"建设的意义。"休读点"是高校校园人文景观建设的内容之一，它可简可繁，形象生动地展示了每所院校的审美意识和文化追求。从建设的规模来说，"休读点"的建设也凸显了一所院校的办学实力，无论是简还是繁，都受到了师生的欢迎和喜爱。就其"简"而言，可简化到一棵原生态的大树下面，放着一块比较平整的原生态巨石，周围摆放几块原生态的、相对平整的石头作为座位，脚下是茂密的草地，周围有几朵盛开的鲜花，师生在树荫下捧着一本书，悠闲自在地深读着，就是一道亮丽的风景。这样的风景偶尔在公园里也能见到，但在高校是不鲜见的。有的"休读点"是在植树节时学生自己种植的一片小树林里，由于学生从宿舍到食堂、从食堂到教室总是选择最短的路径行走，渐渐地在幽静的小树林里走出了数条通道，学校人性化地给这些通道铺上鹅卵石等，在几个通道的交会点，移走几棵树，放上一块相对平整的大石头，在其周边放上几块经过粗糙工艺砸平的"石凳"，一样能供阅读者小憩，又展现出数道风景。至于那些实力较强的高校，则可在开阔的新校区设计出文化广场、文化墙、文化馆等，这更是极大地美化了育人的环境，所到之处，均有文化石上的名言引导学生的思想和行为，使学生向更高的境界攀登。大学里一棵百年老树就承载着百年老校的办学沧桑，就凝结着一所学校几代人的办学艰辛，就记载着一所学校的办学历程。这些环境文化的建设工作，不少高校是师生员工全员参与的，如在校园内道路两边的石头上刻制的名言警句，是在师生员工中广泛征集的基础上，选取票数最高的而镌刻的，镌刻后的文化石所摆放的空间也是与师生的学习、工作和生活息息相关的。

环境文化包含了净化、绿化、美化和亮化等多方面。净化后的校园，或许没有耀眼绚丽的人文景观，但正如学生所言，刚进入校园时，如果看到报到现场一片凌乱，自己也会乱扔果皮纸屑，但如果周围很干净，就不好意思了。这正应验了"破窗理论"，管理越跟不上就越乱。目前校园的绿化基本上都很美观，师生在疲劳的学习、工作之余，抬眼望到的是苍翠绿树，这可以使疲劳的双眼得到缓解和休养。校园的美化也随着校园环境的建设逐步到位，大部分学校做到了三季有花、四季常青。亮化在高校亦是可简可繁的，但师生早晚自习路上的路灯，以及教室和实验设施的照明是必要的，就生态文明建设和培养师生的低碳生活意识而言，高校的亮化没有必要太奢华，灯红酒绿永远也不可能是高校的主流文化。

高校的育人环境还受周边社会环境的影响。例如：若高校周边都是高校，学生会受到周边高校学生，尤其是本科院校学生的影响，其在学习的自觉性、主动性上，会向相对好的方面转化；反之，因高等职业院校学生的自制力相对本科院校学生要差些，若周边网吧多，一些学生就会经不住诱惑去上网，甚至成为网迷而影响了学业。

综上所述，环境育人是毋庸置疑的，应当将环境育人纳入原有的"三育人"思想或育人措施中，规范和完善高校育人环境，全面地培养和发展人才，环境育人还包括学术方面的软环境建设，教师在教学和学术方面必须有自己的认识、自己的思想及自己的德育体验，这样的教学和学术才能引起学生的关注和兴趣。如果教师的教育思想没有新的提升，学生学起来必然乏味；教师的学术如果也是人云亦云，学生必然也会感到乏味；教师的学术如果缺乏原创，则更加有害于学生。

环境育人还包括教师的行为和职业素质，这也会对学生产生直接的影响。好的素质会对学生产生好的影响，若教师牢骚满腹，必然会将负面情绪传递给学生。若德育教学产生负面影响，就与教育的初衷背道而驰、相去甚远了。因此，从高校的管理层到教师，甚至后勤总务，都要坚持教书育人、管理育人、服务育人和环境育人的"四育人"制度，并从这四个方面全面地考核办学模式，德育实践教学才能丰富内容、完善形式，才能从多个角度加强管理和监控，从而促进人的全面发展。德育只有以人的全面发展为原则，才能承担起历史和时代赋予的使命和重任，才能使作为德育主体的人的个性和主体性得到全面的发展，从而实现对人的完整性的塑造，达到对人的德性的完善和满足。

第三节　高职院校德育教学方法

教学方法是教师教学研究的永恒主题。面对学生，面对教材文本，教师应该如何在教育实践中规范、科学、严谨、入情入理地履行教学义务，如何有效地实施教学，这是值得我们不断探索和深刻研究的问题。

教学过程首先是教师对教材文本知识消化、展化（或深化）、内化的过程，继而是教师通过学校教育的途径，按照教学计划和教学大纲的要求，将教材文本知识转化给学生，达到教化、同化，最后引导学生通过异化的手段走向理性升华，达到创新知识目的的过程。这是教师对教材文本的消化—展化—内化—转化—教化—同化—异化—升华的过程。在这个过程中，教师的教学方法对促进学生的知识吸收起着至关重要的作用。

消化是教师吃透教材文本的过程。在这个过程中，教师的职责是认真备课。教师备课时，要看的、要准备的首先是依据计划和教学大纲制定的教材文本，教师对教材文本的理解，要有一定的深度，要在吃透的基础上充分地吸收、消化，使教材文本的基本内容融入教师的思想。除此之外，教师备课的内容不应只限于教材本身，还要涉及教材提及的许多边缘学科，深化教材文本内容，这就在无形中向教师提出了开阔知识视野的客观要求，所以教师的教就必须实现第二步 —— 展化。

展化是教师博览群书，拓宽视野的过程。教师要拓宽的视野很多，包括知识视野、社会视野和生活视野。过去我们说，要给学生一杯水，教师就要有一桶水。在知识经济日新月异、飞速发展的今天，许多知识在迅速地发展着，知识变为动态的、变异的、游离的，在这样的情况下，教师的"一桶水"如果不及时更新，就可能成为过时的，甚至是对学生造成误导的、无意义的"水"。在这种情况下，教师要想站稳讲台，要想站在讲台上不脸红，就要在教学实践中不断学习，增加"内存"，扩大"硬盘"，使自己的"知识之水"成为一眼不断更新、喷涌的"泉水"。别小看了这"一潭水"，在教学过程中，"一潭清水"为学生带来的益处有可能是终身的。教师拥有这"一潭清水"，才能在讲台上自信地与学生展开沟通和交流，讲课才能做到游刃有余，当教师能够做到旁征博引、机智灵活、举一反三时，课堂上学生的思维就会活跃，教师就会给学生留下博学多才的印象，教师在日后的教学中也会因为学生的尊重而充满自信。

内化是教师将教材文本知识深化成自己的人本知识的过程，就是将教材文本知识在备课中学精、学深、学透，将教材文本知识内化到自己能够用语言形象地表述清楚的地步，而不是刻板地围绕教材谈教材，使学生产生厌学情绪。当教师将教材文本知识真正地内化成自己的知识，并通过学习将某一理论提升到一定高度时，在教学过程中，教师的思维就会变得极为活跃。教师可以在课堂上根据学生的情绪，围绕学生的疑惑，联系并列举发生在社会、生活、学习中的事件或案例，通过"讲述老百姓自己的故事"的方式，厚积薄发，由浅入深地引导、启发和教育学生。直观、形象的教学案例有助于学生对教材的认识和理解，有助于使学生认识到所学的知识距离自己很近，很有用，激发学生的学习兴趣。在这种情况下，就可以实现教学过程的第四步——转化。

转化是教师实施教学实践、贯彻教学计划的具体过程。这是教学过程中实质性的一步，也是非常重要的一步。教师因为有了必要的、准备充分的备课，从而自信地站在讲台上，将内化的知识，通过学校教学的途径以讲课的方式转化给学生。这种转化是教师教学实践的提升，是教师对教材文本知识的再认识，也是学生和教师一起完成教学任务的关键过程。在转化中，教师面对不同学生应使用不同的教学方法，随机应变。在现实教学情境中，教师有许多教学方法和教学经验是只能意会、不能言传的。不能言传并不是教师的教学语言和教学行为有什么忌讳和神秘的东西，而是由教师的教学经验和对学生的了解程度决定的。当师生相互了解、相互理解时，师生之间就会产生"心有灵犀一点通"的教学效果，此时，教师的一个眼神、一个微小的动作都可能对教学产生作用，都可能对学生产生一种意想不到的效应——"皮格马利翁效应"。在转化的过程中，教师可能在教学过程中即兴发挥，将教材文本提升到一个新的高度，而此时的教师，也会在教学过程中体验到教育职业的乐趣和高尚。教师在向学生转化教材文本知识的同时，站在讲台上，无论是站相、说相还是教相，其每一个教学行为都成为学生关注的对象，是教师修养的"亮相"。这就是太阳底下最光辉的职业的高尚与光荣，但这种高尚与光荣是需要教师不断"修炼"的。所谓"修炼"，就是教师要修炼到站在太阳下无论从哪个角度，都能做到基本完美，否则，一堂课下来，教师就会成为学生当晚入睡前的笑柄。更可怕的是，如果教师有不良教学行为，如谩骂学生、回答不出学生围绕教材提出的问题等，或者有更加不严谨的行为，那将给教师形象蒙上一层厚厚的阴影，为学生所不齿。教师的教材文本转化充满了教学的艺术性和科学性，是教师最值得探讨、最重要的教学环节。

教化是教师将教材文本知识传授给学生的过程。学校教育对人的教化作用是巨大的。教化促进了人的进化和发展，使人远远超越了其他生物物种的进化速度，摆脱了原始人的愚昧时期，并高速发展到今天的文明时代。在这个历史过程中，教化的作用是毋庸置疑的。教化使人性得到开发，使人走向文明。在教学过程中，教化就是教师在自身吃透教材文本后，将教材内容按照教学计划和教学大纲的要求，将教材文本的知识传授给学生的过程。通过教师的"教"促进学生对知识的内化，这个"内化"不是教师的"内化"，而是教师通过"教"的途径，引导和教导学生对教材文本知识的"内化"，只有学生真正学会和理解了教材知识，教师的"教"才达到了目的。教化的内涵是十分广泛的，教师"教"的观念和行为，对学生产生影响，而学校对人的教化和影响是潜移默化的，它在实现对学生教化的同时，默默地影响着学校周边的人文环境的变化。从美国哈佛大学对其南墙外落后的贫民区的文明教化和影响，到在我国的城市中，大学集中的地方、大学办学年限较长的地方对周边环境的人文影响，教化的作用都是有目共睹的，它对周边环境具有积极、文明、进步的教育意义和良性影响。这种教化作用促进了社会精神文明建设和物质文明建设的同步发展。我国和谐社会的建设也要在和谐的教化、和谐的理念引导下实现。

同化是教化目的实现的结果。教师在实现教材文本的转化和教化的过程中，与学生一起同化所教学的知识，同化得越彻底，学生的知识掌握得越牢固，教师的"教"实现得越完美。教与学两个方面对同化的知识是各有所需、各有所取、各有所获的，教师在同化教材知识的过程中熟练了教学方法，而学生则在教学过程中掌握了教材文本的知识。在同化过程中，教师和学生一起分析案例，剖析发生在师生工作、学习、生活中的事件，一起对教材文本进行学习、认识、消化、内化，这对教师来说是提升，对学生来说是加深印象。同化过程不仅是师生对教材文本知识的内化，其实，在教学过程中，师生情感也在逐渐地同化。后现代教育理念使教师走下讲台，与学生融为一体，实现心与心的交流和交融，将新知识通过教学的途径，同化到师生的心灵深处。走下讲台，深入学生，理解学生，也是教师打破两千多年的师道尊严，与现代文明同化的过程，是人类文明的进步。

异化是师生对人类知识的反思和创新。异化就是在教学过程中，启发学生对知识的逆向思维，反对机械的学习。机械的学习充其量使学生成了人类现有知识的储存器，而教育的目的不是这样。人类的文化知识都是在反思和创新中逐渐发展起来的。异化教育、异化知识（或许是一个教育研究的悖论），倡导和培育的是学生逆向思维的意识和精神，培养学生敢于质疑、敢于打破常规的精神。自古英雄出少年，许多中学生敢于挑战教材文本，在解题时，能开发多条思路，使知识得到丰富和提升、完善和发展。正如夸美纽斯在《大教学论》中所说："苏格拉底得到古人的赞扬，是因为他使哲学离开了硗薄棘手的玄想，使它能在德行领域中产生结果。"[①]可见，任何真理都要受到某一时段人的认识水平和认识能力的制约，真理应在实践的基础上得到进一步的检验和发展，也可以在学校教学中得到实践、验证和发展。而异化教育是对已有真理的深刻反思，是对诠释真理的方式及途径的挑战。

升华是通过异化和创新原有知识而使其上升到新的理论层次的过程。教学不仅仅是"传道"和传承人类原有的文化知识，而且是要在"传"与"承"的同时，对不断变化的大千世界进行研究和探索。教师在"教"的同时，也在不断地"学"。在当今时代，高科技的发展促使学生的知识视野更开阔，在后现代教育中不能否认地存在着教师的"教"的主导作用和学生的"学"的主体功能。因此，教师要实现科学的"教"，就必须研究自己的教育对象——学生，这样才能实现因材施教的科学教学方略，才能在教学实践中与学生一起同化教材文本知识，并且使文本知识有一个探索、创新和升华的过程，也就是知识异化和升华过程。古往今来，知识都是在传承中得到提升的，否则我们依然在"之乎者也"的迷宫里兜圈子，依然在"地心说"的理念下自以为是。

最后，教师还要开启学生的"三道门"。一是开启学生的智慧之门。坐在我们面前的学生经过了多年的学习，他们有的学累了、学厌了，有的面对新的知识科目无所适从。教师首先要调动起学生对所学课程的积极性，引用一个典故或案例，激发学生探求新知识的兴趣，打开学生求知的智慧之门。二是引导学生"入门"。学生从小学到初中、高中的课程，如语文、数学、物理、化学，乃至音乐、体育等，似乎近十年的知识结构都有一定的连贯性，而进入专业学习，知识的关联性似乎不那么强了，学生需要换一种思维方式来思考和学习，教师就是引路人，将学生引入新的学习思维空间。所谓"师傅领进门，修行靠个人"，就是这个道理。三是启发学生"出门"，即引导学生从书本中跳出来，走向社会实践和创新。知识是为人服务的，如果教师将所教的知识教"死"了，学生学"呆"了，学得只会考试，不会动手，不知怎么干，是不行的。我们面对的是职业教育，是为社会经济服务进行的教育，

---

①夸美纽斯. 大教学论 [M]. 傅任敢，译. 2 版. 北京：教育科学出版社，2014.

因此教师必须具备引导学生走出书本、走向实践、走向社会的技能和技巧。

教学方法就如同教师的个性一样，丰富多彩，尤其是技工教育和职业教育注重实践的特性，更加赋予了教学方法直观性和形象性，它集逻辑思维和形象思维于一体，集对事物的理性认识与感性认识于一体，为从事技工教育和职业教育的教师提供了更为广阔的研究空间，只有在教学实践中，不断提升自己的教学科研能力，才能自信和有意义地从事这"太阳底下最崇高的职业"。

这里要谈谈关于"异化的教育"与"教育的异化"的问题。教育原本是为了使人得到解放，使人类得到发展，促使人性向着文明进步方向发展，但现在的学生已经被日益增长的知识压得透不过气来。为了消化不同专业的巨大的知识群、知识库，学生的大脑似乎成了容量不断增长、无限扩大的硬盘。但在知识经济时代，知识日新月异的递增似乎到了储存知识都来不及的程度，计算机硬盘不够用的时候，产生了软盘，之后又出现了U盘，U盘的存储量不断地扩大，便有了外接大容量硬盘……但人脑对知识的把握是循序渐进的，"填鸭式"的教育只会使成长中的青少年厌学，甚至辍学。其表现在现实中，就是不断地给中小学生增加学习科目，由原来的文化知识教育，发展到利用业余时间学习计算机、乐器、声乐等各类"特长"。如此一来，教育便失去了原有的意义，成为随着人们知识的增长而给人们带来的一张越织越密、越织结构越复杂的网，这张网将人性、人的智慧和人的灵感，乃至天赋牢牢地网住，失去了人类所特有的灵性和活力，制约了创造和创新。这种教育产生的效果是异化的，教育使青少年被异化成了"书柜""书橱"或"知识储存器"。

异化的教育不是因材施教、循序渐进的教育。家庭、父母、学校、教师在同一阶段，对成长中的青少年采用"填鸭式"的教育方式，其结果是使原本求知欲很强的青少年，面对庞大而无际的知识体系，面对教师对所谓"标准答案"的枯燥、刻板的解析，渐渐地失去兴趣、望而生畏，直至厌学。对于部分一路"高分"进入知名学校的"好学生"，老师、家长包括其自身都对未来充满了过多的期待。例如，在高期望的重荷下，某初中毕业生高分考入某省重点高中后，仅仅因为第一学期期末考试个别科目名次没进入前三名，就无数次地质问自己：我怎么就不是第一呢？最终导致精神崩溃。也有中学生仅仅因为上网速度慢，就一跃从 10 楼跳下去，结束了鲜活的生命。

与其他生物物种相比，人类之所以能摆脱原始和愚昧，迅速发展到今天的现代文明，就是因为人类善于总结，善于在总结中进行文化传承和提升，善于在进步中发现和研究规律并进行理论提升，这是一个"实践—认识—再实践—再认识"的过程。在扬弃中传承、在传承中创新极大地促进了人类的进步与发展。优质的教育构建在对现实社会所发生的一些不和谐现象的反思和认识的基础之上。教育永远是为人类、为经济建设服务的。各类教育的迅速发展，极大地促进了社会经济的发展。发展经济的目的是满足人们不断增长的物质文化生活的需要，然而，为了发展经济，我们采取粗放式的经营管理模式，无节制地开发和消耗有限的资源，导致了生态环境被破坏。当沙漠化不断扩大，当沙尘暴对人类的生存造成危害的时候，我们无论再怎么反思和纠错，付出的代价也是很大的。"十年树木，百年树人"的道理告诫我们：教育中出现的闪失不是用一个十年能挽回的。在改革开放的今天，人们要追求美好的生活，就要关注优质的教育环境，教育应该从小抓起。重视教育是件好事，但其结果又怎样呢？孩子面临着一个怎样的教育环境呢？在人本理念、人本管理盛行的今天，社会为成人提供了充裕的休闲时间，成人和社会又为孩子提供了什么呢？大人用休闲时间为孩子安排了一系列的业余学习。为迎合大人的需要，社会为孩子提供了一系列的业余学习内容，从文体美、数理化到各种"特长"技能的完善等，使孩子应接不暇，原本应该快乐成长的年龄，被过重的课业负担压得透不过气来，原本快乐的学习变成激烈的竞争，原本快乐的成长变为成长的烦恼。大人将几代人因种种社会原因或主观原因没有实现的大学梦，全部寄托在了稚嫩的孩子身上，这又是一种现实中普遍存在的教育的不和谐。我国人口众多，经济尚不发达，满足人们教育需求的能力有限，而家长对优质教育资源的激烈竞争，使孩子在激烈的中、高考中成为彼此的竞争对手。在这种竞争下，鲜活的教育逐渐变异，异化成重负、压力的代名词。这种异化的教育，像"玫瑰陷阱"一样，在"黄金屋""颜如玉"的诱惑下，导致学生误入歧途。

如果说，优质教育资源的有限性决定了教育需求的竞争性，那么，经过竞争取得高等教育入场券的、接受优质高等教育的学子该是心满意足、身心和谐的，但事实并非如此。近年来，北京大学（以下简称"北大"）某硕士毕业生因打骂亲生父母被曝光，清华大学机电系学生刘某某在动物园泼洒氢氧化钠溶液（俗称"火碱"）和硫酸溶液伤熊，复旦大学某研究生虐猫事件，云南大学马某某残杀4位同学等行为，即便是个案，也足以引起我们的反思。我们的教育缺失了什么？中国有个成语："知书达礼"。而异化的教育，即便是高等教育，对人的培养也是围绕专业的，人被变异的教育异化成了某种专业制造的机器，成了专业工具。异化的教育也异化了人的善良本真，禁锢了人的创造性。同时，人与其他生物物种的不和谐，人与人之间的不和谐，也说明了大学生道德素养与学识水平的极度不和谐。

我们不禁要再一次质问：我们的教育缺失了什么？

就学校的教育与社会的需求而言，似乎有一道屏障在阻隔着大学发展与社会进步的联系。一方面，社会有效人才需求不足；另一方面，学校人才培养过剩，大学生就业困难。其实，造成上述现象的原因只是学生的能力与社会的需求有一段距离，社会需要复合型的高端技能型人才，而学校培养的是学历型的知识人才，也就是说，社会急需应用型人才，我们却在培养大量学非所用的"人才"。在教育方面，我们存在的问题不止这些，总之，我们的教育有必要进行深刻的反思，并采取行之有效的措施进行完善，这种完善需要人与人、人与社会发展、人与自然进化的生理和心理方面的协调与和谐。世界上的事物是普遍联系、相互制衡的。目前，异化的教育仍存在于我们的高校中。以上所列诸多问题是教育问题，但人的教育是一个复杂的过程，亟须一个有机融合的社会大环境加以解决。

首先，人的教育从出生乃至更早（如胎儿时期）就开始了，此时的教育叫作家庭教育。在我国经济不富裕的时候，受四世同堂等传统文化的影响，家庭中老、中、青、幼呈现的是一个合理的、相互照应、相互关照、相互教育和相互影响的大环境，有老有少，扶老携幼。敬老爱幼、友爱互助、勤劳节俭的美德在成长过程中、在长者的循循善诱下自然而然地养成了。但是，如今经济富裕了，房子大了，家庭小了，物质丰富了，孩子满足了，只有爱小的氛围了，没有敬老的环境了，家庭教育也随之缺失了很多有意义的内容。在教育过程中，我们特别关注了在不同的家庭环境中成长的学生，在三口之家成长起来的学生，明显不及在四世同堂环境中成长的学生有礼貌，能谦让。因此，以上问题的出现是教育环境、教育情境和教育环节的缺失，是教育意境的缺失。家庭教育失去了礼让、孝道和节制的教育环境，孩子从小就缺失了家庭美德的教育环节。在家庭教育中，经历了激烈的岗位竞争和社会竞争的家长，将更多的精力放在了对子女的各类知识、技能或专长方面的教育上，异化的教育成了孩子接受教育的枷锁。在经济富裕的前提下，孩子的物质需求没有节制，德育没有环境，原本德能双修、两条腿走路的教育，成了单一的知识和技能训练，教育被异化成限制孩子身心健康、和谐成长的桎梏，导致青少年道德意识断裂，有学历没能力，有学问不守本分。当知识丰富而道德意识贫乏的时候，个别青少年更肆意妄为，才有了丧失人性的行径。

其次，由于社会发展处于转型期，各种利益关系交织在一起，社会组织更多地关注经济效益和工作效率，在道德建设方面严重缺位，法制教育也是"雷声大雨点小"，效果甚微。有组织的人群还有组织章程制约，没有组织和任何信仰的人，没有任何敬畏心，则无法无天。社会组织对人的教育管理相对松懈，一个人在步入社会后，需要更多自律。就社会组织而言，有教育的要求，没有教育的义务。触犯法律的人有公安局、检察院、法院管理，但是，法治是无法代替道德建设和法制教育的，修身养性是人一生都要追求和关注的。由于社会教育的缺失，哪怕发展到一定层次、受党教育多年的人，也会有"59岁现象"。当既是北大硕士又是公务员的儿子打骂父母的新闻播出后，人们对其不道德行为的批评仍然会追溯到学校教育，但这其实是家庭教育和社会教育缺失的共同结果。如果不是电视台披露，其不道德行为是否还会延续下去？之后，某高校提出了"对父母不孝顺的学生，学校不录取"的条件。严格地说，我国宪法规定，任何社会组织都不能剥夺公民受教育的权利，对父母不孝顺、不道德，要受到社会舆论的谴责，但剥夺学生接受高等教育的权利是否妥当，值得探索。毕竟社会舆论和优秀的传统文化是我国的主流文化，对每个人都产生着潜移默化的影响，因此，无论是引导读书也好，弘扬孝顺传统也罢，我国的主流文化是健康向上的，尤其是在我国面临社会文化大发展、大繁荣的今天，先进的文化必将对人产生好的影响。

最后，回到学校教育。目前，大部分学生是独生子女。一些独生子女比较任性，个性强，但意志不强，习惯于以自我为中心，我行我素，社会公德意识及关心他人、关怀集体的意识淡薄。近年来各高校的急剧扩招，客观上造成了学生数量急剧增加，而管理人员相对紧缺的状况。随着社会经济结构的调整，社会贫富差距拉大，社会阶层日益复杂。另外，由于网络的高度发展，学生的视野开阔但心胸不开阔，学生的经济富足但生活经历简单、经验贫乏，辅导员、专业老师对学生的教育和管理难度也日益增大。对于大学阶段的德育，政策上重视，专业上轻视，教育手段、考核手段单一，对大学生的德育考核也是以分量裁，德育尤其是学生早期的德育缺失。教材中虽然设置了家庭美德、职业道德和社会公德的章节，但没有科学、有效的考核测评机制，一些最终误入歧途的学生或许在校期间的德育成绩是合格、优秀的，这种现象是德育的尴尬和悲哀。总之，大学期间的教育更多关注的是专业知识，从根本上忽略了思想道德修养教育。异化的教育没能兼顾德与能的全面发展，在道德修养和道德教育重视过程不重视效果的前提下，社会将大学生从业后的道德失范归咎于大学教育也是可以理解的。

严格地说，人的教育是使人成为人的教育，而使人成为人的教育，首先就是永不言弃的思想道德修养，这是人在一生中都要随时研修的。但改革开放以来，我们的教育在这方面严重地缺失了。一些引发了社会道德大讨论的事件，在课堂上师生也将其当作教学案例一起讨论，但这毕竟有头痛医头、脚痛医脚之嫌，最根本的解决方法是：对教育进行根本的改革。现在已经到了非改不可的时候了，素质教育不能只空喊不落实，在落实过程中，要关注人的全面、健康、和谐的发展，必须有明确的考核体系。否则，异化的教育、缺失道德的教育、没有远大理想和社会责任的教育只会让社会对大学生的期待永远落空。任何知识的开发和创新都是建立在崇高的理想信念和坚强的意志品质基础上的。

异化的教育的对立面是教育的异化。教育的异化是人类对原有知识的扬弃性继承和创新性发展，可起到传承知识、延续文明、文以化人、解放人性的作用。"教是为了不教"是教育结果的极致，"为不教而教"是教育工作者实现教育的终极目标。2003 年，"巧克力之父"弗斯·贝里的公司获准登陆中国市场，并发出了招聘公告，公告中提出了一个问题，只有一位学生因巧妙的回答而被录取，他的回答是："学校里有高分低分之分，但校门外没有，校门外总是把校门里的一切打乱重组。"以上案例说明：受教育者应在接受教育后通过自己的领悟、实践和理性升华，创造出新的文化，提出新的理论。知识在原有基础上根据社会进步和科技发展的需要发生变异，出现了新的异化，异化出的新知识、新学科的分支不断发展、扩张，在今天这个知识大爆炸和高科技日新月异的时代，这不仅仅是教育的成功，亦是教育的异化。异化是师生对人类知识的传承、反思和创新。教育的异化是教师在教学过程中，启发学生对原有知识的大胆质疑、研究，教育的异化培养的是学生辩证的逆向思维能力。异化是人的能动性发挥作用的结果，是原有知识的变异、升华。

教育应尽量避免机械灌输下的机械学习，机械学习的学生成了人类现有知识的储存器，而教育的目的并不是这些。人类的文化知识都是在反思和创新中逐渐发展起来的，在没有网络的时代，互联网、局域网、网吧等一些网络概念和名词是不存在的，而随着网络的发展，人们开始使用一些新的字，如"囧"。可见，如果人类在教育和知识的问题上循规蹈矩，或许今天我们还自以为是地对"地心说"的概念津津乐道。因此，知识变异的前提就是学者在学习、研究的基础上的广泛探索和大胆质疑，以及对原有"真理"的不断挑战，这是人类知识和文化发展的原动力，是创新的不竭源泉。

教育的异化，印证了"道可道，非常道；名可名，非常名"的哲理，是对已有真理的深刻理解、研究、反思，以及创新、提升，也是对诠释真理的方式及途径的勇敢挑战和积极探索。异化的教育限制了人的智慧，教育的异化在发挥人的能动性的同时，使人类固有的知识、文化被质疑，被向纵深探索，从而得以创新和升华。

德育理论有统一的教材，同一批学生的学习有相对统一的进度，但德育实践教学，则不能忽略学生的个性。山难改、性难移，说明了人的个性特征是难以改变的。德育实践教学应因材施教，要关注、尊重并适当地发展学生的个性，不能简单地采用以一概全的管理模式。面对"钱学森之问"，我们要说：任何抑制学生个性发展的管理措施和行为都是不道德的。如果完全用教师眼中的传统意义上的"好学生"来看待比尔·盖茨、爱迪生、爱因斯坦等，他们有的辍学，有的上课"胡思乱想"、不守纪律，有的就是老师眼中的"笨学生"，但正是因为这些"异想天开"，成就了他们的事业。

张烁感慨地说："难忘诺贝尔奖颁奖仪式上莫言的演讲。他说：'儿时辍学放牧牛羊，周围看不到一个人影，躺在草地上，望着天上的白云，脑海里浮现出许多莫名其妙的幻想，做梦也想不到，有朝一日，这些东西会成为我的写作素材。'躺在草坪上望天，在追求效率的人看来，可谓浪费时间之极。可是，有朝一日，这些'无用之用'也许就会灿然生辉。因为它可能在不经意间，像鸡汤一样慢慢滋润着人的心灵。试想，如果莫言生活在今天，被家长拉着辗转于各类作文辅导班、提分班，把玩泥巴、看白云的时间都用在背重点、记要点上，诺贝尔文学奖还会与他有缘吗？"[1]试想，当德育也被考试"绑架"，其结果又会如何呢？因此，探索德育实践教学是高等教育迫在眉睫之举，其还有很大的拓展空间，应当回归德育本身，并在德育实践教学中回归美、发现美和丰富美，这样师生的人生才能完美。

第四节 高职院校德育教学的实现路径

从家庭到学校，从学校到社会，再到优质的企、事业组织，开放的办学模式使高校的德育实践教学与专业课实践教学融合，德育实践教学有着极为广阔的实现途径。

---

[1]张烁. 考试"绑架"了什么 [N]. 人民日报，2013-5-16（018）.

一、高校丰富的业余活动为德育实践教学搭建了平台

志愿者活动、社会活动、文体活动等各类活动的开展可谓"醉翁之意不在酒"。教师在活动中观察学生在公德、友爱、社会责任、组织纪律、文明卫生等方面的表现，发现问题，然后通过班会、专题讲座或理论课等途径进行解决，共性的问题可在课堂或第二课堂解决，个案可个别沟通交流解决。在这些方面，高等职业院校对学生活动的设计不同于本科院校，本科院校学生的文化知识基础比高等职业院校的学生好，自我管理能力要比高等职业院校的学生强，高等职业院校可以本着因材施教的思想，针对学生好动、动手能力强的特点，适当地组织一些相关专业的技能比武等适合高等职业院校学生的各类活动。例如：将全年的主题性活动在每年上半年布置下去，贯穿两个学期，学生一般在下半年完成；举办一次冬季越野赛，在入冬时节或"乍暖还寒"时，学校领导和学生一起奔向新的目标；在每年的年终，组织一次年终先优评议，在正式的党支部大会或党小组会上布置下去，学生工作部组织负责落实，这在不少高校已形成了惯例。此外，各类社团、志愿者服务组织还可以组织各种活动，这些活动关注不同性格的学生群体的心理和生理需求，动中有静、静中有动、动静相宜、相得益彰，利于调动全体师生的积极性。

以上仅仅是高校的院级文化教育活动，以系为单位的、贯穿全年的活动还有很多，师生可根据本专业的建设与发展、文化生活的需要，开展一些大家喜闻乐见、易于接受的活动。以笔者所在学校为例，对于各类活动的组织，党委要求要德育为先，主题鲜明，目的明确，组织要安全、文明、有序，要做到活动有计划，落实有监督，活动后有总结和结果，要使每项活动都蕴含德育意义。活动不是目的，而是手段，因此活动内容要更丰富、更加贴近师生或各专业的特色，各系部本着以上思想，每年都会开展适合自身德育建设和系部发展的德育文化活动。例如，机械工程系组织的班级之间的技能比赛、系里的"形象大使"选拔赛、读书月、以"红色五月——'五四'青年节"为主题的征文比赛、"益智杯"棋类比赛、"展

青春风采、弘中华文明"法律知识竞赛。

在活动中，学生提高了协调与合作能力，培养了友爱互助和集体主义精神，更重要的是，教师能在活动中发现问题，并通过活动后的班会和学生一起总结问题、分析问题、解决问题。师生在各类活动中都得到了锻炼和提高。因此，可以说班会是第二德育课堂，这个德育课堂是紧密结合各类问题、紧紧围绕德育建设开展的。

二、加强班级建设，倡导"主题"班会教育活动，丰富德育形式

班级建设是德育工作的基础性环节，也是关键环节。班级建设出问题，必然影响到系，进而影响到学院的整体。因此，高校十分重视加强班级建设。对于班级建设，从辅导员配置来说，是依据办学层次指定的，如大专层次辅导员可带2个班，每个中级技工班都有一个辅导员。之所以倡导主题班会教育活动，是因为班会比其他会议容易调度得多。因此，召开班会对学生进行引导和教育，是调节学生日常道德问题，进行德育教学的重要环节。班会可长可短，问题多、事情多、活动多就多开，否则就少开，但是要注意没有意义的班会、不解决问题的班会、主题不明确的班会一定不开。因为，老师讲得天昏地暗，学生却不知道讲的是什么，不知道要解决什么问题，这样的班会必定毫无意义，时间长了班会也就毫无生机和活力了，班会召集人也就失去威信了。可见，一定要有效地设计和组织好每一次班会，尤其是在每次的院系级重大活动后，要组织一次班会，让学生自己查找在集体活动中班级出现的问题，并提出解决的办法，使学生养成"吾日三省吾身"的良好习惯。只有善于总结，直面问题，勇于承担，才能获得提高。

"主题"班会教育的主要内容有以下七点。

一是选好主题。每次班会都要明确一个主题，写在黑板上，教师要明确用多少时间把这次主题班会的目的给大家讲清楚，要给学生留一定的讨论时间，以鞭策学生关心班集体，积极开动脑筋，踊跃发言，提高学生语言表达能力和自我管理能力。班会中若班主任讲得离"谱"了，会让学生感到茫然，

或遭到学生暗地里的讥笑，班会就没有意义了。

二是办好班级主题黑板报。一个班级，小的也有几十人，大的甚至近百人，而黑板报往往只有一块，如何充分利用好这块"阵地"，做好、做活班级宣传教育工作，是件很需要动一番脑筋的事情。每期的黑板报都要根据大部分学生的成长需求，或根据重大活动需要，选出一个教育主题，围绕主题进行征稿，充实板报内容。任何活动都要有教育性，实现教育的目的。

三是组织好班级主题晚会。学校里的学生正处于风华正茂的时期，可通过课堂教育、各类活动等对他们进行科学的引导。班级晚会是学生乐于参加的活动，这是一个在"自己的小天地"里展示自己的舞台，观众是自己的同学，学生可以放得开一些。但是，要关注晚会的主题，主题的确定对学生的教育意义和对晚会的正确引导十分重要，晚会的主题也是对晚会节目格调的确定。主题鲜明、格调高雅，则晚会效果好；主题混乱，格调低下，则无法凝聚班集体的向心力。没有凝聚力，就谈不上提高班级管理层次和水平。

四是班级主题活动。同班级学生朝夕相处、情深意厚，班级活动是学生入学后组织最多的活动，因此，班级活动的主题要突出，要能在一定程度上有针对性地实现教育作用，如抗震救灾主题——"我为汶川做点啥？"、毕业生离校前的班级主题——"感恩母校，报效祖国"，以及"文明以止、共创和谐""爱校如家，我为母校添光彩"等。

五是班级主题论坛。学校可以根据学生所学、根据专业进行各类班级主题性论坛，锻炼学生的勇气和语言表达能力，提高学生的综合素质，如迎奥运主题论坛、我的中国梦主题论坛、我节约我光荣论坛等，都在一定程度上引导学生关心国家大事，鼓励其发表自己的见解和主张，引导学生让自己的脉搏和时代的进步一起跳动。

六是让学生依据主题自己设计稿件，准备好主题发言。班级主题活动、班级主题论坛等，都必须有目标、有计划地组织。教师可以明确一个或几个主题性发言人，以引导整个活动的有序进行，主题发言要对学生产生教育作用，内容应当是正面、积极、健康向上、催人奋进的。

七是倡导主题活动创新。任何主题活动都具有地域性和时代性，主题以学生自选为主，但辅导员要加以正确引导。班级主题活动相对于德育理论教学要灵活和活跃得多，因此，辅导员也好，班主任也罢，都不能像备课一样，要根据时代的变迁，结合学生的实际和心理需求不断总结班级工作管理经验，与时俱进、机智灵活地组织好主题班会活动，要让每一次主题班会都有焦点、热点、关注点，使学生回味无穷、终生难忘。

三、高校丰富的社会生产实践为德育实践教学提供了广阔的社会舞台

高职教育走出校门、走向市场、走进社会生产第一线，是迫在眉睫、势在必行之举。纵观高校的发展，有的是在原高级技工教育基础上发展起来的，有的是通过中专或职业学校兼并后组建的，不少高校是校企并存的，客观上形成了产教结合、工学交替、半工半读的教学模式，以及重视实训、技能领先的优良办学传统。随着社会的进步，新技术革命层出不穷。随着办学规模的扩大、办学层次的提高，学校的实习实训条件逐渐跟不上社会经济建设发展的步伐。部分高校近年来办学规模急剧扩张，尤其是建设新校区，造成了严重的资金短缺，实习实训设备逐渐落后。另外，"一校两址办学"使学校的管理较为松散，校中的企业与社会企业相比，在竞争能力、管理、经营方面存在极大的差距。因此，要想让师生切实感受到社会前进的脚步，与时代发展的脉搏合拍，学校就需要与社会缩短距离，开门办学，使学生走出校门，走向市场，让师生与社会生产实践"零距离接触"。

不少职业院校近年来在校企合作办学方面进行了广泛、深入的探索，通过校企合作，培育双元制人才，探索多元化的德育渠道。随着生产技术的进步，师生需要在社会生产一线了解最先进的设备、设施，以及工艺和技术，接受社会经济组织最前沿的技能训练、生产管理和企业文化的熏陶，接受优质的企业管理模式的影响。教师通过专业课实践教学，可以一并完成学生职业道德和职业素质的培养。一些高校随着办学规模的扩张和办学层次的提升，采取走出去、引进来的方法，突破由学校单方进行人才培养的模式，积极探索校企合作的方式，使学校与企业双方共同打造对学生教育的"双元制"人

才培养模式，并取得了一些经验和效益。目前在"双元制"人才培养方面已经运用的模式有投资合作式、引企入校式、进修提高式、定向双元式等。同时，高职院校还通过在企业设置实践教学基地、德育基地、毕业生就业基地等方式，在校企合作方面进行广泛的探索。实践证明，校企合作作为高等职业教育的"双元制"人才培养模式，改变了传统的学院化、围墙式的办学模式，它寓产于学、寓学于教、寓教于工、工学交替、产教融合，"产"始终围绕"教"这个中心进行。产教的有机结合，促使学生德能双修，促进了"教"与"学"的自然融合，促进了专业课实践教学与德育实践教学的融合。在这种教学模式中培养的学生，在道德方面接受了劳动光荣的环境涵养和吃苦耐劳的精神滋养，培养了良好的职业操守和职业素养，强化了理论与实践的有机结合，学生通过实习、实训、到企业顶岗学习，在毕业时已经具备了相应的职业能力。因此，校企合作办学的育人结果是：毕业能顶岗，职业素质强，就业渠道畅。

总之，走出去、引进来的方式搭建了一座学校与企业、理论与实践、培养与成才的桥梁，开辟了一条利企、利校、利民的多赢之路，培育了一条直接、优质、先进、规模化的，利用社会力量，融合学校教学理论，培养高质量、高素质、高端技能人才的新途径，为高职教育开辟了广阔的社会发展空间。高校面向市场的专业建设，课堂教学与工厂实训的有机融合，理论教学与实训教学的相互交替，相关企业的生产线，师生的实习、实训场地，灵活的教育方式，规范的专业实习管理方式，开放的办学模式……这些都为高校开辟了一条与企业携手，校企合作办学，满足实训教学需求，完善学生技能、职业道德，促进学生职业素质提升的"双元制"人才培养模式的道路。诚然，校企合作办学还有许多需要完善的方面，其深度合作、深层次探索的路还很长，但只要在"双元制"办学育人的道路上孜孜以求地深入探索，丰富的社会生产一线就会成为师生实习、实训的广阔天地，融合到这个广阔的空间，高校的德育就大有可为，也大有作为。

四、开放的时代要建立全球化的德育实践教学模式

开放的时代要建立全球化的德育实践教学模式，其途径有以下几点。

一是加强家校沟通，形成对学生教育的合力。就高校办学传统而言，家校沟通似乎没有形成惯例，中小学的家校沟通还在进行，到大学阶段，这个链条突然就断裂了。从多年的德育实践经验分析，家校沟通有利于学生德育的养成，但目前家校沟通很少进行，其原因有很多：第一，大部分情况下一个辅导员要带好几个班级，事务性工作多，家校沟通的精力是个问题；第二，高校的家校沟通往往是在学生违反了某项校规的情况下进行的，如打架等事件，不得已时学院与学生家长沟通，目的是学院和家长一起加强对学生的教育；第三，家长比较被动，只有等校方联系他们时，他们才与校方沟通，否则，极少与校方主动联系询问学生情况。最关键的是高校学生来自全省乃至全国各地，客观上给家访带来了难度。于是，教师只能在学生发生了事件的前提下不得不与家长进行沟通，导致了家校合作育人的被动效果。因此，开放的时代，高校方面应该先放下架子，或通过为辅导员减少管理班级数量的方式，或通过问卷调研及网络调查等方式，加强与家长的密切合作。在独生子女学生占绝大多数的客观情况下，只要校方有意和家长沟通，大部分家长是愿意合作的。本次家庭美德的问卷调研就与家长乃至学生的邻居进行了密切合作，调研问卷通过网络发送和收回。家校沟通或问卷、网络沟通的主要内容有以下三个方面：①一般性沟通，如学生学习情况、品德及习惯、身心健康情况、兴趣爱好等；②家庭美德的基本情况，学生是否孝顺长辈，是否做家务，与邻里是否友爱互助、和睦相处等；③德育专项调研，该部分可由家长或邻居分别回答，以相互验证调研结果的客观性。

二是通过志愿者活动，拓展德育的社会活动空间。目前由于社会文化生活多，学生的志愿者活动也多。有的高校与社会上的残疾儿童幼儿园建立了志愿者服务协议，常年有组织、有计划地去为残疾儿童幼儿园提供无偿服务；有的高校与院校所在社区、博物馆、展览馆、优质的企业等社会组织建立稳定的合作关系，根据社会需要和课程安排许可，常年为社会提供志愿者服务。在这些无偿服务的过程中，学生在职业道德和职业素质及社会公德方面既做了宣传，也接受了教育。

三是走出去、引进来，汲取社会优质德育资源，如道德模范、先进人物等。有的高校邀请工作委员会的老同志到学校进行学院办学传统教育，在学生对学院的建设发展有历史性认识的基础上，再邀请各专业系的专家、教授进行专业建设的过去和未来的分析讲座，使学生建立起对所学专业发展的信心和好奇心，激发学生的学习热情。

四是高校在开门办学方面进行了大胆的探索，有利于德育实践教学的发展。有的高校将优质企业的全国、全省技术高手聘请到学校，为之开设技能大师工作室。技能大师定期到学校实习场地现场为学生进行技术能力、职业道德、职业素质指导。有的高校让学生到技能大师所在的企业进行专业或德育实践教学观摩，或向其他资质强的同级高校或本科院校学习，或开展对外开放的学术交流。师生可在学术交流和技术学习、技能交流中，吸收优质企业优秀的、现代化的管理经验、技术技能和先进的德育思想等，在领略高科技、高素质、高端技能的同时，建立对本专业的学习兴趣，建立起崇尚职业道德、提升职业素质的主动性和自觉意识。

五、突破"985""211"的思维定式和管理模式，建立优质德育资源的共享互惠机制

毋庸置疑，我国目前最优质的德育资源相对集中在那些"985""211"高校中，但这些优质的德育资源不仅仅属于某一所学校，而是社会的整体资源。国家可以以省或专业、行业为单位，建立全国或全省的优质德育教学资源库，并给这些优质的德育专家适当地安排一些巡回专题讲座，建立优质德育资源的共享互惠机制，让优质的德育教学资源惠及更多师生，甚至惠及整个社会。

第二章　高职院校德育课程改革创新研究

第一节　高职院校德育课程改革概述

一、高职院校德育课程的分类

根据载体的不同，德育课程可划分为文字文本类、声像画面类、实物场景类。根据空间分布的不同，德育课程又可划分为校园课程类和校外场地类。文字文本类将书籍、教材、报纸、杂志、图表和文献论著等参考资料划为一大类，声像画面类包括了电影、电视、数字影像、录音、录像、微博、微信等信息化资源，而实物场景类主要指各类图书馆、阅览室、实验室、教育基地和陈列室及一些人文景观。

一是德育学科课程。这类课程主要指针对德育的专门课程，是德育课程的基础部分，以德育的知识性常识和理论观点为主要载体。其功能主要是对道德价值、道德规则的原理加以介绍和说明，进而将系统性的知识传授给学生，以提高学生对德育价值、道德规则和道德行为的认识水平和判断能力。在各专业课程的教学中，亦可以将德育课程融入其中，使学生在专业课程受教过程中，对德育内容和德育理念有更深刻的理解和全面的认识。

二是德育实践课程。此类课程突出其实践性，是德育课程重要的组成部分。德育实践课程通过教学，逐渐对学生的世界观、人生观和价值观的形成产生影响，实践课程的设计施教，更注重培养学生德育知识的获取、认知和培养，对学生在态度、情感方面实施影响，对学生在求实精神、团队合作意识、集体观念和社会责任感方面投以更大的关注度，为其逐步地建立起正确的道德意识和道德行为，对学生的素质培养起着至关重要的作用。

三是德育隐形课程。此类课程主要体现在课程的多样性、渗透性及潜移默化的渐进性上。它是以多种方式和方法施教，采取寓教于乐的形式完成德育课程教学任务的。这种隐形课程是贯穿德育始终的，把普遍存在于德育课堂的因素，以及专题活动、校园环境中潜在的教育性因素进行"集结"，并充分挖掘德育教育资源，从而有效地将其转化为具有教育性特征的课程因素。此类课程能够充分利用良好的校园文化环境氛围和文化气息，对学生产生深刻影响，使学生对德育教育课程产生兴趣，形成认同感和凝聚力。

二、高职德育课程的特点

上述三类德育课程因类属不同，也显现出明显不同的特点，主要表现在实教方式上。

其一，德育学科类课程具有完整的系统性和严谨的理论性特点。学科类课程是以文本教材为主干，辅之以各类课程教育资源，以多种形式、多种方法，对学生开展德育知识理论、德育价值和德育规则的系统性讲解传授，使学生对德育理念、道德原理、道德认知及道德行为做出自身评判，不断提高其判断能力。

其二，德育实践类课程具有明显的实际体验特点。它将学生置于具体的环境之中，使学生在实践中学习、了解德育知识，不断加深对德育价值、德育理念的感性认识，对学生的世界观、人生观和价值观等诸多方面产生影响。

其三，德育隐形类课程最明显的特点是其对学生开展多渠道、多形式的教育。其主要表现形式为"寓教于乐"，是一种"潜移默化"式的疏导影响过程。它充分调动和挖掘德育教育资源，使普遍存在于课堂、校园各项活动中的良好的德育教育环境氛围，转化为具有德育教育性质的课程因素，使学生逐步形成正确的认知，极大地引起其兴趣和关注，使其获得德育知识，树立起良好的德育理念，自觉地规范自身道德行为。

三、高职德育课程改革的必要性分析

高职教育在我国兴起于 20 世纪 80 年代，随着国民经济的快速发展和人才需求量的大幅度增加，高职教育已经成为为社会进步和国民经济建设发展提供必不可少的人才的孵化平台和基地。而作为高职教育的重要组成部分，德育课程毋庸置疑地成为整体教育的重要部分之一。长期以来，我们主要采用传统课本教材，虽然取得了客观的实际效果，但也不难看出，传统课本教材也暴露出许多问题，如课本内容单一，所能利用的教材资源单薄、死板，德育课程施教方式陈旧，教学方法缺乏与时代和客观实际的联系，等等。因此，无论从客观实际出发考虑，还是从事物发展变化的理论原理分析，或从国家对高职德育教育的要求层面看，高职德育课程改革都势在必行。

（一）德育课程改革是社会发展的要求

高职院校德育课程改革的开展不仅仅具有学校的教育特点，同时也必然与社会产生广泛的联系。高职院校德育课程是为社会培养和造就急需人才所服务的。因此，高职院校为社会所培养输送的大批毕业生必须符合社会企业的基本要求，必须符合社会尤其是用人单位的发展总趋势。

社会需要具有良好思想品质的合格人才。正能量是我们社会的主旋律和总趋势，同时也是对人才的客观要求。我国国民经济快速发展，物质生活愈加丰富，客观上就更加要求从事社会活动的人具有正能量。德育课程这一德育教育的基本载体要紧跟社会要求，德育课程改革的不断深入，为培养、造就高素质人才提供了可靠保障。国民经济的快速发展使社会需要无数的技术技能过硬的高精尖人才，需要无数的具有创新意识和能力的综合型人才。德育教育对育人有着巨大作用，这也是社会对德育教育所提出的客观要求。

社会整体道德认知度的不断提高，社会大环境大趋势的日益改善，要求社会中的每个人都以自身的思维方式和实际行为来营造和维护良好氛围，共同建设和谐友善、积极向上的社会环境。因此，加速高职院校德育课程改革成为社会发展的客观需求。

（二）德育课程改革是实际运用要求

高职德育课程改革是在现实基础上确立和逐步深化的过程，德育教育特别是德育课程的设置必须符合现实实际。脱离社会现实，游离于实际的德育教育必然是无源之水、无本之木。因此，德育课程改革是实际运用的必然要求。毋庸置疑，高职院校教育的主要目的之一是培养、造就适合实际的高素质人才，是为满足国民经济迅速发展的需求，持续不断地输送大批适用性人才。德育课程作为高职院校开展德育教育的具体载体和重要手段，无不围绕教育目标而开展。因此，高职德育课程如何更加科学、有效，最大限度地发挥其应有的作用，就历史性地成了不可回避的课题。而传统的德育课程，无论是教育课程模块设计、施教的具体方式方法，还是施教效果的合理评价，都不同程度地存在着缺陷和亟待改进的部分。德育课程改革就是为了使其不断符合客观实际，只有通过德育课程的改革，才能够使我们的施教主体——教师队伍的师资力量实现最佳配置，使我们德育课程的直接受教育者——学生有一个更加开阔的认知视野，有一个良性循环的兴趣度，使其综合素质获得全面提升，为国民经济发展和社会主义建设培养、造就大批实用型人才。

（三）德育课程改革是教育实施要求

德育课程改革作为高职院校开展德育的载体和基本形式，对其不断研究和深化是开展教育实施的基本要求。教育实施需要调动与之相关的诸多要素，德育课程体系的建立和不断优化、德育课程教育环境和基本氛围、德育课程教材资源的合理调配及使用、施教的主要手段和所采取的方法及施教效果和与之相关的评价体系的改革，都直接关系到德育课程与实际的相符程度，也关系到德育课程的预期效果。因此，德育课程改革也是教育实施的客观要求。

德育课程的设置是高职院校开展德育的主要施教手段，是高职院校实施素质教育的主要内容。德育课程的主要任务就是对学生进行马克思主义、毛泽东思想和邓小平理论的基本观点，以及与之相关的经济政治教育、职业道德教育、爱国情怀培养、法制纪律的教育活动教育。它以全新的思维和科学有效的手段，逐步使学生建立起正确的世界观、人生观，为学生未来进入工作岗位奠定坚实的思想基础。马克思主义是我们认识世界、改造世界的理论武器，也是每一名学生的必修课，在这一理论指导下，高校应对学生坚持开展爱国主义、集体主义、社会主义教育，开展社会公德和职业道德教育。因此，加速和不断深化德育课程的改革就必然成为一个长期的、不断探索的过程。同时，社会对德育课程改革在教育实施过程中的作用也提出了更高、更为实际的要求。

第二节 当前我国高职院校德育课程中存在的问题及成因

一、高职德育课程目标不明确

高职院校教育课程目标决定了高职教育方向，关乎高职教育的质量，因此，高职院校教育课程目标的确立，也直接关系到高职院校教育的结果，关系到培养和造就大批适应时代特征、符合市场规律、最大限度满足社会需求的合格人才的大事。

目前，高职院校教育课程目标不明确，主要表现为以下四个方面。

一是高职院校教育课程目标缺乏更加明确的目的性。高职院校教育课程目标应做到同学生在优良思想品质形成、高尚的个人素养培养、未来的从业理念等诸多方向性问题的把握上，很好地结合。高职院校教育课程尚缺乏很好的理论与实践相结合的施教理念的设计，缺乏将理论性观念转化为学生的思想素质修养的具体方法，缺乏更加清晰明确的目标。

二是教育课程目标缺乏更加具体的针对性。客观上，高职院校学生来自各个方面，其家庭背景、周边环境存在差异，因此其思想观念存在差别，他们的思想形成过程不同，心理素质不同，文化水平不一，求学目的和方向及所学专业不同，表现出多样性。这客观上要求我们在确立教育课程目标时，应当更加具有针对性。而事实上，课程目标恰恰忽略了这个客观差异性，在具体设计和实施过程中，还出现了诸如以教师为中心、视教材为核心的偏颇，缺乏更加鲜明的针对性和目的性。

三是高职教育课程目标不明确，缺乏与时俱进的超前性。社会迅猛发展，知识不断更迭，尤其我们正处于中国经济腾飞、社会飞速发展的现实之中。这个客观实际要求我们的高职院校德育教育必须紧跟时代步伐，更加贴近现实。而我们的高职教育课程目标缺乏与之相适应的理论支撑和有效的施教手段。客观地讲，高职教育课程目标更加缺乏意识的超前性和知识储备的前瞻性。

四是高职院校教育课程目标不明确，缺乏教育课程的趣味性。如何把"我要学生学"成功地转化为学生的"我要主动学"，改变"我教你学"的客观现状，使高职院校德育教育课程像磁石一样吸引学生以极大的兴趣主动地接受教育？这就客观地要求教育课程在设计上更好地突出其合理性，在施教中鲜明地体现其趣味性，反映其更加灵活的操作性，通过寓教于乐的施教方法和多样性的施教手段的运用，使其更加贴近学生，贴近实际，贴近客观实际需求。

二、高职德育课程内容设置不合理

从高职院校德育课程的现状调查结果来看，德育课程内容设置不合理是一个较为普遍的现象。

首先，课程设置较为传统单一，不能很好地反映以人为本的教育理念。在具体结构设置模式中，忽视学生的个体差异，不能够很好地既考虑到"面"的普遍存在性，又对"点"的差异性做到具体分析、区别对待。

其次，德育课程内容体系表现出相对封闭的特点。从具体设置分析来看，德育课程所涉及的政治、经济、哲学、法律及职业道德处于基本不变的封闭状态，无法反映和体现德育工作的特色。因此，不利于学生个体能力的发挥，对于创新性思维方式的建立和创新能力的延伸没有提供积极的催化剂作用。

最后，德育课程结构缺乏科学有效的评价体系。德育课程课后实效情况的及时反馈、综合分析和客观评估是德育课程结构设置的重要构架，也是切实发挥好德育课程教育积极作用的必要环节，其本身的不完善，以及不能与时俱进地加以改进改革，必然影响其教育质量。

德育课程内容设置的不合理，使我们的德育难以充分发挥其积极作用，不能为德育目标的实现提供可靠、有效的保障，不能满足培养适合快速发展的时代的综合型人才的需求，因此，建立和不断完善德育课程内容设置，使其愈加合理是一个长期的重要研究课题。

三、高职德育课程组织实施方式陈旧

在组织实施过程中，德育课程过多地沿用比较传统的方式和手段，与时代要求和实际运用相脱离。其一是黑板式讲授、灌输式的施教方式，游离于时代要求和社会需要，不能引起学生的足够兴趣和重视。教学方式及手段依然停留在"我说你听"的模式之中，在当今信息高度发达、信息资源极大丰富的时代愈加显得呆板。其二是陈旧的教学方法手段缺乏师生互动，缺少必要的多渠道、多方式的交流，不能做到从客观需求出发，从而取得有的放矢的、针对性很强的良好教学效果。其三是缺乏对德育课程主动性的探讨研究，德育课程教学方法手段不能更加有效地调动和合理配置教学资源，对于学生的实践能力和创新能力表现出了不同程度的束缚。

四、高职德育课程教学效果评价标准欠合理

德育课程的教学效果评价标准历来是高职院校和社会用人单位不可忽视的要素之一，在经济快速发展，科技进步突飞猛进的客观大环境中尤为突出。绝大多数用人单位过于看重求职者的技术、技能熟练程度，对于思想品德方面考虑不多，求职者只要能够按照时间和质量要求，圆满完成企业所分派的任务，能够尽快单独操作就已经可以了。对于上岗不久的学生，多数企业注重其工作态度，需要他们尊重师傅、安心工作，对其创新意识和创新行为有较高的期望值，认为他们的吃苦能力、敬岗意识较差，过多注重收入，工作缺乏主动性，在团队意识和集体观念方面与企业要求和期望有较大距离。因

此，对于高职院校来讲，德育课程的重要性更加突出。高职院校应根据自身特点和用人单位需求，建立更加合理完善的德育课程教学效果评价标准。

五、成因分析

高职院校德育教育存在诸多问题，其成因是复杂多样的，同时也是客观存在的。高职院校德育教育虽然得到了长足的发展，取得了有目共睹的可喜成绩，但毋庸置疑，也凸显出一些不可回避的问题，究其成因大致有以下几个方面。

（一）认知上的不足所导致的问题

高职院校的高职教育，是一项特殊教育形式，在高职教育阶段，既有高等教育的诸多成分因素客观存在，又有其职业教育的独特性。高职院校教育如何使学生做到专与德的有机结合，如何准确把握定位，使学生既获取更多的高等教育科学理论知识，又有效地收获娴熟的动手技术技能，是摆在高职院校教育面前的客观实际课题，也是亟须首先明确回答的问题。在认知上的重视程度不足和认知上所出现的偏颇，必然反映在实际施教当中，产生诸多方向和目标确立方面的问题。

首先，高职德育在认知方面要适应社会需求，按照社会企事业用人单位要求，培养出符合社会需求的合格人才，使从高职院校走向社会的学生朝着大国工匠的目标努力，否则就必然产生一系列问题。其次，要面对培养什么样的学生的课题。同普通高等教育一样，高职教育所培养的学生在理论知识方面，必须具备科学态度和高水平的知识理论，同时，也要牢固树立诚信、敬业、爱岗、责任精神，具有良好的团队协作精神，具备良好的动手能力及娴熟的操作技能。最后，要面对将高职院校打造成为什么样的育才平台的课题。高职院校自身要做到夯实基础，确立起点，前瞻未来，精心构建德育平台。高职院校学生和社会企事业用人单位，乃至全社会都对高职院校教育寄予极大希望，高职院校应成为向社会输送合格人才的通道。

（二）高职院校德育体系建立中的不足

高职院校德育体系建设所涉及的方面十分广泛。体系建设直接关系到施教活动的开展和施教效果。体系建设主要涉及三个方面：首先，建立良好的激励机制。良好的激励机制的建立，要求高职院校的施教队伍自身水平过硬。高职院校要最大限度地调动和激发广大教师的从教积极性，使高职教育主体——教师队伍始终焕发勃勃生机，使其高素质地开展高职教育施教活动。其次，建立健全考核机制。良好的、行之有效的考核机制的建立关乎高职教育的合理、科学的评判，关乎全面调动和激发教师及学生的积极性。最后，要适应社会和形势需求，建立由社会、学生、企事业用人单位及学生家庭所构成的教育反馈机制。只有彻底解决和处理好上述认知上的不足，才能够确保在具体施教过程中，少出现甚至不出现教育游离于客观实际的问题，才能够有效保证施教更加有效地贴近学生、贴近实际、贴近生活，才能将国家需要的大目标同学生所期望的小目标有机结合。

（三）高职院校德育教育施教方法所导致的问题

观念的沿袭和守旧必然会产生施教效果的问题。多年来，高职院校德育教育尚处于一种守旧状态，事实证明，德育应与时俱进。首先，缺乏新技术、新思想的具体运用。高职德育缺乏现代信息技术、多形式的媒体引用等施教手段，必然导致施教的乏味性，不能最大限度调动学生的学习积极性。其次，缺乏充分利用多场合、多环境、多形式、多方法的施教活动。高职德育没有很好地利用高职院校内、外，课堂内、外，不同场合、不同环境的施教资源，一方面不能最大限度地营造良好的施教氛围，另一方面也不能引起学生的学习兴趣，导致施教效果不良的后果也是在所难免的了。最后，高职院校的施教资源尚有广阔的开发空间未被合理利用。面对社会飞速发展的客观实际，诸如大国工匠、优秀职工、爱岗典范等鲜活实例，有待于被积极引入高职教育施教之中。高职院校可从社会诸多方面开发、利用积极的、具有说服力的典型案例，同高职院校德育教育有机结合。没有有的放矢的施教方法，就不可能取得良好的教育结果。

因此，高职院校教育如何做到在遵守教育大纲的前提下，更加结合社会快速发展的客观实际，更广泛地吸纳全新的施教方式方法，开展更加灵活有效的教育，始终是摆在高职院校面前的客观课题。

第三节　高职院校德育教育改革创新策略

一、调整高职院校德育课程培养目标

我国正在从制造大国向创新大国迈进，以国产航母为主要代表的国防工业正在向打造国际一流军队的行列快速进军，高铁的快速发展也无可置疑地带动了工业发展。诸如此类的快速发展打开了实现中国梦的引擎。面临千载难逢的新发展、新腾飞的机遇，实现中国梦宏伟蓝图的描绘大大激发了每一个中国人。深化高职院校德育课程改革，加快高职院校德育课程建设工作步伐的要求客观地摆在了我们面前。

在这种快速发展的新形势下，高职院校德育课程也必须与时俱进适时做出调整。首先是思想认识的调整，在确立德育教育课程目标时要从源头入手，提高对新形势的正确评价，深刻认识当前及未来发展趋势，加大课程思想教育力度。在施教过程中，改变陈旧的思维方式，以崭新的面貌迎接机遇，抓住机遇。其次是要在课程目标设置中加大和提升学生动手技能的专项目标比重，在确立德育教育课程目标时充分体现出课程的前瞻性、多样性和层次性，使高职院校的德育课程更加有效地服从和服务于新形势。

（一）根据国家发展要求，科学制定培养目标

从本地区实际出发，有的放矢地施教是高职院校的办学根本。只有抓住这个根本才能够最大化地凸显高职教育的特色。高职院校德育课程要紧跟时代要求，紧密结合实际，深入研究国家发展趋势，从而不断调整和完善高职院校德育教育，以达到高职院校为国家各方面的需求服务，为企事业用人单位培养和输送合格人才的目的。

从深入研究经济发展规模和发展形势出发，建设好高职院校这个服务平

台，培养和造就大批人才。深入研究和及时把握中央谋划确立的发展机遇，并围绕这一机遇，多方面、多角度地深入研究与之相适应的高职人才培养计划。具体的德育教育课程的设计及施教方法，都要从这个根本出发，发挥高职教育的特色，不断完善和调整教育课程模式，以发展的眼光，培养出与之适应的、大国工匠式的合格人才。努力做到社会急需什么样的人才，高职院校就培养什么样的人才。

我国的国民经济发展已经进入了快车道，在科技研究、基础工业建设、制造工艺、高质量高水平产品生产诸多方面急需大量人才，客观要求未来入职者，不仅应具有熟练的技术技能，还必须具有爱国情怀，熟悉国家各项法律法规，甘于奉献，勇于创新。因此，高职院校的重要任务之一，就是在未来的工作者中开展卓有成效的德育工作。用马克思列宁主义、毛泽东思想和邓小平理论，特别是以习近平总书记关于科技兴国、"一带一路"的发展思想武装头脑，为社会培养合格人才。同时，要从实际出发，根据本地域的特色和发展需求，制定高职院校德育课程目标和施教措施。从不同层面科学地制定高职院校德育课程培训目标是至关重要的。

（二）坚持与时俱进，体现职业教育特色

高职院校德育课程必须秉持与时俱进的原则，这不仅符合高职院校办学宗旨，也是社会发展的必然选择。通俗地讲，就是社会需要什么样的合格人才，高职院校就要培养、造就什么样的合格人才。

与时俱进的教育方式是高职院校的生存发展的必然选择，同时也能够很好地凸显出高职院校教育的特色，因此很有必要调整德育课程的内容和方式，提升学生的兴趣。坚持与时俱进，在国家教育大纲的主导构架下，创办具有本校特色的高职院校德育课程，既是时代的要求，也是国民经济快速发展的客观需要。与时俱进，首先就要做到对于国家整体形势有一个全面、深刻的理解。国家物质基础的不断夯实，国力的不断增强，也促使了社会意识形态、思想品质大环境的深刻变化。正能量的文化氛围日益浓烈，感动中国、大国工匠、好教师、好医生、好警察等不同侧面、不同形式的正能量宣传，为高职院校德育工作带来了具有时代气息、鲜活的德育课程施教资源，为高职院校德育工作在学科类课程、实践类课程和隐形类课程具体施教过程中开阔了视野，提高了对德育课程的认知度，丰富和拓展了德育教育资源。高职院校牢牢把握机遇，坚持高职院校办校宗旨，以与时俱进的姿态建设具有高职院校特点和本校特色的德育课程建设。

二、推进德育课程改革，调整德育课程结构设置

德育课程结构设置是否合理不仅关系到高职院校德育施教实际成效的好坏，也事关高职院校德育课程改革能否不断深化、紧跟时代要求，满足社会最大需求。因此，德育课程结构的适时调整与合理设置是德育课程改革的重要组成部分。

（一）加大职业道德教学内容

推进德育课程改革必须紧扣学生职业规划这个根本，才能够取得施教实效。高职院校职业道德教学标准，一是要很好地把握和围绕社会大需求，把企事业用人单位岗位标准及岗位责任制作为施教内容和标准，制定出高水平、高规格的施教模式。二是以寓教于乐、潜移默化的方式，将新的职业道德规范植根于学生头脑之中，使学生以超前的姿态、超前的思维方式做好未来职业规划，使其规划更加贴近社会和企事业实际需求。

学生选择高职院校求学的直接目的是未来能够顺利入职用人单位，学习技术技能和专业知识。能否在参加社会活动，入职企事业用人单位之前，学习到更为广泛和实用的知识技能，是学生和校方的共同关注点。专业知识的储备和培养，关系到学生的未来职业规划，也是衡量高职院校教育实效的一个标准。职业道德课程结构的合理性、适用性，是未来学生谋求工作，以及能否尽快发挥技术技能特长，能否成为企事业用人单位合格人才的关键。

围绕课程改革需要，围绕学生职业规划实际，一是要同企事业用人单位加强合作联系，密切沟通渠道，熟悉和了解企事业单位职业规范、职业标准和职业道德，做到有的放矢地开展德育教育活动。在德育教育课程中融入企

事业用人单位职业规范和相关内容。二是必须把爱岗敬业的理念植根于学生头脑中，为其未来职业规划奠定思想基础，使学生做到学以致用，超前地对未来职业规划有一个更加清晰明确的方向。三是潜移默化地向学生渗透企事业艰苦奋斗、勤俭朴素的优良传统和作风。良好的思想品质的养成是日积月累的过程，要使学生在受教育过程中自觉培养和形成适应于未来职业特点的思想、素养、品质，在德育教育课程改革和课程构架中体现出来。四是强化集体主义、团队合作精神，用企事业典型事迹和传统具体施教。经济的快速发展，企业的腾飞，无不凸显出团队协作精神，无不体现出不懈努力的精神。因此，在具体课程目标的确立过程中，要合理把握这种精神的培养，在施教中使学生自觉形成。五是强化创新意识和创新行为的培养，在学生职业规划中融入新时代思维方式。高职院校必须有针对性地引导学生做好职业规划，修正偏差，充实职业规划内容，为学生在思维方式和具体行为上打好坚实基础。

（二）实行三位一体的德育课程体系

高职德育必修课、选修课和社会实践课是各有不同、各有侧重，又互为联系、缺一不可的整体。

首先，他们是有各自特点，又互有区别的。必修课程基于向教师传授和讲解马克思主义、毛泽东思想、邓小平理论，以及国家法律法规，重点是在思想、政治、道德理论知识等方面的教育。德育选修课程很好地体现出学生自身教育的特点，是以人为本教育理念的具体体现，赋予学生在学习上的更加灵活的宽裕度，是在理解和掌握必修课内容基础上，合理选择相关课程，为牢固树立健康向上的人生观、价值观的树立打下坚实基础。其次，必修课、选修课及社会实践课又是相互联系的整体，德育实践课程体现出贴近社会、贴近实际和贴近学生的原则，使学生在具体实践中体会和感受德育的重要地位。三者是虽互有区别但联系紧密的整体。最后，高职院校德育教育必修课、选修课、社会实践课程又是相互紧密衔接的。这也是循序渐进的过程。围绕课程改革和课程的设置，只有合理分配和把握好彼此的关联，以及比重关系，才能够有效施教，不断把高职院校教育改革引向深入。

德育课程体系必须突出这种彼此联系，才能够真正发挥德育教育的作用。要做到必修课程、选修课程和实践课程三位一体，就必须在施教的具体方式方法上不断探讨研究，大胆实践，大力挖掘和合理使用更加广泛多样的教育资源。

（三）开发校本课程与校本教材

校本课程与校本教材互相作用，紧密相连，必须围绕高职课程改革需要，深入研究课程设置课题。

首先，要遵循客观实际，不断充实内容，把适应客观实际和符合经济发展规律，体现高职教育特色的新内容、新知识纳入其中。其次，在课程结构上做出适当的调整。面对新的形势，原有的课程必然与客观现实情况不适应、不匹配。因此，及时调整是在所难免的事情。高职课程应以社会大气候、大需求为出发点，合理调整其结构，使高职教育发挥出应有的作用。再次，是要突出课程中校本课程与校本教材的侧重面，深入研究其侧重面，做到彼此兼顾，互相作用，相辅相成。最后，是要加大实践比重。课程内容丰富的德育课程资源是开展德育的基础，开发和利用好校本课程和校本教材是实施德育的前提。毋庸置疑，高职院校的德育校本课程与校本教材在德育中发挥了巨大作用，收到了良好效果。随着社会进步和国民经济的发展，适度开发校本课程与校本教材自然地提上了日程，客观现实要求我们对校本课程与校本教材必须深入挖掘和开发，以满足日益增长的社会需求。

三、推进社会实践教学，调整德育课程教学方式

能够最大限度地吸引学生自觉学习的教学方式和手段是开展有效施教的基础和前提。推进社会实践教学，不断调整补充德育课程教学内容，并紧密联系学生实际情况和高职教育的特点，开展多形式、多手段的教学方法，是我们所要研究的课题。

首先是实践教学。从客观实际状况分析，实践教学具有以下三个特性：

直观性、渐进性及很好的渗透性。直观性体现在学生能够面对客观现场，直接面对企事业用人单位。这种教学，看得见，摸得着，印象深刻，容易接受，同时也具有相当的趣味性，是受到学生广泛欢迎的教学形式。渐进性很好地体现出由表及里、由浅入深的合理性。学生通过实践教学，能够很好地从直观感受到亲身体验，最终达到身临其境的目的。而渗透性，是在学生不知不觉中使其体验和加深所学知识。实践证明，社会实践教学是高职院校德育的重要环节，也是收到明显成效的做法。同社会不同层面的了解和接触，使德育课程教学更加直接，更易被学生所接受。社会实践场所的环境对于学生的教育意义深远，因此，在实践教学的具体方式和手段上我们要更加具有灵活性。例如，学生在实践教学中利用媒体资料，了解和熟知了大国工匠的典型事例之后，反响非常强烈。学生对于那些技术技能娴熟、堪称国宝级的工匠技艺由衷赞叹，更重要的是透过这些表象透视出大国工匠的赤诚爱国情怀和对技艺求真求实的可贵精神，体会到了崇高的职业道德，以及大无畏的创新意识、创新精神。这样的教学方式充分地调动起学生的情趣和关注度，收到了良好的施教效果。推进社会实践教学，利用多种形式和更加灵活的手段，对于高职院校实施德育课程改革来说是必不可少的举措。

（一）进一步推进社会实践教学

社会实践教学很好地凸显出其直观性、渐进性及很好的渗透性，是当前及未来高职院校推进德育教育改革研究的重要课题，是开展德育教育的重要组成部分。在高职院校中加大社会实践德育教学力度，要十分重视各个方面，以及各方面不同特点的客观事实。

首先，要与用人单位建立校企合作关系，加强彼此了解和多渠道交流。高职院校要深入研究和拟定与社会，尤其是与社会用人单位的沟通合作模式。并建立有效的信息反馈机制，将社会用人单位的从业理念、用人标准及文化精神实质研究透彻，使其很好地融合在实际教学之中。其次，应深入研究学生实际状态和需求，及时引导好社会实践教学。实践教学使学生真正了解社会上的企事业用人单位的需求和岗位标准是什么，帮助学生对企事业文化的内涵进行深入理解。最后，在推进社会实践德育教学的过程中要综合考虑与之相关的诸多因素，如学生家庭背景、需求夙愿、企事业单位未来发展，以及学生、家长、社会用人单位的关注点等。同时，加大职业道德社会实践教学比重，也很好地体现了学生自我教育的理念，实现了自身教育的目的。社会实践教学使学生对具体的德育课程内容有了一个更加直观的切身感受和体验。

（二）完善社会德育教学质量评价标准

教学质量评价标准的建立，在开展有效的德育教育教学中十分必要，我们首先会遇到由谁评和评什么的课题。

首先，高职院校以培养既有高素质和科学理论水平，又同时具备娴熟的动手能力的人才为主体，必须研究自身的科学评价体系，应对教师、学生有客观反映，有一个清晰的、公平的、实际的评价。其次，是社会用人单位及时的情况反馈。这是高职院校培养人才的立足点。用什么样的人才，以及学生应具备哪些素质、具备什么样的水平才能更好地适应社会，企事业用人单位最有发言权，其反馈也是最直接、最客观的。最后，是作为受教育者的学生。他们在接受教育的同时，最能够通过自身切实感受，做出最客观的反应。因此，高职院校、社会因素、学生自身就客观地形成了三位一体的评价构架体系。

在确立了谁来评的问题之后，随之而来的就是评什么的课题，这也是确立评价标准的重点。

首先，是评价德育教育教学质量的科学性。教学质量的科学性是指沿袭和遵守科学规律，严格按照教学大纲进行的施教过程。评判教学质量的科学性，有助于不断完善、补充和修正教学，使其始终处于一个良好的运转之中。其次，是评判教学质量的创新性。创新与创造的区别，突出体现在"新"字上。教学质量在于创新，其生命力也很好地体现在创新上。只有不断创新高职院校的教育，才能够真正跟上时代的步伐。再次，是教学质量在知识的前瞻性上得以体现。因此，教学质量评价标准必须纳入知识更新，体现教学质量的前瞻性。最后，就是教学的落脚点——教学质量评价中的实践性。学以致用是教学的根本。在评价工作的开展过程中，必须采取多形式、多方法、活手段，如分数加实效考核、长期加期考的评价、考试加议评方法、自测加外在加分等方法。完善的社会德育教学质量评价标准对于高职院校德育课程教育效果的指导是必不可少的。

建立并逐步完善社会德育教学质量评价标准应当遵循社会德育教学标准，必须同时代大趋势相一致。时代和国家所需人才就是高职院校培养的方向，也是衡量社会德育教学质量的标尺。教学质量评价也要从企事业用人单位实际需要出发制定完善的标准。高素质、综合型是人才培养的方向，是企事业未来人才的要求，也是高职院校德育教学的具体目标。在教学质量评价体系中，要把涉及国家大政方针的思想、政治和行为准则的大德，同个体职业道德、行为习惯的小德紧密联系在一起，并以此为标准全面衡量和评价德育教学质量。要以长远发展的眼光衡量社会德育教学的质量评价标准，对高职院校的德育教学质量有一个较为长远的规划，社会德育教学质量的评价标准要充分体现其超前性和旺盛的生命力。

（三）充分利用各种德育课程教学资源

充分合理地挖掘利用好德育教育教学资源是历史必然，是高职院校不断完善教学、突出其职业教育特色的根本大事，调查结果显示，98％的受访教师认为急需开发更有实际价值的德育教育资源。尤其是我们正处于大发展、大变革的历史时期，最大限度地调动和挖掘利用教学资源，就是一项不可或缺的工作。其特点主要由以下三点所决定：客观性、必要性和群众性。

社会、经济在不断发展，作为人才培养的基地，高职院校能否很好地适应实际需求，有的放矢地培养出大批的可用之才，是摆在高职院校面前的客观课题。挖掘利用好德育教学资源是高职院校的必然选择，有其深刻的必要性。中国正处在发展中，社会呈现出百花齐放、日新月异的崭新局面。经济的快速发展为高职院校的教育教学工作提供了更加多样、灵活的教学资源。新技术的合理引用、新思维的如期到来，都为高职院校的教学提供了难得的机遇。充分利用各种德育课程教学资源，挖掘广泛的教育教学资源，具有最广泛的群众性。德育课程教学资源对于高职院校德育教育起到了重要作用，同时也得到了社会各层面的高度评价，但同时也暴露出了不容忽视的缺陷和亟待改进、完善的期许。深入挖掘和最大限度地开拓德育课程教学资源，符合社会发展的需要，是国民经济快速增长的客观需要。挖掘开发最广泛的教学资源是培养大量综合型人才的必然前提。在科技高度发达的今天，网络的建立，大量现代化、信息化手段的开发利用，拉近了人与人之间的距离，多媒体呈现出的丰富多彩的现代化信息为开发德育课程教学资源提供了最为广泛的条件。以媒体为例，大量的正能量形象如同镜子一般折射出当今的文明发展趋势。感动中国、大国工匠、最美教师、最美乡村医生、好家风等，都成为德育教育课程的极好教学资源，为高职院校在学科类课程、实践类课程和隐形类课程方面的教学提供了大量丰富的德育资源。

（四）构建产教融合的德育课程教学模式

产教融合是高职院校德育教育的主要方向之一，也是我们改革教学的基本模式。构建产教融合的道路，建立健全德育教学模式，要积极做好两课，即教学的理论课和实践课的结合。

学以致用的前提是要使学生首先对其科学理论有一个清晰的认识和透彻的理解。学生必须对理论的规律性、科学性的原则、法则有一个不断积累和深入理解的过程。因此，作为高职院校的教师，必须把握好理论施教的尺度，使学生切实掌握与之相适应的科学理论基础。正确的科学理论必须经过社会严格的考验，必须通过实践加以证明。这种体系的建立必须遵循科学的评价机制，有其畅通的信息反馈渠道。实践证明，构建产教融合的德育课程教学模式是切实可行的，也是行之有效的手段和途径，是建设和不断完善高职德育教育的必要保障。构建产教融合模式首先要摆正高职院校与企事业用人单位的位置，要树立为产施教的理念，要切实做到职业道德标准的融合、用人标准与育人标准的融合、对德育教育的认识和理念的融合。教师要结合企事业道德标准和企业文化在学生中营造职业道德氛围，结合企业岗位标准，有针对性地施教，引导学生做好未来职业规划。产教融合的德育课程教学模式要充分体现出社会总需求，要能体现出高职院校办校和德育教育的特色。

构建产教融合的德育课程教学模式，必须注重其科学评价体系，对在具体施教过程中所反映出的新问题和新趋势有一个科学评价，同时对于未来预期也要有前瞻性准备。这一模式的建立，还离不开信息反馈通道。而这一通道的建立，要牢固树立在社会与高职院校共同打造的平台之上。只有这样，才能够真正做到有始有终，才能够达到出发点与落脚点有机结合的目的，最终实现不断推动高职院校德育教育进程的目的，使其更好地适应客观需求。

四、协调德育教育关注点

德育课程目标的确立和基本理念的统一关系到高职院校德育工作的基本方向。只有企事业用人单位同高职院校德育课程保持高度一致，才能实现培养和造就社会急需的综合型人才的目标。对基本现状进行分析得出，目前高职院校与用人单位在德育课程的关注重点存有差异，如果这样的差异存在，甚至不可控地延展，就会背离高职院校培养和造就社会综合型人才的初衷，也无法实现为企事业用人单位培养和输送大量合格人才的目的。本着社会需求就是我们培养方向的原则，高职院校必须客观地看待培养需求和用人标准，努力协调与用人单位德育教育的关注点。

（一）加大校企沟通与合作的力度

在高职德育课程中客观存在着高职院校与用人单位的认识差异。这种认识差异性主要表现在以下方面。

一是高职院校本身没有"跳出自身看客观"，使职业教育局限于自身认识和单一教学上，一心埋头教书，没有很好地同客观实际和社会，尤其是企事业用人单位做到无缝衔接。反映在高职教育中，就是没有使学生从根本上理解、吃透企事业文化的内涵，对于企业精神、企业文化缺乏深入了解。二是作为用人单位的企事业单位，也缺乏相应的与高职院校及时沟通的有效渠道和沟通机制，或已建立的沟通渠道不够有效和畅通。例如，高职院校同企业用人单位的定期回访机制的建立和企业同高职院校的信息反馈渠道的建设。高职院校没有有效、定期地组织学生深入企事业用人单位，面对面了解企事业现状及未来发展模式。三是高职院校和企事业单位因自身特点及所面临的客观实际，在关注重点、侧重的主要课题方面各有不同。双方虽然在认知度上是基本一致的，但对于"德"和"专"存在着认知的距离。有相当一部分用人单位认为操作者技术技能方面的熟练程度、专业知识的全面掌握和岗位职责是关注重点。

因此，不断加强高职院校与用人单位的沟通和交流，有效地在德育课程等诸多方面开展合作，显得十分必要。实践证明，只有最大限度地消除这种认识上的差异性，不断加大沟通、理解力度，才能够减少差异，使其目标更加明确和具体，也只有使渠道畅通，才能够不断将高职院校德育课程改革引向深入。

（二）根据职业教育需求调整课程内容

高职院校的德育教育课程设置必须不断适应时代发展，适应企事业用人单位的最大需求。这是客观要求，同时，也是高职院校的办学宗旨。德育课程的设置及具体实施过程，也必须首先考虑其课程内容的筛选、侧重，以及覆盖问题。

一是在具体施教内容上，加大企事业用人单位企业文化内容比例。在具体操作上，做好企事业文化向高职院校教学的转化，也就是用高职院校语言很好地表达企业文化，更加实际地向学生施教。二是在具体的德育课程内容中，准确表述出企事业文化内涵及特质。用科学的书本语言向学生传达出企事业用人单位文化最本质的内涵。三是围绕学生对于未来的职业规划，加大德育课程内容施教力度，并使之有机结合，为学生职业规划的设计和运用提供可靠有效的依据。

做好德育课程内容的调整，其前提是在校企德育工作定位上的一致性。调整高职院校德育课程内容，使高职院校同用人单位需求有良好的一致性，首先要强化学生德育教育，使高职院校学生正确理解和把握对于"专"与"德"的认知，正确掌握技术技能，把控高素质思想道德，做到既"专"又"德"，在良好的道德素养和优秀合格的职业品质基础上，熟悉运用岗位技术技能，以创新的精神艰苦奋斗、无私奉献，尽快成为企事业用人单位的骨干和主力军。

（三）营造共同参与的德育氛围

由于企事业单位和高职院校所处的位置不同，考虑问题的出发点和侧重点也有差异，有必要加强学校与用人单位之间的相互协作，共同营造更加适于学生发展和社会需要的德育教育氛围。多数用人单位更加看重其人力资源，尤其是高职院校所培养的学生的动手能力，以及娴熟的操作技能，这是客观的，也是合理的。但同时对于职业道德与职业技能两者，如何平衡和调整，也必然是摆在高职院校和企事业用人单位面前的客观问题。

首先，高职院校与企事业用人单位之间存在的差异性的表现是多方面的，如何做到在认识、思维方式及具体做法上保持一致性，是高职院校德育教育的重要任务之一，也是高职院校不可推卸的责任。其次，在诸多同一性问题中如何平衡职业道德与职业技能是最为重要的问题，也是企事业用人单位与高职院校的差异点和关注点。具有娴熟的技术技能是企事业用人单位对未来进入企事业用人单位学生的期许，也是最为急需的人力资源。因此，从企事业建设发展、生产规模，以及始终保持企事业用人单位的生命力的角度讲，大量的技术技能人力资源的及时填充，是企事业用人单位最为关注的。对于高职院校而言，培养和造就更多的在诸多方面具有高超的技术技能的"工匠型"人才，也是其主要培养教育目标之一。最后，职业道德与职业技能是相辅相成的，是缺一不可的关系。没有一个赤诚的爱国情怀，没有一个良好的职业道德，实现"中国梦"就是一句空谈；职业道德缺失的劳动者，也是无法胜任企事业用人单位工作的。从长远发展看，企事业单位想要树立良好的社会形象，生产出高质量的产品，也就成了"墙上饼、井中月"。因此，只有高职院校主动营造企事业用人单位共同参与的职业道德和德育教育氛围，努力实现职业道德与职业技能关系的平衡，才能够最终实现培养和造就综合型人才的目标。

（四）构建德育课程合作平台

搭建德育课程教学与广大企事业用人单位的沟通合作平台是一项长期的任务。在努力培养满足社会总需求的有用人才方面有着极其特殊和重要的意义。

首先，作为培养合格人才基地的高职院校，要时刻关注和加深理解社会用人单位的关注点，并且设计、构架与之相适应的沟通渠道和合作平台，使所培养的学生与企事业用人单位无缝对接。其次，在辅导学生进行职业设计规划时，为其提供直接的社会需求，使其职业规划目的更加明确。而要实现这一目的，就必须不断建立和完善高职院校与企事业用人单位所构架的合作平台。最后，高职院校要面向社会、面向企事业用人单位，就必须把高职院校和企业共同建立的合作平台作为沟通反馈基础，并在不断完善的过程中发挥其应有的作用，要使平台的建立和有效运转得以发挥最大作用，就必须秉承多样性、灵活性的原则，以实现校企融合。

德育教育和职业道德的培养是高职院校和企事业用人单位的共同任务，也是我们的共同奋斗目标。加强高职院校与企事业用人单位的交流合作是一项长期任务，也是高职院校和用人单位共同的职责。搭建高职院校与社会的合作平台是开展德育教育课程改革的重点之一。搭建高职院校与社会，特别是与企事业用人单位的合作平台，以及其建立和不断完善的过程，不仅是高职院校自身建设的需要，也是社会发展的客观需要。

毋庸置疑，社会的各种因素对于处于成长期和心理发育期的学生来讲影响是巨大的。正能量给予其更加阳光的思维方式和正确的思想道德定位；负面的因素，尤其是一些典型案例又极大地影响着学生良好道德品质的树立。因此，这种合作就是要引入社会正能量要素，给予学生在校园和课堂上不能获取的营养，潜移默化地施教，培育学生良好的职业道德。加强合作是校企在关注点上融合统一的最佳途径。企事业用人单位良好的企业文化、优良的传统，适时地植根于学生心中，对于学生做好未来职业规划起着事半功倍的作用，同时这也是学生最为关切的重点。这种合作和平台的建立符合高职院校办学宗旨，是社会培养合格人才的必要保障。

第三章　高职院校德育教育体系整合创新研究

第一节　高职院校德育教育体系整合创新的目标

整合与创新高职院校德育体系目标，应在坚持马克思列宁主义、毛泽东思想和中国特色社会主义理论体系指引下，以适应我国高职教育人才培养为根本要求，基本覆盖高职德育教育的全部阶段，体现我国高职德育教育的特点，以整体构建高职院校德育体系为目标，培养高职学生成为一名德智体美和谐发展，具有创新精神、实践能力和良好职业道德的满足生产、建设、管理、服务一线需要的高素质技术技能型人才。

一、适应我国高职教育人才培养的根本要求

《教育部关于加强高职高专教育人才培养工作的意见》（教高〔2000〕2号）中明确提出：高等职业技术教育是我国高等教育的重要组成部分，培养拥护党的基本路线，适应生产、建设、管理、服务第一线需要的，德、智、体、美等方面全面发展的高等技术应用型专门人才。

教育部《关于全面提高高等职业教育教学质量的若干意见》强调，高等职业教育办学要以科学发展观为指导，全面提高教育教学质量，促进高等职业教育健康发展。高职院校要坚持育人为本，德育为先，把立德树人作为根本任务，把社会主义核心价值体系融入高等职业教育人才培养的全过程。

只用专业知识教育人是不够的。通过专业教育，学生可以成为一种"有用的机器"，但是不能成为一个和谐发展的人。要使学生对价值有所理解，必须使其获得对美和道德的鲜明辨别力。德才兼备是我国高职教育对合格人才的要求。

因此，无论高职教育的职业性和实践性有多么重要，都不能脱离学生这个教育主体。否则，高职教育的培养目标就会出现问题，在实施过程中，高

职教育就会从学术化的一端跨入功利化的另一端。功利化的高职教育仅仅停留在培养学生"学会做事"上，而忽视了培养学生"学会做人"。

改革开放以来，随着我国产业结构的调整，生产、建设、管理、服务一线的高素质技术技能型人才短缺的问题日益凸显出来。培养大批"下得去、留得住、用得上"的德技双馨的技术技能型人才，为行业发展、企业改造升级提供有力的劳动力支持，成为高职院校人才培养的神圣职责。现有的德育体系在很大程度上已经不能适应新的需要，整体构建高职德育体系势在必行。因此，整合创新高职德育体系，一定要顺应社会主义核心价值体系确立的要求，结合高职高专人才培养方案和要求，强化办学特色，突出职业性与适用性，高度重视职业道德教育和法制教育，重视培养学生的责任感、敬业精神、诚信品质与遵纪守法意识，努力培养基础扎实、技能突出、品德高尚、习惯良好、身心健康的合格大学生，为社会培养生产、建设、管理、服务一线的高素质技术技能型人才。

二、基本覆盖高职德育教育的全部阶段

高等职业教育是高等教育发展中的一个类型，整合创新德育体系，要求我们必须准确把握这一教育类型学生的基本特点和规律，探索建立长效机制，为社会培养高素质技术技能型人才。不同年级的高职学生具有不同的心智与认知模式，都有其自身的学龄特点，德育体系实施要体现学龄特点，由浅入深、循序渐进，使高职德育目标细化得以具体实施。

一年级高职德育体系，适应高职学生从中学生向大学生角色转变的成长时期，德育体系整合创新要注重"明确发展方向，提高综合素质"，着眼于高职德育教育的"导向德育"。

二年级高职德育体系，适应高职学生由大学生向准职业人的成才时期，德育体系整合创新要注重"加强技能训练，培养专业能力"，着眼于高职德育教育的"定向德育"。

三年级高职德育体系，适应高职学生处于从准职业人向社会人、职业人

的成人时期，德育体系整合创新注重"实现角色转换，强化职业能力"，着眼于高职德育教育的"去向德育"。

因此，探索和构建高职德育体系，其目标、内容、途径、方法、管理、评价等方面，必须尊重高等职业类型教育的基本规律，遵循高职学生成长与教育规律，将德育教育目标、德育教育内容分解到高职教育的全部阶段。在这个过程中，高职院校要从实践的视角构建分年级、分阶段、分层次的德育体系，建立分层递进、螺旋上升、和谐衔接的有机联系，坚持理论与实践相结合，寓德育于课堂教学，寓德育于专业实训实习，寓德育于社会实践。

三、体现我国高职德育教育的特点

与普通高等教育人才培养目标不同，高职教育为生产、建设、管理、服务第一线培养高素质的技术技能型人才，它强调以服务为宗旨，以就业为导向，以产学研结合为基本途径，要根据产业结构的调整、社会需求的变化进行专业建设与课程改革，按照职业与岗位的实际需求开展教育活动。高职教育重视学生的动手能力与实践应用能力的培养，在实验实训、顶岗实习、社会服务等环节都需要与社会实践接触。高等职业教育的本质属性就是它的职业针对性（就业性）。

高职教育的培养目标、办学主体、招生对象，以及学制、学时等的特殊性，高职教育的起点具有多层次性与不确定性，给高职德育教育带来巨大的挑战和不可确定的因素。因此，高职院校德育工作必须打破原有封闭式的教育教学体系，在体系、内容、方法上要贴近职业教育和社会需求的目标，根据岗位和岗位群的实际需求提高学生的职业核心能力、职业素质水平和思想道德品质，全面提高学生的综合素质。

因此，整合创新高职德育体系，必须根据高职学生身心特点、品德所形成的规律，坚持"知"与"行"的统一，把职业理想教育、职业道德教育、就业指导与创业教育作为重要内容，并贯穿德育教育的全过程，让学生在社会实践与亲身体验中，将正确的道德认识内化为道德信念，升华为自身素质，转化为自觉行动，形成一种良好的习惯，培养出爱岗敬业、诚实守信、精益求精、服务社会的高技能人才，实现与培养目标的协同，实现大学生与岗位的零距离接触。

第二节　高职院校德育教育体系整合创新的主要内容

一、德育目标体系的整合

高职院校德育目标是高职院校德育教育得以有效开展的出发点和归宿点，是高职院校德育体系中一个带有根本性与方向性的问题，它关系到德育方向选取、内容整合、途径拓展、方法搭配、绩效管理与多元评价等一系列问题，直接影响高职院校德育的效果。针对以往构建高职院校德育目标体系过程中存在的不同程度的倒挂、脱节，以及不必要的重复、脱离学生身心发展特点和品德形成发展规律的问题，我们需要把普通高等教育与高等职业教育的特殊性结合起来，重新调整并定位好德育目标，并贯彻高职院校德育始终，伴随高职学生成长、成才、成人全过程，建立一个科学的、规范的、具有"职"的特色的德育目标体系，不断使其得以调整、优化与创新，形成德育目标网络体系，推进高职院校德育工作有序实施，培养真正符合社会需要的高素质技能型人才。

在《中国普通高等学校德育大纲》中明确指出，高等学校德育的目标是：使学生热爱社会主义祖国，拥护党的领导和党的基本路线，确立献身于中国特色社会主义事业的政治方向；努力学习马克思主义，逐步树立科学世界观、方法论，走与实践相结合、与工农相结合的道路；努力为人民服务，具有艰苦奋斗的精神和强烈的使命感、责任感；自觉地遵纪守法，具有良好的道德品质和健康的心理素质；勤奋学习，勇于探索，努力掌握现代科学文化知识，并从中培养一批具有共产主义觉悟的先进分子。高职院校要根据学校的特点和要求，结合高职学生的心智模式特点，准确定位高职院校德育目标，并进行分解性和应用性研究，增强有针对性地解决高职院校德育实际问题的可行性。

（一）高职德育总体目标与分项目标的定位

在《教育部关于整体规划大中小学德育体系的意见》中，提出了大学教育阶段德育目标：教育引导大学生确立在中国共产党领导下走中国特色社会主义道路、实现中华民族伟大复兴的共同理想和坚定信念，牢固树立爱国主义思想和全心全意为人民服务思想，自觉遵守法律法规和社会道德规范，加强自身道德修养，具备良好的心理素质和艰苦奋斗、开拓进取的精神，促进大学生思想政治素质、科学文化素质和身心健康素质全面协调发展。同时，积极引导大学生中的先进分子树立共产主义的远大理想，确立马克思主义的坚定信念。

准确定位高职德育总体目标、分项目标，需要把握以下几个要点。

第一，通过高等教育普遍性与职业教育特殊性的结合，准确界定高职德育总体目标。

我国高等职业教育是为适应改革开放和经济建设需要，于20世纪80年代中期兴起的一种教育类型。1999年中共中央、国务院颁布的《中共中央国务院关于深化教育改革全面推进素质教育的决定》中对高职的性质、目标与任务做出了明确的表述与要求，指出："高等职业教育是高等教育的重要组成部分。要大力发展高等职业教育，培养一大批具有必要的理论知识和较强实践能力，生产、建设、管理、服务第一线和农村急需的专门人才。"但在现实的高职德育教育中，却基本承袭普通高校的学科型德育模式，忽略了高职教育在生源对象、培养目标、办学环境等方面与普通本科院校的差异。高等职业教育，不仅具有高等教育的属性，还具有职业技术教育的属性。因此，高职德育目标的界定，既要反映高等教育德育的一般规律与基本要求，又要积极探索属于职业技术教育所特有的规律与要求。

第二，实现高职德育总体目标与内容分类目标的有机结合，清晰界定高职德育分项目标。

根据高职德育总体目标，逐层分解德育在政治教育、思想教育、道德教育、法纪教育与心理教育方面的分类目标；强调人文素质分项目标中社会能力与方法能力的规格要求，提高高职学生科学文化素质，使其养成良好的学习习惯，提高其社会能力，对其增加思维方法的训练；突出职业素质目标，如福建信息职业技术学院提出，高职学生要有良好的职业理想、职业道德，具有从事现代职业所需的多种知识技能，在具有必备的基础理论知识和专业知识的基础上，重点掌握从事本专业领域实际工作的能力和基本技能，具备较快适应一线岗位需要的实际工作能力，有较强的事业心，爱岗敬业，勇于拼搏进取，有终身学习能力、创新精神，以及求职的基本素质和能力。

（二）高职德育入口与出口目标的畅通

高职德育应根据入学与毕业特殊阶段高职学生的多元背景和多变角色，高度重视高职德育的复杂性和艰巨性，因势利导，因材施教，实现高职德育"入口"目标与"出口"目标的畅通有序，这既可以保证德育体系的整体性和完整性，又可以增强德育工作的针对性和实效性。

首先，高职德育"入口"目标，是针对学生从中学生变为高职学生的角色转换时期。在这个"入口"时期，学校要充分了解高职学生生源状况，实现与中学阶段德育目标的有效衔接。目前，我国高职学生生源状况十分复杂，来源广泛，有普通高中毕业生，五年制高职录取的初中毕业生，对口升入高职的中专毕业生、技校毕业生，还有职业高中毕业生"三校生"，总体质量处于中下等水平。因此，高职一年级的德育目标要充分考虑中学阶段的德育目标体系，因势利导，做好入学德育目标体系，帮助高职学生顺利地实现角色转变，使其尽快地适应并融入高职学习与生活，这为高职德育目标的梯次性践行打下了良好的基础。

其次，高职德育"出口"目标，是针对学生从高职学生变为顶岗实习的准职业人，再到职业人、社会人的角色转换时期。在这个"出口"时期，高职学生的地位、作用与身份差别很大，角色转变的跨度也很大。因此，高职三年级的德育目标就要充分考虑企业与社会对人才德育的需求，因材施教，因专施教，做好顶岗实习与毕业德育目标体系。例如，在顶岗实习"出口"阶段，学生所从事的某种职业或岗位，都有其特定的职业道德规范和职业素质标准。因此，此阶段的德育目标应侧重于学生职业能力与职业素质的培养，这不仅能够增强高职德育目标的针对性，而且有助于学生养成良好的职业道德和职业素养，更好地帮助高职学生顺利地实现向职业人与社会人的角色转变，使其尽快地适应并融入未来职业岗位与社会生活，成为符合社会需求的高素质的技能型人才，为高职德育目标的实现画上圆满的句号，改变高职德育由企业"买单"的尴尬局面。

（三）学校德育目标与企业德育目标、家庭德育目标的协同

德育是一种有意识、有计划、有目的的教育活动，高职德育目标体系需要协调学校、家庭与企业在德育目标体系构建中的角色作用。长期以来，学校"德育万能论"甚嚣尘上，使学校德育高高在上，形成了一个自我封闭的系统，与构建开放性德育体系极不相容。在我国现行德育格局中，存在着诸多学校、家庭与企业德育目标错位的问题，如学校德育自我封闭、家庭对学校德育目标缺少认知与认同、学生顶岗实习期间德育链条中断等，致使高职德育目标难以走进家庭、企业，德育合力低弱。实践证明，单纯依靠学校教育的力量，将家庭教育、企业教育排除在外，是难以达到德育效果的。因此，如何统筹规划学校、家庭、企业德育目标，构建高职德育目标体系，已经成为当前整体规划德育体系亟待破解的难题。

第一，积极创造使学校与家庭、企业德育目标趋同的条件。家庭与企业教育目标往往带有一定的主观性、随意性，有的甚至还会出现偏差与错误，他们对高职德育的重要性认识不足。因此，学校德育要真正"落下来"，通过家长会、家长学校、校企合作、工学结合等各种联系方式，走进家庭、企业，与其协同研究并制定德育目标序列，提高他们对学校德育目标的认知程度，在各自的教育环境中，与学校协同设立相应的德育目标，为使学校与家庭、企业德育目标趋同一致奠定基础。

第二，建立学校与家庭、企业协调相应、良性互补的德育目标体系。结合学校、家庭、企业各自的环境特点，学校德育目标侧重于政治教育、思想教育、道德教育、心理教育，是由国家制定并监督执行的、趋向于集体的教育行动，侧重完整性与系统性，对家庭与企业的德育目标具有指导作用。家庭德育目标侧重个体性德育目标的建立，注重家庭生活教育、感恩教育及养成教育等。而企业德育目标是学校德育目标的延伸，是家庭德育目标的扩充，侧重综合性和职业性，侧重职业道德教育、法纪教育、社会公德等。学校、家庭、企业德育目标各有侧重，各有专攻，但异中有同。其相同之处就在于教育学生学会做人，促进学生全面发展，都为国家培养合格的建设者和可靠的接班人。因此，不断整合、优化德育目标体系，就是要求同存异，取长补短，相互协调，良性互补，建立起一个以学校教育为主体、家庭教育为基础、企业教育为依托的高职德育目标体系。

二、德育内容体系的整合

高职德育内容体系是指按照高职德育目标要求确立的，用于教育高职学生的，一定的政治教育、思想教育、道德教育、法纪教育、心理教育的观点及其思想体系，它是高职德育目标实现的关键。

目前，高职德育内容选取随意，部分德育内容仍然大量存在陈旧滞后、缺乏反映时代要求的新内容、衔接断层、重复或"倒钩"等杂乱无序的现象，科学有效的高职德育内容体系还没有建立起来。"整体构建学校德育体系的研究与实验"（大学组）课题组提出了构建德育内容体系的要求，即"德育内容，循序渐进；德目规范，形成序列；要素完整，层次清楚；注意衔接，螺旋上升"。我们认为，高职德育内容体系的调整要体现时代性，把握规律性，富于创造性，要根据高职院校不同年级学生的身心特点、知识水平、思想实际状况、时代与经济社会发展形势的要求，确定不同年级德育内容重点和不同层次的教育内容，使高职德育工作具有可操作性，逐步形成与社会主义市场经济相适应、与社会主义法律规范相协调、与中华民族传统美德相承接的德育内容体系，并使这些内容形成序列，循序渐进地分布到高职各个年级的德育过程中，化为教师可操作、学生可接受的具体内容，这是重构高职德育内容体系的重点。

（一）实行德育五要素的分层式施教

高职院校不仅生源复杂、学制短，而且适应市场需求形成的专业种类繁多，涉及众多行业，有较大的变化选择空间，因此高职德育必须实施分层式教育。德育"五要素"包含政治教育、思想教育、道德教育、法纪教育、心理教育。分层式施教按照高职德育总目标及各年级德育目标的要求，结合高职学生在不同年龄段上的认知能力、思想实际与社会适应能力的特点，因材施教，分阶段、分层次进行教育。不同的教育阶段有各自的教育内容，"五要素"内容完整，不简单重复，由浅入深、循序渐进，有效对接、相辅相成，形成德育"五要素"分层施教的内容体系。

第一，高职一年级的德育内容的调整与设计。高职一年级德育目标为"明确发展方向，提高综合素质"，侧重导向教育。政治教育内容为：爱国主义教育、革命传统教育、国防教育、党团基本知识教育等。思想教育内容为：集体主义教育、理想信念教育、校风校史教育、学风教育、养成教育、专业思想与学习方法教育、择业观教育等。道德教育内容为：公民道德教育、个人品德教育等。法纪教育内容为：社会主义民主教育、公民的权利与义务教育、基础文明教育等。心理教育内容为：进行关于角色转换、学习、情绪管理、人际交往、生命教育、挫折应对与危机干预等适应教育。

第二，高职二年级的德育内容的调整与设计。高职二年级德育目标为"加强技能训练，培养专业能力"，侧重定向德育。政治教育内容为：建设中国特色社会主义理论教育、形势教育等。思想教育内容为："三观"（世界观、人生观与价值观）教育、人文素质教育、自我教育与自我管理、班风学风建设、养成教育、企业文化与企业精神教育、创业观教育等。道德教育内容为：社会主义公共道德观念教育、职业道德教育等。法纪教育内容为：社会主义法律意识和法制观念教育等。心理教育内容为：维护性与恋爱的心理健康、建立积极的自我意识、塑造健全的人格教育；成功交往的品质、人生成功与意志品质等价值观教育。

第三，高职三年级的德育内容的调整与设计。高职三年级德育目标为"实现角色转换，强化职业能力"，侧重去向德育。政治教育内容为：马克思主义理论教育、形势政策继续教育、国情教育等。思想教育内容为：终身学习教育、养成教育、正确择业观教育、就业指导教育、自主创业教育等。道德教育内容为：职业道德继续教育等。法纪教育内容为：部门法律教育等。心理教育内容为：职业价值观、性格与兴趣气质等择业教育。

（二）开展价值观、义利观与经济伦理教育

重构高职德育内容体系是一项系统工程，需要根据经济多元化的要求，赋予传统德育内容以新的时代精神，增加新的内容，使德育充满生机和活力，以适应经济利益多元化的社会发展趋势。

第一，适应价值观多元化、复杂化的新形势要求调整并加强价值观教育。价值观教育的关键点是处理好价值取向多元化与价值导向一元化的关系。在坚持社会主义核心价值体系一元化导向不动摇的前提下，正视人们价值取向多元化的存在，充分肯定、承认个体对自身合理利益的追求，尊重每一个个体的价值理想与价值目标，使价值观教育取得实效。价值观教育的根本点是坚持集体主义导向与利益导向的有机统一，以"新集体主义"来充实、改造传统集体主义。新集体主义不仅承认个人利益，尊重个人价值，还主张个人利益、个人价值应该充分地实现。价值观教育的立足点是对政治标准价值观的反思与超越，把价值观的选择权还给了主体性日益增强的每一个个体，人真正成为自身价值观的主人。价值观教育的着眼点是：价值主体既要突出自我意识，又不能导致个人主义；价值目标的确定既要适当突出物质利益原则，又不能导致功利主义；价值评价既要避免绝对化，又不能导致相对主义。

第二，改造并赋予传统义利观以时代气息，加强新的社会主义义利观教育。新的社会主义义利观克服了传统义利观"重义轻利"的局限，鼓励人们通过诚实劳动、合法经营获取正当的物质利益，强调要尊重和保护个人的合法权益。同时，新的社会主义义利观又克服了市场经济"重利轻义"的自发倾向，主张把谋取个人利益与自觉承担社会责任结合起来；是把国家和人民利益放在首位而又充分尊重公民个人合法权益的"义"和"利"相统一的新

义利观。加强义利观教育的原则就是贯彻价值观教育中价值导向一元化和价值取向多元化的原则。加强价值观教育的着眼点是克服传统德育"罕言利"的弊端，在充分肯定个人正当、合理的利益的基础上，应防止出现"见利忘义"的极端思想。

第三，增加并强化反映市场经济要求与规律的道德观念——经济伦理教育。随着我国社会主义市场经济体制的建立和完善，人们的竞争意识与发展压力也不断增强，注重物质、轻视精神的物本价值取向与科技为本的价值取向越来越明显，对学生产生广泛而深刻的影响。这就需要我们在教育和引导学生的过程中，坚持全面、协调的价值取向，建立与市场经济要求、规律相适应的德育内容体系，改变以往经济伦理教育比较欠缺，一般社会伦理教育内容滞后的状况，对经济主体个人应当具备什么样的经济美德进行重新界定。经济伦理不仅从道德上论证人们追求正当利益的合理性，而且按市场经济本质揭示经济主体应该遵守的道德观念和规范，使处于竞争状态的各利益主体行为受公认的经济行为准则的约束，以建立一种经济发展所必需的伦理秩序，来保障市场经济的有序发展。经济伦理应该是"经济人"与"道德人"的有机结合，融合市场经济是利益经济与道德经济的内在要求。因此，高职院校应对高职学生着重进行关于诚信精神、竞争精神、创新精神、效益观念，以及平等意识、民主意识、时间观念、合作精神等德育内容的教育，为高职学生更好地适应社会并顺利实现由高职学生向职业人、社会人的转变打下基础。

（三）强化基础道德教育和底线道德教育

当前高职学生的生源特点，大多表现为文化素质偏低、自我约束力较弱、专业思想不稳定、学习积极性不高、不良行为习惯居多。多数高职学生人生目标模糊多变，对现实感到无奈，对未来缺乏信心，存在较为严重的自卑心理。他们的道德人格表现出某种分裂性特征：一方面，他们希望得到社会的肯定；另一方面，他们又对高职从内心产生蔑视，对学校的条件和管理吹毛求疵，遇到问题不冷静，甚至采取过激行为来发泄不满。此外，他们自我实现的愿望强烈,但缺乏应有的抗挫折心理准备。当主观愿望与客观现实冲突时,他们就会感到失落和不满,存在较强的逆反情绪。他们认识到知识、素质、能力的重要性,而又缺乏奋斗的动力;他们认识到自身成才的重要性,但又对学校的教育管理不积极接受;他们认识到社会进步的主流,但又经不起社会消极现象的诱惑。思想认识与实际行动产生两面性,进取愿望与消极心理产生冲突性,从而导致道德知行分离,心理压力与心理矛盾增大,心理困惑与心理空虚增多。高职学生的这些实际思想状况,说明了高职德育任务的复杂性与艰巨性,同时也要求我们必须从高职学生实际出发,增强高职德育内容体系的针对性与层次性。

以往我国高职院校德育内容沿袭本科德育内容,片面强调理论教育内容,德育要求过高过急,重视以理想主义为主调的"圣人道德"规范,忽视了基础道德教育,尤其是对基础道德养成教育的重视不够,德育内容同高职学生思想品德实际发展水平与需要相脱节,形成知行不一的虚假人格,严重影响了高职院校德育的实效。随着道德多元化社会的形成与发展,高职学生对基础层次的道德诉求、以现实主义为主调的基础道德教育与底线道德教育应成为高职德育内容体系的重要内容。

加强对学生的基础道德教育,教育学生从遵守最平凡的生活准则做起,实质上就是加强学生的公民道德教育,主要是社会公德教育。《新时代公民道德建设实施纲要》指出,要把社会公德、职业道德、家庭美德、个人品德建设作为着力点,为加强基础道德教育提供了最好的教学标准,目的是使学生养成文明礼貌、诚实守信、互助友爱的良好品质,养成遵守公共秩序、爱护公共财物、维护社会公益、遵守环境道德、自觉维护生态环境的良好行为习惯。加强对学生的基础道德教育,其核心是使学生正确认识个人利益和社会利益的依存关系,从而能正确处理人与人、人与社会、人与自然的关系。底线道德是最基本的道德规范,也是基础道德不可逾越的,因此,也要加强对学生的底线道德教育。

（四）贯穿实施职业素质及就业创业教育

教育部《关于全面提高高等职业教育教学质量的若干意见》明确提出，"改革课程体系和教学内容，建立突出职业能力培养的课程标准，规范课程教学的基本要求，提高课程教学质量……改革教学方法和手段，融'教、学、做'为一体，强化学生能力的培养……要积极推行与生产劳动和社会实践相结合的学习模式……探索工学交替、任务驱动、项目导向、顶岗实习等有利于增强学生能力的教学模式"。高职教育的目标是培养出面向生产、建设、管理和服务一线需要的高素质技能型人才，实现高职学生的"零距离"就业。"零距离"就业不仅指职业技能方面，更主要的是指职业素质方面。这就要求我们在构建高职德育内容体系时，以培养具有良好职业素质和较高职业能力的高素质人才为目标，将职业素质、就业及创业教育贯穿德育活动始终，不断规范高职学生的职业道德行为，使其确立正确的就业意识与择业取向，培养学生实现"等待工作机会—寻找机会—创造工作机会"的转变，提高创业技能，为学生以后从事本职工作打下良好的基础。

第一，加强学校与行业、企业的联系，提高职业素质教育的有效性。

职业素质是从事一定社会职业的人们，在特定的工作或劳动中必须具备的，与其职业活动相适应的形象、能力及道德修养的总和。高职学生的职业素质是指高职学生通过校企文化的熏陶与技能教育，以及自我陶冶和锻炼，为适应岗位需要所养成的职业认知、就业技能、工作态度、职业精神及心理状态。高职学生的职业素质具有丰富的内涵，它是高职学生胜任岗位需要、完成特定职责所必备的一切内在条件的综合体。就其结构而言，高职学生的职业素质大致包括政治思想素质、科学人文素质、道德法纪素质、审美情感素质、择业创业素质、劳动技能素质、团体协作素质、创优心理素质等。高职学生应重点掌握从事本专业领域实际工作的基本能力和基本技能，具备良好的职业道德与敬业精神。因此，高职学生职业素质教育的核心内容，就是培养学生爱岗守岗的敬业精神，增强服务人民、服务社会的思想观念，强化规范与质量意识，树立勤业精业思想，倡导诚实守信品质，引导奉献社会精神。职业道德素质教育不仅是对运用一定的价值观念解决道德冲突的能力的培养，还给学生提供一个养成自觉遵守工作道德品质的机会，提高其日后在职业岗位中解决实际问题的能力。归根结底，高职学生的职业素质教育问题事关高职学生的生存本领与职业资格问题。因此，高职院校必须大力进行职业素质教育。一方面，要注重职业道德素质课与其他学科课程的教育与渗透，通过职业模拟、项目化教学等方式将职业技能教育与行业、专业职业道德教育紧密地结合起来；另一方面，借助校企合作、工学结合的平台，与行业、企业岗位紧密结合，聘请优秀企业家与行业精英为德育导师，走进校园，引导高职学生积极参与企业文化建设，大力宣传企业的经营理念与市场经济观，加强质量观念、竞争观念、效益观念、纪律观念等企业精神教育，合力进行职业素质教育，提升职业道德认识，坚定职业道德意志，外化职业道德行为，提高学生在未来就业时对企业的适应能力，提高职业道德教育的实效性。

国家示范性高等职业院校深圳职业技术学院的办学优势与特点之一是将职业素质教育与养成、训导相结合。他们将职业素质分为三个层次：第一层次为政治思想素质；第二层次为一般职业素质，如敬业乐业、刻苦耐劳、执着追求、一丝不苟、讲究效率与效益、准确守时、恪守信用、公平公正、遵纪守法、崇尚卓越、团结协作等；第三层次为专门的职业素质，如服装专业要训练敏锐的预测流行款式的能力，机电专业要训练熟练的故障诊断能力，等等。第一层次主要通过思想政治理论教育和学生日常思想政治工作这两个途径来培养；后两个层次则主要通过专业教育和对学生的日常管理来养成，如在校内实训时要求学生统一着装、打卡进出实训室、严守实训室规程和规章、严格操作规范等。

第二，加强就业及创业教育，帮助学生解决实际问题。

在高等教育大众化不断推进，国际金融危机对我国就业创业形势的不利影响还没有完全消除的背景下，大学生就业创业形势日趋严峻，困难重重。针对我国现行的"双向选择、自主择业"的劳动就业制度，高职院校要积极引导学生转变就业观念，使其树立起"先就业、后择业、再创业"的新择业观，帮助学生充分认识我国当前的就业形势，合理定位，正确评估适合自己的职业，进一步完善高职学生就业信息服务系统，帮助学生掌握求职就业的有关知识与技巧，走一条面对现实、降低起点、先融入社会再寻求发展的道路。

自主创业给高职学生提供了一个全新的就业思路，为其提供了一个广阔的成才天地和就业空间，加强创业教育指导是时代发展的要求，是高职学生在激烈的市场经济大潮中，求生存、促发展所必须走的路。高职学生具有实用性高的技能，对生产、建设、管理、服务过程中的各个环节有所了解，具有自主创业的优势，但是缺乏创业的基本知识与创业教育指导，很少能够真正实现自主创业。因此，加强高职学生创业前的教育指导，促进高职学生成功创业是高职院校就业指导的一项重要内容。为此，高职德育内容体系之中应融入就业与创业教育的内容，使思想道德教育全面融入职业指导工作，引导学生树立正确的择业观、就业观、创业观，养成良好的职业道德行为，鼓励学生通过自主创业充分发挥自己的积极性、主动性和创造性，去谋取自己的职业，促进自身的发展，提高就业及创业能力。

三、德育途径体系的整合

德育途径是多种多样的，如课堂教育、实习实践活动、人际与文化环境、政党工作与学生群众团体组织、学校与班级德育管理、辅导咨询、大众传媒等。以往思想政治理论课（包括毛泽东思想和中国特色社会主义理论体系概论、思想道德修养与法律基础）是高职德育的主要途径，但是这些课程并不能涵盖高职德育的全部内容，而且这些课程学科化色彩浓厚，弱化了高职德育功能。其他诸如学科德育、德育活动课、辅导员工作、党团工作、校外基地建设等德育途径，缺乏整体规划与明确分工，往往流于形式甚至落空，未能形成有效的德育合力。因此，调整与创新高职德育途径体系，需要对校内外德育资源进行整合拓展，寻求德育合力，提高应用德育途径的自觉性和有效性。依据"整体构建学校德育体系的研究与实验"课题组提出的构建德育途径体系的要求，即"德育途径，对应内容；一项内容，多条途径；有主有辅，协调配合；分工合作，形成合力"，建立以学校德育为主体，家庭德育为基础，社会德育为依托的立体化德育网络，形成协调工作、密切配合，全员育人、全程育人、全面育人的德育工作新格局，达到最佳德育效果。

（一）发挥高职思想政治理论课教学的主渠道作用

思想政治教育是德育"五要素"的重要内容，是德育的导向教育，作为上层建筑，是由经济基础决定的。思想政治理论课是对大学生进行思想政治教育的主渠道、主阵地，对大学生世界观、人生观与价值观的形成起着不可替代的重要作用，是培养中国特色社会主义事业合格建设者与可靠接班人的重要保障，也是社会主义大学的本质体现。在经济利益多元化的社会背景下，思想政治理论课在理念更新、功能发挥、内容选取和课程改革等方面都遇到了前所未有的挑战。高职德育途径体系的构建要正视思想政治理论课面临的挑战，以学生成长成才为目标，以学生实际需要为着眼点，实现思想政治理论课的转型与创新，增强思想政治理论课的吸引力与感染力，提高思想政治教育的针对性与实效性。

第一，更新思想政治教育理念，使思想政治理论课的功能得以更好发挥。高职教育注重职业性、应用性与实践性。如前所述，高职德育目标及内容体系的调整与创新要体现层次性，思想政治理论课要走出传统一元化和绝对理想主义的束缚，增强现实性与时代感，坚持理想性与现实性、统一性与多样性的统一。充分重视教育对象的主体性，使思想政治教育理念从"人学空场"转向"主体间性思维"，从片面突出社会本位转向社会与个人的统一，从脱离生活走向生活世界。在遵循上述理念的基础上，注重融合社会性功能与个体性功能；兼顾政治功能与经济功能、规范性功能与发展性功能相统一，意识形态功能与非意识形态功能相协调；实现思想政治教育功能的转变与拓展。例如，山东商业职业技术学院"思想道德修养与法律基础"课程组紧紧围绕人才培养目标，提出"心灵上有触动，思想上有觉悟，行动中有体现"的教学理念，将"学会做人"与"学会做事"结合起来，引导学生做到知行合一。

第二，构建高职德育体系视野下的高职思想政治理论课的基本路向。在目标界定上，从高职实际出发，厘清层次性，体现时代性，使思想政治理论课实现理想性与现实性的有机统一；在内容选取与序化上，应取材于现实生活，使思想政治理论课教学内容更贴近高职、贴近学生实际，增加新集体主义、新社会主义义利观及经济伦理等内容；在途径方法选择上，从自我封闭走向开放，从课堂走向社会，从强制灌输走向对话；在管理与评价的应用上，从一元走向多元。通过以上内在相互贯通的路向设计形成的高职思想政治教育体系，为高职思想政治教育的课程改革提供理论指导。

（二）加强高职各专业学科的德育渗透

德育是一门学科交叉和知识融合性较强的学科，涉及众多学科的相关内容，需要诸多知识点的支撑。反过来说，各知识学科中蕴含着丰富的德育因素。运用各学科的教学原则、方法与手段，在使学生获得知识与技能的同时，凭借学科内容蕴含的德育因素，能够潜移默化地实施德育。现在很多高职德育的课堂教学日益边缘化，随着学院学分制的实施与完善，纯粹的德育教育时间会变得越来越少，因此，德育学科渗透不仅必要，而且也是拓展德育空间所必需的。但从目前来看，对于各专业学科中的德育渗透功能的探索还远未达到较高的科学性，主要表现为：学科与德育衔接不畅，多数专业学科教师缺乏德育自觉性，德育盲目操作或低效操作；学科德育之间缺乏系统性，难以形成学科德育合力；学科德育操作方法牵强生硬、单调，乃至违背德育规律。这些问题的存在，不仅造成了德育资源的巨大浪费，而且阻碍了学生思想道德素质的提高。因此，我们要以此为鉴。一方面，要善于运用各学科的相关内容去丰富德育内涵，增强德育感染力；另一方面，要善于挖掘其他教学科目和学科中蕴藏的丰富德育资源，注重德育在高职各专业学科中的渗透，这对整合德育资源、发挥德育功能、拓宽高职德育途径是十分必要的。

第一，合理挖掘学科教学中的德育资源，拓宽教育领域，提高学科德育能力，优化教学途径。高职教育主要是通过各专业学科教学活动实现的，学科教学在高职教学活动中所占比例最大，它不但是专业知识与技能教学的主要渠道，而且也是实施德育的重要渠道。我们要利用学科优势，敏锐地捕捉蕴藏其中的、鲜活的职业道德教育素材，开发更为宽泛的教育内容，凡是有利于学生健康成长与综合素质提高的教育内容都应纳入德育渗透的范畴。在教学目标方面，研究学科与德育的结合点，实现智育目标与德育目标的统一，使学生在获得专业知识技能的同时，思想品德素质亦有显性变化与收益。在教学过程方面，形成专门学科逻辑与人格形成、德性养成逻辑的统一，达到德艺相长。在教学内容与载体方面，深入钻研学科教学内容，充分挖掘德育因素。德育以学科知识为载体，以学科教学过程为渠道，寓德于学，贴近专业，贴近学生，贴近实际，既保证专业学科的系统性，同时又提高德育艺术性与感染力。

第二，整合学科德育教育资源，注重德育在高职各专业学科中的渗透。德育工作者要加强与各学科教学的沟通，将德育融合在各学科教育学之中，注重发挥人文科学课程和自然科学课程的整合作用，使学科教育者明确德育渗透的共同任务与分科的任务；要积极研究学科特点，通过合理组织、巧妙设计，积极创设德育过程中的学科情境，塑造学科角色，与学生互动完成德育任务；要分解德育目标与内容，将思想道德内容渗透学科教学与实习实训之中，弘扬核心政治观与价值观，尤其把爱岗敬业、诚实守信、办事公道、服务群众、奉献社会等职业道德内容融入专业教学。在德育教学过程中，要根据学生专业和未来岗位需要，因材施教，通过把思想政治教育和职业道德教育结合起来，利用学科的优势资源，实现课上与课下、校内与校外的学科德育实践，使产学研结合、生活体验、工学交替等模式产生极佳的德育效果，形成德育合力，发挥整体功能。

第三，拓宽视野，积极借鉴发达国家大学德育的跨学科性与综合性。发达国家理工科大学注重在政治、思想、道德、法纪、心理等方面开展综合教育，而不是一味地进行专业教育，实现了德育与专业教育的契合与交融。如20世纪70年代末，美国理工科大学兴起的"科学、技术与社会"教育运动，科罗拉多矿业大学开设了核心必修课程"自然与人类价值"，包括诸如全球化问题、研究思想与方法、研究道德与伦理、科学写作与修辞、科学研究心理健康等综合性的跨学科内容，有机地将专业教育与德育结合在一起。从总体上来看，我国现有的高职院校理工科偏多，技能类与服务类的专业偏多，这就要求高职院校的理工科德育要积极借鉴国外好的经验，进一步加强德育内容的跨学科性与综合性，积极探索，使德育真正贴近学生、贴近科技文化、贴近科技实践，提高德育的有效性。

（三）营造"五育人"高职德育工作格局

高等职业院校与普通高校有一个很大的区别，就是职业教育的全程都具有很强的实践性，教学、实验、实习、实训、社会调查、社会服务、生产科研等环节都需要与社会实践接触。在这种情况下，高职德育工作应该以"实践者"的姿态解决学生在实践中遇到的各种问题，使他们达到"知"与"行"的统一，学会遵守从业岗位要求的职业道德规范，懂得自省、自律，以便适应生产、管理、服务一线的岗位需求。

分析、整理现有的高职德育途径的各种类型，根据不同的德育目标与内容整合德育途径，思考其整体运作的适应性、和谐性，充分发挥其德育合力作用，倡导"五育人"德育工作格局，即教书育人、管理育人、服务育人、生产育人与环境育人，旨在提高发挥德育途径的整体效能。

第一，精化教书育人的德育途径。教书育人属于课程类途径，是指利用思想政治理论课程与各学科课程教学进行德育。一方面，高职院校思想政治理论课教师要有崇高的使命感与责任感，充分发挥思想政治理论课的主渠道、主阵地作用，立足于高职德育目标的要求，将高职德育的政治教育、思想教育、道德教育、法纪教育和心理教育同高职的职业性与应用性结合起来，在帮助高职学生树立正确的政治观、社会观与价值观的同时，积极引导其树立正确的职业观，逐步内化养成良好的职业道德意识，逐步固化为规范的职业道德行为；另一方面，学科课程教师要强化育人育德的职业素养，分析学科课程中包含的德育因素，挖掘各学科课程教学中的德育资源，准确寻找和提炼学科与德育的切入点，进行学科素质目标与德育任务的分解，并将其细化到每次课的内容安排之中，发挥学科德育间接性与渗透性的优势，使高职学生在掌握专业技能的同时不知不觉地接受德育。实践反复证明，学科德育渗透是易于被高职学生接受且行之有效的德育途径。

第二，规范管理育人的德育途径。管理育人是为了达到预期的德育目标。影响德育根本任务及其质量的诸要素，包括学校德育管理、班级德育管理与企业德育管理。合理配置学校、企业、班级这些德育资源，能够改善德育条件，保障德育活动能够顺利进行，为顺利实现德育目标、提高德育质量提供保障。

第三，细化服务育人的德育途径。服务育人是指学校的服务人员在为师生提供服务的过程中，其言行举止直接对师生产生德育影响。细化服务育人途径要善于运用知识型、服务型、效益型、和谐型的现代理念，使学校的服务人员全心全意为师生服务，加强与师生的沟通与交流，学会倾听，了解师生合理的服务诉求，帮助其解决在学习、工作、生活中遇到的实际困难和问题，为师生提供热情周到的优质服务，使学生在优质服务中受到感染与教育，达到育人的最佳效果，以此完成服务育人的过程。

第四，完善生产育人的德育途径。生产育人是职业教育的特色，是高职教育产学研结合的必然产物。它在学生顶岗实习或参加生产实践活动中，赋予企业生产单位指导教师、学校指导教师以学生德育主体资格，对学生进行职业能力和职业素质的培养，增强学生劳动观念和纪律意识，使其形成吃苦耐劳的作风和习惯，有利于培养学生的责任心和成就感，使学生在企业的德育教育落到实处，延续高职德育教育链条。

第五，营造环境育人的德育途径。环境育人是通过人际环境与文化环境的营造对学生的思想品德施加影响的德育途径。营造和谐的人际环境，使学校与企业之间、教师之间、教师与学生之间、同学之间、班级之间等的关系能够趋于平等、民主、合作，这些环境因素会潜移默化地影响学生发挥潜能，引导学生养成良好的道德品质。和谐的文化环境包括学校、家庭、企业的文化氛围。我们要尤其注重和谐校园文化环境的建设，校园的设施、"三化"（净化、绿化、美化）、"三风"（校风、师风、学风）等环境的熏陶，都会发挥德育的感召力。

（四）统合学校家庭社会企业网络高职德育资源

《教育部关于整体规划大中小学德育体系的意见》指出："构建学校、家庭、社会紧密配合的德育网络，使德育工作由学校向家庭辐射，向社会延伸。学校要主动和学生家长及社会各方面加强沟通与合作，使三方教育互为补充、形成合力。"德育途径的实施，需要运用一定的德育资源，学校、家庭、社会各自有着自身的德育资源优势。随着社会的进步和教育改革的不断深入，充分挖掘并利用学校、家庭与社会德育资源，形成合力德育，必然成为高职德育途径体系完善的重要趋势。

第一，契合"教育多元主体论"的教育理念，德育主体应实现多元互动。以往学校作为德育主体的地位界定明晰，业已达成共识，但其与大环境融合不够，力量不足，形成了自我封闭的德育途径系统，与"大德育"的德育氛围难以契合。随着校企合作、工学结合的深度发展，生产育人功能不断完善，需要赋予企业以德育主体资格。除此以外，由于高职学生生源复杂、来源广泛，家庭教育也逐步成了实施德育的主体。确立学校、家庭与企业德育主体地位，使其达成德育共识，是构建立体化高职德育网络的理论依据与重要原则。

第二，实现学校、家庭、企业德育过程的协调配合。三大德育途径需要整合研究对高职学生实施德育的目标与内容、途径与方法、管理与评价。在认知与理解高职德育总目标的基础上，三方达成共识，分解为学校、家庭、企业德育目标，明确各自的德育任务与内容。通过宣传栏、通讯、广播电视，以及主题论坛、网站、博客、微博、QQ 等网络平台的多种形式，开展生动、互动的主题德育活动。三方及时交流沟通，总结反馈德育效果。三大德育途径有时可以针对一项德育内容，从多个角度组合实施协调配合，有助于学生将德育的知、情、意、信、行结合起来。这样会使德育的针对性更强，目的性更明确，有利于学校、家庭与企业在德育观念、学生情况、德育目标、教育内容、德育方式、德育效果方面的沟通，逐步达到德育的同步协调。

第三，实现学校、家庭和企业德育资源共享。学校德育资源的优势在于通过学校文化、校园活动、教师人格、学科课程等独特的资源来实施德育；

家庭德育资源的优势在于通过家风建设(如"五好家庭""文明家庭")、"合格家长,合格人才"的"双合格"家庭、感动社会的家庭典型等资源来实施德育;而企业主要通过规章制度、企业文化、企业精神、岗位职责等资源来实施德育。针对各自的优势资源,三者可以实现资源共享,优势互补。以学校为主体,家庭和社会为辅助,形成合力,共同完成德育任务,逐步形成以学校德育资源为核心,家庭德育资源为基础,企业德育资源为依托的立体化德育网络。

当今,网络德育的兴起使学校、家庭与企业互相联结起来,学生也便于参与其中,这样互通德育信息,共享德育资源,使德育一体化出现新的局面,大大提高了德育的影响力。

第三节　高职院校德育教育体系整合创新策略

高职院校坚持把立德树人作为根本任务,抓住全面提高人才培养能力这个重点,坚持不忘初心、牢记使命,培根铸魂、启智润心,着力培养"明大德、守公德、严私德",可堪大任的时代新人,为服务国家富强、民族复兴、人民幸福贡献力量。

高职院校不断探索研究,通过文化润德——中华优秀文化浸润教育、修心养德——健康心理滋养教育、活动蕴德——文明活动孕育教育、实践载德——创新创造社会实践教育,构建高职院校"四维融合"的学生德育培养体系,培养青年大学生爱党、爱国、爱人民,增强国家意识和社会责任意识,教育学生理解、认同和拥护国家政治制度,了解中华优秀传统文化、革命文化、社会主义先进文化,增强中国特色社会主义道路自信、理论自信、制度自信、文化自信,引导学生准确理解和把握社会主义核心价值观的深刻内涵和实践要求,养成良好政治素质、道德品质、法治意识和行为习惯,形成积极健康的人格和良好心理品质,促进学生核心素养的提升和全面发展,为学生一生的成长奠定坚实的思想基础。

一、文化润德，开展中华优秀文化教育

开展家国情怀教育、社会关爱教育和人格修养教育，传承发展中华优秀传统文化、红色革命文化、社会主义先进文化，大力弘扬核心思想理念、中华传统美德、中华人文精神，引导学生了解中华优秀文化的历史渊源、发展脉络、精神内涵，增强文化自觉和文化自信。

（一）以中华优秀传统文化为依托，培育传统美德

中国传统文化是中华民族的宝贵精神财富，其中的德育思想在新时代依然彰显出独特的人文价值。学院打造精品大学生行为礼仪与国学礼仪教育课程，促进大学生懂礼守德、德行双修；学院传承中华经典非遗文化棕编与剪纸，将国家非物质文化遗产磅礴的创造力、民族力、凝聚力深深熔铸在大学生心中，培育大学生民族认同感和自豪感；学院开办"六艺赋能"素质赋能课程体系，传承古代"六艺"中的教育精髓和逻辑，实现技能训练和价值观传递。

（二）以红色革命文化、社会主义先进文化教育为纽带，塑造和培育学生的思维方式、精神品格、价值取向和行为方式

（1）常态化开展红色文化教育、党史学习教育。红色文化作为具有强烈时代色彩的文化，可以在高校思政教学中作为有价值的内容和文化资源，以课堂为载体，与高校文化建设紧密结合起来，在课堂这个具有普遍性的教育空间内完成教育任务，结合高校思政文化同社会实践和历史文化的联系，让学生接受正确的红色文化洗礼，帮助其塑造正确的历史价值观。

（2）落实落细"青年大学习"。进一步推进习近平新时代中国特色社会主义思想进支部、进团课、进社团、进网络，依托"青年大学习"网络平台、"网上重走长征路"学习平台等平台，以及"青马工程"培训、团员发展培训、主题团日活动等各种形式的活动服务思政教育，引导青年大学生树牢"四个意识"，坚定"四个自信"，坚决做到"两个维护"。

（3）深化实施"青年马克思主义者培养工程"。邀请专家学者等为学

生讲授马克思主义中国化的最新理论成果，举办形势报告会，分析社会热点问题，提高大学生骨干的理论素养和辨析能力。

（4）切实加强网络文化思想政治引领。将思想政治引领等重点工作融入"12355 青年之声"官方微信公众号工作，建设好学院团学组织微信、网站等团学新媒体工作矩阵。着眼优化内容供给，实施内容精品化战略，围绕习近平总书记关于青年工作重要思想、全国"两会"内容等重大主题宣传，做好网上思想引领工作。

（三）构建精神内涵丰富的校园文化环境，努力营造良好的育人氛围

校园文化既是高校人才培养所必需的文化氛围，又是高校教育的重要组成部分。良好的校园文化是培养学生个性品质和综合素质的关键因素，校园文化具有价值导向、行为规范、品德熏陶、扬弃与创造的德育功能。打造优秀校园文化，建设体现时代特征、职教特点的校园文化，建立并完善学院规章制度，推进院风、教风、学风建设，通过院徽、院训、院刊等载体表现校园文化，加强校园自然环境和人文环境建设，吸纳优秀传统文化、地域文化和职业文化，结合学院特点，精心布置各种场所，使校园的一角一落、一草一木、一砖一石都会"说话"。积极开展"六艺赋能""非遗进校园""寝室文化节""校园之春""社团文化艺术节"等文化活动，丰富学生文化生活。加强校园文化环境和氛围的建设，建造精神内涵丰富的文化环境，努力营造良好的育人氛围。

二、修心养德，开展大学生心理健康教育

开展认识自我、尊重生命、学会学习、人际交往、情绪调适、升学择业、人生规划，以及适应社会生活等方面的教育，引导学生增强调控心理、自主自助、应对挫折、适应环境的能力，培养学生健全的人格、积极的心态和良好的个性心理品质。

（1）建立心理咨询室，开展心理咨询和心理辅导。一对一开展心理咨

询和辅导训练，帮助学生了解自我、接纳自我，对自我形象进行整体的认识，找出自己的优势与劣势，帮助学生树立信心，发挥潜能，实现人生价值。建立学生心理健康档案，定期开展心理健康筛查和专题培训讲座，宣传和普及心理健康知识，培养其良好的心理素质，促进其身心全面、和谐发展。

（2）加强大学生心理健康教育，丰富心理健康教育团体辅导活动。团体心理辅导是在团体的情境下进行的一种心理辅导形式，它是通过团体内的人际交互作用，促使个体在交往中观察、学习、体验，认识自我、探索自我，调整、改善与他人的关系，学习新的态度与行为方式，以促进良好的适应与发展的助人过程。它有助于培养学生乐观向上的生活态度和健康愉悦的情绪特征，使其从中深化自我认识，充分发展个性，改善适应能力，修心养德，陶冶情操。

（3）培训赋能，增强自信，不断提升适应社会的能力与技巧。关注学生成长转型期的心理动态和心理需求，在学生面临升学、就业等关键时期，开展应急心理疏导培训、人格分析指导、人生规划教育、就业指导培训、职场模拟招聘等技能培训，帮助学生在人生成长的关键时期培养积极的心态和良好的个性心理品质，树立正确的世界观、人生观、价值观、择业观、职业观、创业观。

三、活动蕴德，开展文明健康的校园文化活动

认真研究学生的心理特征，充分发掘学生自身的闪光点，以学生乐于接受的方式开展各种德育活动，让学生在具体的实践活动中体验道德规范要求。大力活跃校园文化，拓展人文实践活动载体，升华文化内涵，丰富学生文化生活。把德育工作贯穿教育活动的全过程，寓智于心，蕴德于行。

（1）打造与时俱进的特色文化品牌活动，满足学生的成长成才需求，感召和影响学生的世界观、人生观、价值观。积极打造高职院校特色文化和人才培养质量文化品牌活动，精心打磨学院传统活动项目，如"财经管理之星——学生标兵领航行动"。以评比、表彰的方式，树立学生标兵榜样，鼓励全院学生向先进看齐，知荣辱、树新风，推动全院学生的思想政治和综

合素养进一步提升。

（2）大力开展校园体艺科技类特色活动。高职院校可持续开展"六艺赋能""非遗进校园""寝室文化节""校园之春""中华文化节""社团文化艺术节"等文化类活动，运动会、体育竞技赛等体育类活动，歌手大赛、迎新晚会、摄影大赛等艺术类活动，"挑战杯""振兴杯""互联网+"等科技类创新创业活动，广泛开展各类教育培训活动，把德育工作贯穿教育培训活动的全过程，启智润心，培根铸魂。

（3）广泛组织学生参与各类技能大赛，延伸实践教学作用，正确培育学生综合素质素养。以赛促学、以赛促教、以赛促训，在竞赛实践中不断提升学生德育发展。通过广泛组织学生参与专业技能竞赛、双创竞赛、各类科技文化竞赛等方式，使学生在实战竞赛过程中不断激发爱校情怀，增进团队合作精神和集体荣誉感，强化职业道德，提高心理素质，从而渗透感恩教育。

四、实践载德，加强创新创造社会实践教育

实践是将知识转化为能力的唯一中介，在实践教学中寻求创新教育和思政教育的契合点，不仅可以育智，还可以育德。社会实践教育为大学生提供了学以致用的途径，是实现立德树人的基本途径，是大学生改造主观世界、实现自身全面发展的根本途径，是大学生思想品德形成和发展的决定性因素。通过开展专业实习实训、创新创业教育、就业指导教育、志愿服务工作、社会实践活动，引导大学生对所学理论进行检验、运用及发展，强化学生专业技能，提高学生的就业核心能力及创新能力，增加其生活阅历，使学生提高认识和改造世界的能力，实现从"知识人"到"能力人"的转化，升华品德教育，促进其全面发展。

（1）加强专业实习实训，树立学生职业理想，培育职业道德和大国工匠精神。通过紧贴产业结构调整和技术革新，根据未来社会对人才的技能与素质要求，与企业共同研究学生需要获得的专业技能和素质要素，共同设计"技能菜单"，并纳入各专业（群）的人才培养方案中，构建"技能菜单"式的课程体系。紧扣"技能菜单"培养方案，促进教学、学习和实训的有机

融合，采用项目引领、任务驱动的教学方法，大力推行"做中教、做中学"教学模式，加强实践锻炼，培育学生职业道德。

（2）加强创新创业教育和就业指导教育，不断培养学生良好的社会公德、职业道德和文明行为习惯。突出以诚信、敬业、责任为重点的职业道德教育，教育学生树立正确的理想信念。结合社会、职业及岗位对人才的培养要求，加强双创教育和就业指导教育，加强职业道德教育和职业行为习惯养成教育，通过职业指导和具有职业特点的社会实践等多种形式的教育活动，培养学生诚实守信、爱岗敬业、团结协作、服务社会的职业道德素养，引导学生树立正确的职业理想，确立正确的职业观、择业观、创业观。

（3）大力弘扬志愿服务精神，将志愿服务精神与时代精神相结合，滋润学生心灵。大力弘扬"奉献、友爱、互助、进步"的志愿精神，以志愿服务和社会实践为主线培育社会公德。学生志愿服务工作与学校德育一脉相承，"志愿服务"实践有利于增强学生的社会责任感和社会实践能力，服务教育工作大局，促进学生健康成长，提高学生参与社会发展的获得感和认同度。

（4）广泛开展暑期"三下乡"大学生社会实践和"返家乡"大学生社会实践活动，充分发挥社会实践育人作用，服务地区经济发展。通过暑期"三下乡"大学生社会实践和"返家乡"大学生社会实践活动，加强和改进大学生思想政治教育，深化其爱国主义教育，不断扩大工作覆盖，增强教育实效，引领学生在社会实践中受教育、长才干、做贡献，使其成为德、智、体、美、劳全面发展的社会主义建设者和接班人。

第四章　高职院校辅导员德育工作创新研究

第一节　高职院校辅导员德育工作概述

高职院校的所有学生工作应与德育密切联系，坚持以人为本，以学生为先，从学生的发展需要出发，着眼教育，严格要求，敦促学生养成良好的行为习惯，实现管理育人。建立服务型学校，在工作中体现德育功能，全体教职工应热爱本职工作，以身作则，提供优质服务，使学生受到感染和激励，实现服务育人。

俗话说"上梁不正下梁歪"。对青少年学生进行富有成就的教育与管理，很重要的一点就是教师的人格示范作用。辅导员作为大学生思想政治教育具体任务的执行者，是大学生健康成长成才的指导者、引路人和知心朋友，是维护高校稳定的主力军，是保证高职院校教育事业持续、健康发展不可或缺的中坚力量，其自身修养的提高对提高人才的质量具有立竿见影的效果。学校领导和教职员工要做到为人师表、身体力行、有诺必践，言必信、行必果，要求学生做到的，自己首先要做到，用高尚的品行、人格的魅力、诚信的作风取信于学生、家长和社会，提高社会公信力，做德育的表率。要加强教师职业道德教育，通过各项制度建设，将德育工作落实到全体教师的教育行为上。

辅导员作为学生健康成长的指导者和引路人，班级的日常管理和德育工作是其工作的重中之重。其德育工作应与学生的实际和专业特点相结合，遵循教育规律。辅导员要抓全面，组织、建设好班集体，抓重点，做好个别教育工作，两手一起抓，形成健康向上的班风、学风；通过多种多样的文体活动，促进学生全面发展；激发学生的主动性和创造性，引导学生实现自我教育、自我管理；密切联系家长，充分运用家长、实习单位、行业及社区等各个方面的人力、物力资源指导教育学生。

一、启发觉悟，学会做人

德育是学校教育的重点，也是终身教育的重要环节。只教给人一种专门的知识技术是不够的，重要的是人要借助教育获得对事物和人生价值的了解和感悟。也就是说，既要学会做事，也要学会做人，做人比做事更重要。教育要以德为先，人成长的指导方向和原始动力是德育。我国古代的教育理论是以做人为基础的教育体系。大教育家和思想家孔子的中心思想就是教学生如何做人。使学生学会做人，树立正确的世界观、人生观和价值观，塑造积极向上的健康人格是辅导员德育工作的重要目标。

在高等教育中，我们不仅要指导学生掌握现代科学技术必需的专业知识，全面提高综合能力，而且要帮助他们树立正确的世界观和思想，学会做人。把知识、能力和做人三方面紧密地结合起来，探索一条全面提高道德素质、文化素质、专业素质和身体心理素质的培养道路。辅导员要经常与学生进行思想交流，帮助学生舒缓心理压力，提高心理耐挫力，及时了解思想动态，用"润物细无声"的方式，成为学生的知心朋友。教育工作者要用一颗慈爱的心善待每一名学生，引导学生积极、主动地适应这个社会，用健康的心态面对生活，不苛求自己（了解自己、接纳自己、建立符合现实的理想），更不苛求别人（建立和谐的人际关系、接纳社会和他人的不足），树立健康的人格。当今社会形态、价值趋向、审美观点等价值观都在不断地发生变革，教师作为人类灵魂的工程师，只有认识到如何真正切实可行地做好德育工作，才能在对学生实施有目的、有计划、有组织的专业教育的过程中，做好"怎样做人"的教育。

二、督查学习，促进成才

学生的天职是学习。高职院校的学生只有掌握了过硬的专业知识，才能在激烈的就业竞争中获得满意的工作。学风是衡量一个学校综合素质的重要标准，也是德育工作的重要内容。辅导员要严抓所带班级的学风建设，以学风建设来提高学生道德素质，促进专业技能的学习。学风建设的一个难题是如何纠正学生上课讲话、走神、抄作业、考试舞弊等学习习惯问题。这些问题也可归属为心理问题，辅导员对其进行科学的指导和训练，就能改变头痛医头、脚痛医脚的被动局面。在新生入学阶段，辅导员可以根据新入校学生的个体基础帮助其制订全面的学习计划，安排好自习课和复习内容，制定短期目标和长期目标等，具体到指导学生安排好每一节自习课的学习内容、学习方法；到了高年级，辅导员要帮助学生分析自身的学习基础和专业学习情况，帮助其制订计划和确定目标，明确具体的学习内容、学习方法、学习时长，最终达到培养学生学会学习和学会实践能力的目的。

同时，要大力推行辅导员跟班听课制度，全面地把握学生的思想动态和学习状态，更有针对性地开展德育和管理工作，增加与学生近距离接触的时间，使师生关系更融洽。在知识日新月异的时代，辅导员跟班听课不仅可以督促学生学习，更能更新自身的知识，提高自身的素质和能力。

三、心理疏导，人格塑造

在校园里，个别学生找不到自我，心理失去平衡，因为物质上的窘迫贫穷、精神上的孤独封闭、学业上的紧张、找工作的压力、情场上的失意，导致同窗情谊的淡漠，觉得重重受挫，无人关爱，无法与人交流，使本来脆弱的神经雪上加霜，人格扭曲变形，轻则自卑抑郁，严重者厌世甚至伤人发泄。云南大学马某某杀害 4 名室友，北京外国语大学女生重创同学 17 刀，清华学子刘某某硫酸泼熊，这些事例就是德育工作者对此类学生缺乏了解、疏导和关爱的必然结果。作为与学生朝夕相处的教育工作者，辅导员要及时掌握学生的思想动态，做好矛盾的调节化解工作，避免恶性事件的发生。

近年来，各个学校都成立了专门的、独立的心理咨询机构，配备了专业的工作人员，负责学生的心理辅导工作。心理咨询作为高职院校德育工作的一个重要途径，能够帮助与指导学生减轻内心的矛盾和冲突，增强对挫折的忍耐力，开发学生的自身潜能，重塑积极向上的状态，引导学生更好地适应校园学习和生活。

四、培养技能，面向社会

很多人提到高职院校的辅导员，都说他们是"多面手"，因为他们不仅要做好学生的思想政治教育工作，更要带领学生骨干组织文艺晚会，演讲、辩论比赛，运动会等活动。学生在组织和参与这些活动的过程中，其口头语言表达、书面表达、人际关系交往、组织领导、团队合作等方面的能力和文艺、体育等方面的技能和素养都能得到展示和提升。丰富多彩的校园文化活动能启发学生全面发展的意识，使其在面对社会和就业时得心应手。

学生来自不同的地方，语言和生活习惯都不同，在组成一个专业班级后进行职业技能学习，其学习能力有差别，但是学习目的是一样的：一是为将来工作做准备，二是为将来更好地适应社会储备良好的学习能力和职业道德。提高学习能力，进行团队合作和职业技能的培训，是学生将来职业过程中所必需的。参与社会实践是大学生了解社会、适应社会工作的一个有效途径，是学生提高社会交流能力的一个重要途径。辅导员要引导学生积极地参与社会实践，结合专业课程教学和技能训练指导，帮助学生开展社会实践，指导学生在社会实践的过程中归纳、总结，形成具有个人特色的实践报告，使学生体会到社会实践的作用和自我素质的提升。辅导员应在工作中定期参加班级活动，指导活动的开展，强调班集体和团队精神，倾听学生的心声，解答学生学习、生活中的疑惑，给学生分析各种热门的社会现象，引导学生正确地看待民生问题。

对高职院校的学生而言，最关心的就是就业去向和职业前景了。辅导员要指导学生树立正确的就业观，做好职业规划。在学生职业成长的过程中，告诉学生应该注意的问题及如何去主动地适应社会的要求，既要讲经验，也要讲教训，将成功和失败的案例结合起来对比分析，让学生做好进入职场的准备。

第二节 高职院校辅导员德育工作的基本理念与培养目标

职业院校必须把德育工作摆在素质教育的首要位置。职业教育必须坚持"育人为本、德育为先",加强德育工作,促进学生健康地成长成才。高职院校德育工作的重点是:汲取过去的经验教训,归纳现代德育理念,提高德育工作的实效性。只有更新观点,破除旧的德育思维模式,坚持科学发展观,确立"以人为本"的指导思想,明确学生的主体性,明确"转变学生思想"的基本理念,才能将"四有新人"的培养目标落到实处。

一、确立"以人为本"的工作思路

长期以来,受传统教育的影响,人们对德育的理解就是要学生听话,管住学生,不出问题。在高职院校的教学活动中,若将专业技术教育作为硬指标,德育则是软指标。只有确立"以人为本"的德育观,才是顺应时代的要求、坚持科学发展观的体现。教育是帮助被教育的人,给他能发展自己的能力,完善他的人格,使他于人类文化上能尽一份责任,而不是把被教育的人当成一种特别器具。"以人为本"是以学生的成才为根本,把学生当成有思想、有感情的个体,肯定学生的积极性和创造性,因地制宜、因材施教。"以人为本"的德育过程承认学生是教育活动的主体,而不是被塑造、被改变、被灌输的接受者,使学生的人格得到尊重,权益得到保障,个体差异得到关注。只有在学生内心得到认可的德育才会被遵循,才能在实践中产生长久深远的影响,实现学生全面、和谐、自由的发展。

瓦西里·亚历山德罗维奇·苏霍姆林斯基(以下简称"苏霍姆林斯基")曾说过,只有能激发学生进行自我教育的教育才是真正的教育。德育亦然,只有真正走进学生的内心,激发学生道德践行的热情,才能实现道德的成长。《中共中央 国务院关于进一步加强和改进大学生思想政治教育的意见》指出,加强和改进大学生思想政治教育"要充分调动大学生的积极性和主动性,引导他们自我教育、自我管理、自我服务"。在德育过程中,只有学生主动、积极地去认识、体验和实践，自主地解决知不知、信不信、行不行的问题，才是有效的德育。培养学生的主体精神，要以丰富多彩的主题实践为载体，让学生认识自我、接纳自我、反思自我、展示自我，在体验与实践中发掘潜能，达成知与行的统一，实现道德的健康成长。

高校德育要实践"以人为本"的教育哲学观，其根本目的就是要培养知行统一的、真正反映自我本性的高尚道德。与人为善、以德行事将成为人们发自内心的需要，美德将成为人们自觉的行为。这种"以人为本"的德育模式是建立在人性基础上的现代德育模式。我们可以从世界著名的哈佛大学的教育原则中得到一些建立在人性基础上的德育启示。独立思想是哈佛大学的第一教育原则，哈佛大学就是培植自主与独立思想的苗床。哈佛大学的环境不仅允许并且鼓励学生从自己的特立独行中寻求乐趣。如果有朝一日哈佛大学想把它的学生塑造成单一、固定的性格，那将是哈佛大学的末日。哈佛大学的教育者认为，从职业道德要求来看，教育者必须孜孜以求地鼓励学生独立思考和挑战权威，必须满怀热情地培养学生的怀疑精神并引导学生进行多种观念的交锋。只有这样，才能最大限度地激发学生独立创造和思想探索的热情，这样做不仅是增进学生个人思想所必需的，也是促使国家和民族不断反思过去、质疑现在、求新求变、充满活力所必需的。这种注重人性需要的认知教育对我国高校德育的实施具有极大的借鉴意义。只有实施以人为本的教育，高校德育才能真正提高其实效性。

（一）树立以人为本的德育观

高职院校辅导员从事学生管理工作的教育理念是"以学生为本，德育为先"，切实把德育贯穿教育教学的每个环节，培养具有独立、鲜明个性的人。

对于思想活跃的当代大学生来说，他们的世界观、人生观、价值观正处于形成期，思想和行为极易因外界影响而发生变化，辅导员在德育中须结合当前大学生的年龄特征和个性差异，做到因材施教，深入学生的学习和生活，了解学生想什么、要什么、做什么，收集和掌握他们的思想动态，对不同学生采取不同的教育方法。

目前，师生间常缺乏心灵和情感交流。例如，一些学生在学习和生活中遇到困难和迷惑时，宁可向素不相识的网友诉说心中的苦闷，也不愿向老师倾诉，辅导员的德育工作遭遇情感瓶颈。辅导员只有走近学生、亲近学生，对学生平等相待，才能产生情感交流，才能用高尚而富有魅力的教师人格感化学生，产生"身教重于言教"的效果。坚持自我教育与教育互相渗透，有利于实现德育的最终目标。中共中央、国务院下发的《关于进一步加强和改进大学生思想政治教育的意见》指出，加强和改进大学生思想政治教育，坚持自我教育与教育相结合，既要发挥学校教师、党团组织的教育引导作用，又要充分发挥调动大学生的积极性和主动性，引导他们自我教育、自我管理、自我服务。[①] 学校是培养学生成长的摇篮，德育是实现学生成才的基础。研究探索新的德育方法是提高针对性、实效性的重要途径。自我教育与教育相结合的德育方式，不仅能够满足学生个体内在需求，还有利于提高高职院校德育的实效性。将现实生活潜移默化的教化功能融入德育中，以生活教育为主，可以使学生在现实生活中理解社会的道德要求。

（二）树立以人为本的新型师生观

新型的师生观，就是教师要坚持以人为本，以学生为中心，促进学生自由、全面、健康发展。辅导员要以学生为主体，提升服务学生的意识。在当前，辅导员往往侧重于"管"，通过"压""控"等方式去管理学生，缺少服务的意识。至于工作是否到位，管理效果是否明显，学生是否进步，辅导员反而没有兴趣去关注。而现代学生具有强烈的自尊心和自立自强的自主意识，对缺乏人情味的强制管理方式容易产生逆反心理，渴望宽松自由的学习生活环境。辅导员与学生之间没有达成共识，不能形成统一的目标，以学生为主体的理念发生偏差，服务学生的宗旨流于形式。

言传不如身教，要培养有高尚品德素养的学生，必然要求教师自身拥有

①严玉明. 论高校德育方法与德育实效性的提升 [J]. 西南民族大学学报（人文社科版），2004（06）：282-284.

高尚的师德师风，以自己的信念、思想、情感、意志、修养去教育和影响学生的世界观、人生观和价值观。传授学生知识容易，给学生人格造成影响很难，所谓"其身正，不令而行；其身不正，虽令不从"。高校辅导员只有树立坚定的人生信念，坚持正确的政治方向，用正确的世界观、人生观和价值观来做人、做事，具备奋发向上、积极进取的敬业精神，才能用高尚的人格魅力来影响学生，达到潜移默化的效果。辅导员作为思想政治教育工作者，崇高的师德素养是其必备的素质。是什么东西在推动学生追求高尚的美德呢？是教师的精神和道德的表率作用。当今社会飞速发展，终身教育已成必然，一个人的工作能力和实践经验将通过不断的学习和培训得到提升，但是道德素质的缺乏和人格的缺陷是无法由工作来弥补的。因此，培养学生高尚的品德和健康的人格是高职院校面临的首要任务。高职院校要优化德育队伍结构，选拔一批政治素质好、业务能力强的同志，组建一支专兼结合、功能互补、政治坚定、业务精湛的队伍，制定长期规划，有计划地培训校长、班主任、德育课教师及德育工作者，不断提高德育工作者的自身素质和工作能力，培养一批在德育工作方面有专长和造诣的一线管理者、班主任、德育特级教师和研究人员。

建立良好、和谐的师生关系，一方面，要树立以学生为主体，为学生服务的意识。辅导员应转变思想，做学生学习生活中的组织者、引导者和合作者。另一方面，辅导员应在情感上建立民主、平等、合作的新型师生关系，营造民主、温暖、和谐的氛围。在这种关系中，辅导员要以身作则，不断提升品德修养、言谈举止和学识水平，与学生在情感上互爱互信，在思想上相互尊重、相互理解，让学生在尊重、信任、平等的环境中提高自我约束意识，健康快乐地成长。

（三）树立以人为本的个性发展观

每个人都是独一无二的个体，每个学生都是与众不同的个体，都具有独特的个性，教育的一项重要任务就是重视学生的个性特点。辅导员应尊重学生的个性差异，从学生本身出发，因材施教，根据每个学生的个性特点进行引导和培养，促进学生多样化、创造性地发展，如严格要求学习成绩优秀的学生、不断地鼓励中等生、厚待家庭困难的学生。辅导员要指导学生全面地审视自己，客观地评价自己，使学生找到一条适合自己的成才路，使其自由、全面、健康快乐地成长成才。

根据美国心理学家亚伯拉罕·哈罗德·马斯洛创立的需要层次理论，人的需要从低级（生理的需要）到高级（自我实现的需要）分成五个层次。在学生管理中，辅导员应重视学生的个性需求，鼓励、支持和强化符合社会要求、为社会所认同的愿望、追求。只要是合理的需求，就应当得到积极的支持和满足。例如：学生对老师的依恋需要；学生受尊重的需要；学生的求知和求德需要；等等。从各个层次关心、引导和培养学生合理的需要，就是贯彻"以人为本"德育理念的途径。

二、明确"转变学生思想"的基本理念

学校的一切工作都是为了转变学生思想。在国内外形势深刻变化的环境中，在各种思想文化相互激荡的氛围下，大学生的思想活动存在独立性、选择性、多变性和差异性，受到各种文化思想的影响，一部分学生存在不同程度的思想问题，如政治信仰迷茫、理想模糊、缺乏社会责任感、团队协作精神不强、艰苦奋斗精神不足、心理素质脆弱，以及深受拜金主义、享乐主义、个人主义的影响。面对新形势、新状况，德育工作必须面向实际，在实践中教育和帮助青年学生树立正确的价值观念，克服形形色色的个人主义，做不贪私欲、意志坚定、品德高尚、德才兼备的大德之人。马克思指出："理论一经掌握群众，也会变成物质力量。理论只要说服人，就能掌握群众；而理论只要彻底，就能说服人。所谓彻底就是抓住事物的根本。"[①] 大学生的思想政治教育，要认真坚持马克思主义的正确指导和我们党在长期实践中积累起来的宝贵经验，根据时代发展的要求，不断总结和创新，在体现时代性、把握规律性、增强实效性方面下功夫，使思想政治教育真正成为转变大学生思想的基地和阵地。

①马克思，恩格斯. 马克思恩格斯选集 [M]. 北京：人民出版社，1972.

（一）准确把握转变学生思想的根本目的

思想是客观存在反映在人的意识上，经过思维活动而产生的结果。思想内容为社会制度的性质和人们的物质生活条件所决定。做好思想政治工作是我们党的传家宝，是社会主义物质文明和精神文明的重要保证，更是经济工作和其他一切工作的生命线。在现实条件下，重视思想政治教育工作，就是重视和发挥人民群众在创造历史过程中的巨大主观能动作用，就是重视和发挥人的因素在发展生产力中的重要作用。

加强和改进大学生思想政治教育的根本任务，是用马克思列宁主义理论和中国特色社会主义理论体系培育社会主义事业的建设者和接班人。马克思主义理论正确地反映了人类社会发展的客观规律，是无产阶级最科学的世界观，是人类智慧的思想结晶。只有用马克思列宁主义的科学的世界观和认识论加强对大学生的教育，才能使其真正形成强大的精神支柱，树立远大的理想和坚强的信念，明确人生的奋斗目标和前进方向。高校德育的根本目的是指导大学生树立正确的世界观、人生观和价值观，努力改造客观世界，实现自我价值，为国家和人民的事业努力奋斗，建功立业。

（二）探索创新转变学生思想的教育方法

马克思列宁主义的一个重要原则，就是理论联系实际。科学的理论是从人类实践活动中产生的，是对实践经验的科学总结，是科学的世界观和方法论，是人们行动的指南。思想政治教育只有贴近实际、贴近生活、贴近学生，提高针对性、实效性，加强吸引力、感染力，才能解决实际问题，才有实效，也才能真正做到入耳、入脑、入心。思想政治工作要言传身教，并且身教重于言教。思想政治工作的说和做相比，做更重要。辅导员在对大学生进行谆谆言教时，要言行一致，身体力行，用自己高大光辉的形象影响和教育学生。辅导员只有做到"淡泊名利、志存高远""甘为人梯、乐于奉献"，真正走进学生的心里，德育工作才能收到实效。

教育与纪律并重是思想政治工作的必要条件。晓之以理、动之以情、循循善诱、耐心细致的说服教育是"先行军"。大学生的思想教育要做到"五心"

（耐心、热心、爱心、细心和知心），把工作做深、做细、做到位。但是说服教育并不是万能的，对经耐心细致、反复教育，仍不听奉劝、不接受教育帮助、一意孤行，甚至违纪违规者，就必须辅之以严格的纪律约束。大学生已经是成年人，在法纪上应履行一般公民的基本权利和义务（这是底线），在行为上大学生是有知识、懂法律的"知书达礼"之人，必须自觉接受纪律、制度和法规的约束。"不以规矩，不能成方圆。"只有把说服教育与严格的组织纪律相结合，才能取得良好的效果。

（三）努力践行转变学生思想的历史使命

大学生的思想政治教育，既要认真坚持马克思主义的指导和我们党在长期实践中积累起的宝贵经验和重要原则，又要解放思想、实事求是、与时俱进，在观念、内容和方法等方面改进创新，不断总结和创新经验，使思想政治教育真正成为转变大学生思想的重要法宝。"造就数以亿计的高素质劳动者、数以千万计的专门人才和大批拔尖创新人才"，是党和人民对高校的要求。与发达国家的高等教育相比，我国的高等教育正在从"精英"教育走向"大众化"教育，但是在数量和质量上都还存在一定的差距，高等教育的发展还任重道远。职业院校已经成为我国高层次专业技术人才的重要来源，把青年学生培养成对祖国、对社会的有用之才，把沉重的人口负担转化为人才资源优势，这是人们对职业院校的殷切希望，更是事关国家发展和民族发展的大事。

学校工作的落脚点是转变学生思想。高职院校是校园教育的最后一站，为社会和人民培养高规格的人才是其教育工作的指导思想。高职院校首先要解决好的问题就是怎样培养教育大学生，培养教育什么样的大学生。

三、落实"四有新人"的培养目标

全面贯彻党的教育方针，加强德育，以培养有理想、有道德、有文化、有纪律的社会主义现代化建设需要的合格人才为目标。"四有新人"是 1980年 5 月 26 日，时任中共中央副主席的邓小平同志给《中国少年报》和《辅导员》杂志的题词："希望全国的小朋友，立志做有理想、有道德、有知识、有纪律的人，立志为人民作贡献，为祖国作贡献，为人类作贡献。"演变而来的。江泽民同志围绕培养"四有新人"的目标，提出了"以科学的理论武装人，以正确的舆论引导人，以高尚的精神塑造人，以优秀的作品鼓舞人"的任务，把"四有新人"的目标具体化为思想政治教育的实践要求。

有理想，即要把自己的理想放到共产主义的大背景当中去，并使之成为心中的精神支柱，在思想上树立坚定的共产主义信念，在困难面前能够百折不挠，奠定坚实的思想基础，有为实现共产主义目标奋斗的决心，有为这个事业献身的勇气。

有道德，就是要把个人利益、集体利益、国家利益结合到一起，和共产主义融合到一起，而且个人要服从集体，要树立既热爱集体又热爱国家的道德观。

有文化包括多个方面。文化要为实际工作服务，应根据需要学以致用，要为自己制订一个长目标、短安排的计划，一步步地去完成，学习是如此，工作也是如此。要时时刻刻算账（检查），亏了早点补，赚了要总结经验，有了成绩要找不足。这样我们就能年年新、月月新、日日新，文化素质也会一步步提高。"文化"就是要以文（思想）来化，把自己化成一个真正有利于社会的人，在实践中用社会主义思想来开展工作。

有纪律是约束人的行为，通过教育让人们自觉地遵守纪律的约束。意识中存在的不正确的东西、不符合社会和集体要求的东西，要通过纪律去约束它，不能任其自由泛滥。当你能自觉地执行纪律的时候，就会自然而然地感到自己自由了。

"四有"是一个整体，缺一不可，其中的理想和纪律特别重要。我们这个地大物博、人口众多的国家，靠理想、靠纪律，组织起来才有力量，否则就会像一盘散沙，不仅革命和建设不会成功，还会任人宰割。"四有"是国家对青年的基本要求，也是提高整个中华民族的思想道德素质和科学文化素质的基本内容。任何一个民族、一个国家都有自己的素质，这种素质决定着一个民族、一个国家的发展。德育教育是为青春导航、事关青年人的成长方向的教育。在教学过程中，教师要从实际出发，不断研究、探索职业教育的特点，在方方面面切实加强德育教育，努力做到知识与能力并重，修业与修德并重，课内与课外并重，落实"四有新人"的培养任务。

（一）根据高职学生生源结构的特殊性，突出针对性

与普通高校学生相比，高职学生虽同属高等教育，但其生源结构不同。目前高职院校的生源主要来自以下几个方面：一是五年制高职录取的普通初中毕业生；二是普通高中毕业生；三是通过对口考试入学的技校毕业生、职业高中毕业生和普通中专毕业生。按照学习成绩大致可分为两类：一类是学习成绩好，但由于家境贫困、高考失利，或其他原因进入高职院校的学生；另一类是学习不用功，按成绩安排进入高职院校的学生。这一特殊群体，年龄都在十七八岁至二十一二岁之间，正处于世界观、人生观和价值观定型的关键阶段。大部分高职学生对职业教育的特点和目标十分模糊，相对于普通高校的学生而言，他们在心理上存在一定程度上的落差。因此，辅导员要根据生源结构的特点和学生成长的规律，有针对性地开展德育工作。

首先，根据高职学生不同阶段、不同年级的身心发展特点，确立德育工作的重点和内容。一年级是适应阶段，是学生了解高职教育的内容和目标的阶段，是学生在思想、学习、心理等各方面向高职转变的过渡阶段。这个阶段的德育重点是培养职业意识和规范基本道德，做好养成教育，引导学生树立正确的学习观念、团队观念、法制观念和职业观念。二年级是全面发展阶段，更是学生成才的关键阶段，主要是培养健康人格、创新能力、独立自主和社交能力。这个阶段应以职业道德和职业操守的塑造为核心内容，引导学生树立正确的职业道德、世界观、人生观和价值观。三年级是就业准备阶段，学生面临毕业，即将步入社会，是择业观、就业观、创业观和职业道德观初步形成并迅速发展的重要阶段。这个阶段的学生在走向就业实习前，思想日趋成熟，人生目标逐渐清晰明朗。这个阶段的核心是择业、就业、创业和自我发展，要引导学生认清目前的社会格局和就业趋势，努力提高其综合素质，增强就业竞争力和自主择业的客观性。

其次，针对学生的实际情况，实施特色德育。高职德育内容不但要包括普通高校德育的共同内容，更要有针对性地对学生进行思想政治、法律道德、心理健康教育，把社会主义信念、爱国主义、职业道德、全面发展教育贯穿始终。高职院校应联系实际，突出高职德育的特色，在德育的内容和要求上与高职教育的目标结合，与以后的职业行为相联系，把学生培养成合格的、忠诚于职业岗位的应用型人才。因此，高职院校要遵循高职学生的成长规律和教育发展规律，将当前社会的发展变化和学生的思想实际联系起来，使学生在掌握必备的岗位基础理论知识和专业技能基础的同时，拥有正确的职业道德观，开展以提高自主就业能力为目标的创业能力教育。高职院校要开展创新意识教育，引导学生自觉地以社会导向、职业导向修正自己的奋斗目标，使其努力适应主流社会的需求，自谋职业出路，在求得自身发展的同时，实现服务于社会的价值。在道德素质教育方面，高职院校要突出培养学生吃苦耐劳、艰苦奋斗的团队合作精神，培养乐于奉献、爱岗敬业、勤劳勇敢、诚实守信的品质；在心理素质教育方面，要突出培养学生积极进取的心态、乐观向上的心理素质，自尊、自爱、自律、自强的优秀品德，增强自信心与耐挫力；在人文科学素质教育方面，要突出培养学生良好的人文精神、健康的审美标准和坚定的科学精神。

（二）根据高职培养层次的特殊性，突出创新性

高职教育的根本任务是培养面向一线生产建设、管理、服务，下得去、留得住、用得上，动手实践能力强、具有高尚职业道德的高素质人才。高职学生与中职生、普通高校的学生相比，具有自身的优势：技术水平比中职生高，职业能力较普通高校的学生强。高职教育的层次定位和就业的压力，给辅导员提出了新的要求。因此，辅导员要根据高职培养层次的特殊性，着眼于拓宽德育的广度和挖掘德育的深度，构建高职新型德育模式。

（1）氛围化教育模式。德育要优化校园环境，营造德育的氛围，而不能仅仅靠单薄的说服教育。在校园中营造健康向上的育人环境和文明礼貌的人文氛围，发挥教师教书育人的主导作用，依靠严明的校风、校纪，开展各

种弘扬社会主义主旋律、高品位、多层次的校园科教文体活动等，启发学生在这种氛围中去思考、感悟和理解，在潜移默化中净化灵魂、健全人格、完善自己，健康成长成才。

（2）职业化教育模式。高职教育不能脱离职业教育的主旋律，要把走进企业的职业实践活动作为培养学生职业意识、职业道德和职业素质的必要途径。同时根据不同专业和行业的特点，制定职业道德教育的目标和内容，选择合适的教育途径，形成独具特色的职业化教育模式，从而增强职业道德教育的针对性和实践性。

（3）整体化教育模式。在开展高职德育的过程中，既要承认家庭、社会和学校教育的不同作用，又要重视其一致性的作用。家庭对学生的思想品质有潜移默化的影响，社会对学生的思想品质具有内在的影响，学校对学生的思想品质具有自觉的影响。建立学校、社会、家庭三方面结合的大德育体系，整合德育教育力量，形成以家庭教育为基础、学校教育为主体、社会教育为延伸的整体化德育模式，避免德育工作"学校教育几年不如走上社会几天""回家休息两天抵消学校教育五天"的被动局面。

（三）根据高职培育过程的特殊性，突出实践性

高职院校培育目标及过程的特殊性，要求我们必须重视德育的实践性，坚持贴近生活、贴近学生情感、贴近职业教育，做到理论与实践、课内与课外、校内与校外相结合，养成教育与职业教育相结合，达到"知"与"行"的统一。高职教育的实践性特点，要求将实践环节所蕴含的教育要素渗透在德育过程中，使学生的思想道德素质在学习生活中得到提高和升华。

学校应根据学生的年级、年龄的差异，注重紧密结合学生所学专业，确定社会实践的形式和内容，力求做到把社会实践活动与学生的成长成才结合起来，积极探索和建立社会实践与专业学习相结合、与社会服务相结合、与勤工助学相结合、与择业就业相结合、与创新创业相结合，使学生在社会实践活动中受教育、长才干、做贡献，增强社会责任感。

高职教育是以服务为宗旨，以就业为导向，产学研相结合的教育模式。

高职院校应当充分发挥企业在学生德育教育方面的优势，与企业密切联系，安排各种教学任务，尤其是使学生在企业内完成实训、实习。同时，在产学研结合的过程中，重视和发挥企业在培养学生综合能力方面的优势，加强实训和实习阶段的德育工作，为实现高职德育的培养目标服务。一些现代化程度较高的企业是开展德育工作的重要阵地，运用企业文化、企业精神、质量意识、竞争意识、团队精神来教育学生，让学生在实习现场更多地领悟岗位所需要的职业道德要求，通过企业严格规范的管理制度，帮助学生养成优良的职业道德和行为习惯。

高职院校是以就业为导向的职业教育，就业情况关系到整个高职院校的生存和发展。就业指导不能仅仅局限于毕业班级，而应该贯穿学生的整个学习阶段。在新生的入学教育中，应将就业指导工作融入其中，让学生了解社会所需要的人才应当具备的素质、知识结构和专业技能，明确自己应当如何学习、怎样发展，确定贴近实际情况的学习目标。在二年级利用就业指导课和第二课堂对学生进行人文地理等综合教育、专业技能的培养，拓展其知识面，培养一专多能的专业技术人才，增强其未来就业的适应能力和竞争能力。在三年级做好学生的就业实习准备，与人才市场建立互助的基地模式，帮助学生树立不卑不亢的就业观点，与就业指导课整合，请已毕业的学生做就业指导报告，与用人单位接洽，利用校园场地举办人才招聘会，解决学生的就业问题。

第三节　高职院校辅导员德育工作创新策略

随着我国现代化建设的高速发展，高等职业教育体制改革逐步深入，社会对职业技能人才的素质的要求越来越高，辅导员的德育工作也面临着许多新情况、新问题。高职院校的德育工作必须坚决贯彻党的教育方针，坚持德才兼备、德育优先，培养全面发展的社会主义建设者和接班人。面对新形势、新要求，德育工作要适应社会的发展，加强当代中国马克思主义理论教育，完善道德法制教育，拓展德育的社会职能，帮助学生塑造健全的人格，提高社会责任感,在探索和实践中不断创新。

一、加强马克思主义理论教育,树立科学世界观

要在大学生中深入贯彻落实科学发展观,加强马克思主义理论教育,突出理想信念教育,引导学生树立正确的世界观、人生观和价值观。要强化大学生的思想道德素质,加强社会主义核心价值体系教育,推进社会主义教育事业的全面发展。这对于应对目前复杂多变的国内外形势、提高大学生思想政治素养和大学生思想政治工作创新,都具有十分重要的意义。

(一)坚持中国特色社会主义理论体系教育

中国特色社会主义理论体系是包括邓小平理论、"三个代表"重要思想、科学发展观在内的科学理论体系。中国特色社会主义理论体系坚持和发展了马克思主义,凝聚了几代中国共产党人不懈探索实践的智慧和心血,是马克思主义中国化的成果,是中国共产党宝贵的精神财富,也是全国各族人民团结奋斗的思想基石。

结合当代大学生的实际情况,坚持中国特色社会主义理论体系教育是德育工作的重要部分。高职院校应当通过"两课"(马克思主义理论课和思想政治教育课)教学、专业课教学和社会实践活动,利用自身的人才优势和教育优势,向学生传授中国特色社会主义理论体系的基本知识和精神,同时加强校风建设,优化环境,整合资源,积极探索新的德育方式,构筑全方位、立体化的教育模式,增强教育的实效性。

在中国特色社会主义理论体系教育中,应当充分发挥自身优势。一方面,高职院校具有人才优势。高职院校有一批理论功底扎实、勇于开拓创新的理论人才,他们治学态度严谨、科研能力强,掌握着学科领域的最新动态,是推进中国特色社会主义理论体系创新的先锋。高职院校应当充分利用自身的科研优势和人才优势,在理论创新和宣传方面发挥重要作用。另一方面,高职院校具有教育优势。高等教育内容系统全面,影响强度大、范围广,采用集中授课的方式,是一种便于操作和管理的低成本方式。高职院校通过制度

化的管理和规范化的教学，在完成中华民族文化传承的同时，传播先进的观念和科学知识。此外，由于高等教育学校环境相对单一，学生接受知识效率高，通过高等教育传播主导价值理念，已经成为中外教育界的共识。

在中国特色社会主义理论体系教育中，高职院校要努力拓宽教育路径，不断整合教育资源，积极探索新的教育方式和方法，构筑全方位、立体化的教育模式。

中国特色社会主义理论体系教育应当渗透于专业课程之中。任课教师不仅要对大学生进行专业知识的教育，还要对他们进行政治思想和道德品质教育。当今社会，就业压力越来越大，为了提高就业竞争力，专业课学习占据了大学生的大部分时间和精力。因此，在专业课教学中渗透中国特色社会主义理论体系教育是非常有必要的。专业课教师在传授专业知识的同时，应充分挖掘专业课中蕴藏的丰富的思想政治教育素材，如马克思、爱因斯坦、居里夫人等科学巨匠所展现出来的积极进取、乐于奉献、淡泊名利的精神，这可以感染和激励当代大学生超越狭隘的个人利益，将个人发展与国家、民族和集体利益联系起来，从而培养奉献精神、批判精神、开拓创新和勇于奋斗的精神，增强责任感和使命感，培养勇于担当的思想觉悟和高尚的道德情操。

中国特色社会主义理论体系教育应当体现在各种活动之中。在各种学术活动中，教师通过知识的传授和自身人格魅力的展示，引导学生树立正确的世界观、人生观和价值观。在各种实践活动中，将中国特色社会主义理论体系与当代现实联系起来，培养学生的社会责任感、民族自豪感和历史使命感，帮助学生认识改革开放所取得的伟大成就，使其深刻感受到中国特色社会主义理论体系的正确性和先进性，推进理论教育与社会实践相结合，实现理论向实践的转化。此外，还要积极宣传中国特色社会主义理论体系的知识，使学生切实感受到中国特色社会主义理论体系的魅力，坚定中国特色社会主义道路的信心。

（二）加强社会主义核心价值体系教育

高校是传播知识、传承文化、追求真理、培养人才的重要场所，也是建设社会主义核心价值体系的重要阵地。教师在思想政治理论教育中，要让学生明确社会的发展目标，明确自己承担的历史使命和社会责任感，入耳入脑，并能贯穿到行动中去。要将社会主义核心价值体系贯穿学生学习的各个环节，贴近生活、贴近实际、贴近学生。《〈中共中央宣传部 教育部关于进一步加强和改进高等学校思想政治理论课的意见〉实施方案》明确指出，要"充分发挥高等学校思想政治理论课在大学生思想政治教育中的主渠道作用"。思政课是我国高校开展学生思想政治教育的主阵地。在大学生社会主义核心价值观教育中，思政课要充分发挥主渠道、主阵地作用。

　　首先，努力构建体现社会主义核心价值体系的主导性的思政课程体系。在高校思想政治理论课中坚持社会主义核心价值体系教育的领导地位和作用——这就是社会主义核心价值体系教育的主导性。目前，各高校都开设了"毛泽东思想和中国特色社会主义理论体系概论"和"思想道德修养与法律基础"这两门思想政治理论课。其中"毛泽东思想和中国特色社会主义理论体系概论"以当代中国的马克思主义为主题，以马克思主义中国化为主线，以中国特色社会主义为重点，着重讲授中国共产党在把马克思主义基本原理与中国实际相结合的历史进程中产生的马克思主义中国化的两大理论成果——毛泽东思想和中国特色社会主义理论体系，帮助学生系统地掌握毛泽东思想和中国特色社会主义理论体系的基本原理，坚定在党的领导下走中国特色社会主义道路的理想信念。"思想道德修养和法律基础"针对大学生成长过程中面临的思想道德和法律问题，有效地开展马克思主义的世界观、人生观、价值观、道德观和法制观教育，引导大学生树立崇高的理想信念，弘扬中华民族的传统文化精神，加强思想道德修养，增强其学法守法的自觉性，提高法律素质。这两门课分别从不同角度灌输社会主义核心价值体系的内容，在实践中教师可结合课程的特定目标和内容，具体地开展社会主义核心价值体系教育。在课程教学中要注意坚持社会主义核心价值体系的逻辑主线和教学灵魂。

　　其次，增强对大学生进行社会主义核心价值体系教育的针对性。当前，有一部分大学生世界观、人生观、价值观中存在一些问题。针对这些问题，高校思政课应以社会主义核心价值体系的四个组成部分作为重要内容，对当代大学生进行针对性教育。一是加强马克思主义的理论和实践教育，使大学生自觉以马克思主义的立场、观点、方法指导自己的行为；二是加强理想信念教育，以实现中华民族伟大复兴的共同理想引领大学生的个人理想；三是加强民族精神和时代精神教育，增强大学生的爱国热情和创新精神；四是加强道德教育，使大学生自觉接受和践行社会主义荣辱观。总而言之，建设社会主义核心价值体系是党的十七大提出的一项重大战略任务，这是高校进一步加强、改进和发展思想政治教育的有利契机，更是对其提出的新要求。辅导员要把社会主义核心价值体系教育融入思想政治教育中，努力使大学生成为社会主义核心价值体系的坚定信仰者、积极传播者和模范践行者，把大学生培养成社会主义现代化建设事业的合格接班人。

总之，建设社会主义核心价值体系关键在落实。在大学校园里，我们要把社会主义核心价值体系融入高校思想政治工作的全过程，贯穿到教学、科研等工作实践中，使大家时时刻刻受到感染和熏陶，真正为大家所感知、认同、接受和践行。

二、完善道德法制教育，提升综合素质

当前，我国正处在社会转型期，面对形形色色的犯罪现象，我们要加强对学生的道德法制教育工作，培养他们的道德法律观念，提高讲道德守法纪的意识，让学生明白什么是违法，什么是犯罪；指导学生用法律武器来保护自己的合法权益，从根本上预防犯罪，促进学生的健康成长，提升其综合素养，实现高校的培养目标，使学生成长为德、智、体、美全面发展的、可靠的社会主义建设者和合格接班人，维护社会的和谐稳定，构建和谐社会。

（一）狠抓养成教育，提高道德素养

学校的基本职责就是教书育人，学校的各个部门，从教师、职员到管理人员都肩负着义不容辞的育人责任。学校各个职能部门的基本工作要求就是教书育人、管理育人、服务育人。根据高职院校的特点，道德教育必须本着

见缝插针的精神，从实际出发，有针对性地开展各项工作。与普通高校的学生相比，高职学生有显著的特点：一是素质参差不齐，不仅体现在业务知识方面，而且体现在思想道德素质、文明礼貌、学风纪律方面；二是自尊心强，心理敏感，总是怕被人瞧不起；三是部分学生没有养成良好的学习和生活习惯；四是家庭经济状况差别大带来的一些不良的心理影响。根据这些特点，辅导员要在日常管理中，努力探索在职业教育中全面贯彻党的教育方针、加强德育的措施和做法，把养成教育贯穿到整个教育的过程中。

教育与管理必须结合，没有教育的管理是杂乱无章的，没有管理的教育是软弱无效的。《公民道德建设实施纲要》中指出："公民良好道德习惯的养成是一个长期、渐进的过程，离不开严明的规章制度。"持之以恒的"良好的道德习惯"，必须有严格的规章制度作为依据，单靠个人的情感、态度和意志是无法养成的。在社会转型期，各种思潮混杂，没有规矩成不了方圆，只有长年坚持，把养成教育贯穿学生日常生活、学习等方面，才能使学生逐渐养成良好的习惯，自觉追求思想上的进步，将他律转化为自律。同时建立可行的道德评价办法，学生的日常行为表现也要作为总评的一个重要参考内容，将其与学生的评优评先、就业毕业等建立密切的联系。在内容上注重理论紧密联系实际，在方法上注重学生主动参与，在考核上注重学生的实际表现，才能将养成教育贯穿整个学习期间，才能很好地发挥德育学科的德育实效功能。

（二）注重法制教育，塑造守法公民

对学生进行社会主义民主法制教育是新形势下高职院校德育工作必不可少的一部分，是培养学生法制意识，增强学生法制观念的重要途径。目前，学校仅仅将法制教育作为一门普通的课程来对待，学生学习的方式也多以死记硬背法律条文为主，学校将学生知识的掌握程度用一张试卷所得的考分来体现是远远不够的。在青少年违法犯罪率不断上升的情况下，学校需要切实加强法制教育，制定系统的规划和明确的目标，并将目标细化到各个教学阶段中，有计划、有步骤地培养守法公民。

　　首先，在法律教育课程中加大案例教学的比重，强化教学的实践性。教师在授课过程中，不能只讲述一般的法律条文，要有意识地把法律条文的学习和典型案例的剖析结合起来讲解，使学生形象具体地感受法律在社会生活中的巨大作用，强化学生的法制理念。教师可以选择一些时下热门的典型案例，这样既能引起学生的兴趣，有助于其对法律条文的理解，又强化了思想教育。教师也可以在讲述具体的部门法时，结合法律条文留两三个案例分析作为作业，让学生独立分析思考，再集中讲授，可以达到事半功倍的效果。案例教学使学生深刻地体会到，法律不只是书本上的文字，每个公民的行为都与法律有着密切的联系，既受到法律的制约，也享受法律的保护。市场经济的不断发展，使人们在面对日益复杂的社会关系时，将面临更多的选择和矛盾。如果只是死记硬背法律法规而不会灵活运用，在遇到具体问题时，就会不知所措。运用具体案例教学，大大增强了学生的法律意识，提高了学生对法律的理解和运用能力。

　　其次，开展形式多样的法制教育活动，拓宽法制教育阵地。在法制教育中，将课堂教学与课外教学、显性教育与隐性教育有机地结合起来，通过丰富多彩、形式多样的法制教育活动，提升学生的法制意识。具体办法有：第一，运用多媒体教学，组织观看法律专题电视剧、电影，让学生在轻松愉悦的氛围中熟悉法律知识；第二，举办法律知识竞赛、辩论赛，开设法制宣传园地，建立法律知识咨询台；第三，利用寒暑假开展社会实践调查，列席旁听相关刑事、民事、经济和行政案件审判，从中了解司法审判程序，亲身体会法律在社会中的作用；第四，请法官、检察官和优秀律师来校开展法制讲座。这些生动活泼的教育方式深受学生的喜爱，效果十分明显。

　　最后，发挥全社会的作用，为法制教育提供健康的环境。法制教育是一项系统工程，需要学校、家庭和社会的共同努力，各部门要充分发挥职能作用，形成合力，切实搞好学生的法制教育。学校周边的台球室、迪厅等娱乐场所，不乏暴力、色情、庸俗的东西，各种混乱的状况对学生的成长极为不利。全社会都要对这种情况高度重视，充分发挥网络、媒体的作用，为学生塑造一个健康的成长环境，增强学生的法制观念。

（三）提倡网络文明，规范网络道德

现在是一个网络发达的时代，网络在为人们提供便利的同时，也带来了一系列的问题。当前"网络社会"已经成为"现实社会"的一面镜子。学校是社会网络发展的前沿，高职院校的学生自制能力不强，这对德育工作来说是个挑战。针对网络时代给高职院校德育工作带来的新机遇和新挑战，高职院校必须善待网络、善用网络、善管网络，加强网络文明教育，规范网络道德，为学生的健康成长保驾护航。

首先，加强网络德育的投入，提升网络德育的效果。古语云："工欲善其事，必先利其器。"高职院校要加大对网络德育的投入力度，保障相关人员和设施的配备；要加强思想政治教育教师的培训力度，加大学校机房和网络的资金投入，争取政策的支持；要将德育工作的开展延伸到校园网络中去，把德育教学纳入多媒体网络教学的轨道，使德育的形态从平面走向立体，由静态变成动态，由抽象变为具体，发挥网络德育的魅力，调动学生的感官和感知，使其获得生动有趣的德育感受，使德育方式更灵活。

其次，坚持以学生为本，大力开展网络道德教育。高职院校在开展网络道德教育时，要本着信任、鼓励的原则，从增强自我约束、自我控制入手，以尊重学生的自我意识、培养学生的道德主体性为主要内容，激发学生潜在的认知意识，形成积极向上的氛围，使学生主动向更高阶段发展。在自主开放的网络空间，知识的更新速度越来越快，运用网络的自主性、发挥学生的主体性，是培养有自主意识的应用型人才的渠道。高职院校应加强引导，通过开设网络道德课程，制定完善的网络伦理道德体系，强化学生的网络道德行为规范和网络责任感。

再次，加强德育网站建设，抢占网络教育的高地。高职院校要重视校园网站建设，加快德育工作网页的更新，通过丰富多彩的网络实践活动，增强师生之间的交流，使学生可以在任何一个有网络的地方随时获取所需的知识，聆听教师的教诲。校园网络论坛成为学生讨论校园生活和文化热点的平台，增强了学生的民主意识；校园电子阅览室为学生上网提供了便利、安全的场所；网上的专题讨论激活了学生的思想；名人讲座开阔了学生的视野。

网络教育帮助学生清醒地认识了网络的双刃剑效应，提高了其对网络信息的免疫能力，使学生建立了健康的网络心态，树立了正确的世界观、人生观和价值观。

最后，强化网络的监管，净化网络环境。高职院校应建立网络德育队伍，加强校园网络德育管理，提倡文明上网，强化网络文明。要采取必要的技术、行政和法律手段，为学生建立网络安全的防火墙，屏蔽反动、迷信、色情等不健康的网站侵入校园，腐蚀学生的心灵。要加强与家长的交流，引导家长在学生在家上网时对其进行监护和指导。还要争取社区、公安、工商和文化等有关部门的支持，加大对校园周边地区网吧的监管和治理，为学生创造一个健康的网络环境。

三、开展心理健康教育，塑造健全人格

随着职业教育的发展，学生的需求更加多元化、复杂化，学生心理健康教育工作也面临着新的挑战。如何提高学生心理健康素质，开展符合学生的发展规律的心理健康教育，促进学生的全面发展，是当前亟待解决的问题。高职院校应加强学生的心理健康教育，通过多种形式的心理健康教育，提供及时、有效的心理指导和咨询服务，有针对性地帮助学生处理好学习成才、恋爱交友、健康生活等方面的具体问题，使学生掌握心理调节的有效方法，提高其克服困难、经受考验、承受挫折的能力，使其始终保持积极、健康、向上的心理状态。

（一）加强心理健康教育，发挥课堂的主渠道作用

开展心理健康教育是为了培养学生健康的心理素质，掌握心理学知识是拥有健康心理素质的前提，高职院校开展心理健康教育的主要途径是开设心理健康教育课程。学校应充分发挥课堂教学的主渠道作用，将心理健康教育纳入人才培养体系和教学计划，高度重视心理学基本知识的传授，并将其作为必修课，给予适当的学分，保证心理健康课程教育的普及率，通过系统的理论学习，使学生掌握心理健康的基础知识和基本的心理调适方法，认识自

身的心理发展规律，了解和掌握保持心理健康的途径、方法，认识和辨别心理异常的状态，优化个性中的良好品质，增强自我教育能力，将重视心理健康变成自觉的行动。

学校在设计心理健康教育课程时，要以学生心理发展特点和规律为依据，科学地制定心理健康教育课程的教学内容，改进教学方法，采取理论知识系统讲授、案例教学、实践体验、行为训练等多种形式，提高教学效果，同时针对不同年级、不同专业学生的普遍性问题举办各种形式的心理健康专题座谈和专家讲座，发挥心理健康教学工作的主渠道作用。

（二）重视选拔和再培训，组建高素质的工作队伍

心理健康教育工作是一项细致复杂、工作量大、专业性强的工作，要求工作人员有强烈的责任感和高度的事业心。现阶段，搞好心理健康教育的紧迫任务是组建一支以专业人员为主，专兼结合、专业互补、人员稳定的学生心理健康教育工作队伍。为提升心理健康教育的专业化水平，学校应注重专兼职教师的队伍建设，组建以心理健康教育与咨询教师为主体，心理学、教育学教师为骨干的队伍。教师队伍的专业素质直接影响心理健康教育的成效。因此，学校在师资培养计划中应列入专兼职教师的选拔、培养工作，通过定期培训和专业学习，使他们具备心理健康教育工作者必备的职业道德素质和专业技术水平。

心理健康教育工作是解决学生心理问题的重要途径，主要由心理咨询和心理辅导组成。高职院校应设立专门的心理咨询和辅导机构，配备职业的心理咨询师，开设心理咨询室、热线电话、咨询信箱、咨询网站等，为学生提供心理咨询和心理辅导服务，为有心理障碍和心理隐患的学生提供倾诉的平台和专业的引导。学校心理咨询机构既可以开展个体的心理咨询和辅导，还能组织学生进行心理自助训练和团体辅导活动，构建以学生为主体的自助、互助机制，将学生的心理健康问题解决在萌芽阶段。

与学生接触最密切的是辅导员、班主任、寝管等一线教育工作人员，他们是学校开展心理健康教育工作的中坚力量。学校应采取多种形式，定期对

他们进行有针对性的培训，使他们能够掌握心理健康教育的基本方法，在日常思想教育工作中，帮助学生解决一些心理问题；学校应倡导每一位教师都要关心学生的心理健教育问题，肩负起教育的责任；学校应同时重视学生骨干的培养，挑选一些对心理科学感兴趣、责任心强、乐于助人的学生作为班级心理委员，通过多种形式对他们进行专业知识培训，使其掌握一定的专业知识和方法，形成联动机制，提高班集体的危机干预意识和自我调控能力。

（三）建立健全普查制度，完善心理危机干预机制

随着社会主义市场经济的建设，人们的生活节奏不断加快，竞争也愈加激烈，社会对学生心理素质的要求也越来越高。为此，帮助学生塑造健康的人格是德育工作的一项重要任务。辅导员在日常工作中，要有意识地培养学生积极向上的健康心理，使其在面对不公平待遇时有良好的心态，提高其对挫折的忍耐力和对他人的包容。要加强心理咨询和行为指导工作，为学生提供优质的心理指导服务，在每个班级建立秘密的信息联络员，加强对学生思想动态的监管。

在社会转型期间，大学生需要有很强的心理承受和适应能力，才能面对激烈的竞争，迎接来自各方面的挑战。《普通高等学校大学生心理健康教育工作实施纲要（试行）》明确指出，"大学生心理健康教育工作是高等学校德育工作的重要组成部分"，文件中强调：大学生心理健康教育工作要以课堂教学为主要渠道，以课外教育为基本环节，形成课内与课外、教育与指导、咨询与辅导相融合的教育体系；要积极创造条件，运用具有较高信度与效度、适合我国国情的心理评估工具；要充分利用高等学校广播、电视、计算机网络、校刊、校报、橱窗等宣传媒体，多渠道、多形式地正面宣传、普及心理健康知识；要注重心理辅导和咨询工作，向学生提供长期、及时、有针对性和实效性的心理健康服务与咨询；要帮助大学生树立心理健康意识，优化心理品质，增强其心理适应能力和对社会生活的适应能力，预防和缓解心理问题；要帮助他们处理好适应环境、学习成才、人际交往等方面的困惑，提高其健康水平，促进其全面发展。

四、建立社会实践平台，培养社会责任感

就社会职能看，德育主要在于调整和规范人与人的关系，它的任务是建立和维护一套社会伦理、社会秩序、社会规范，避免出现社会关系混乱的情况。在现代社会中，物质的、功利的追求占据了统治地位，竞争日趋激烈，精神压力不断增大，这很容易使人心理失衡，产生种种精神疾病和心理障碍。要缓解这种状况，必须加强德育教育，拓展德育的社会职能。

（一）理论联系实际，校园对接社会

结合大学生思想认识的实际，坚持理论联系实际的教学原则，根据现实社会生活中的一些热点、焦点等问题，高校应有针对性地开展思想教育工作。高校德育工作的主渠道、主阵地是"两课"教育，在工作中，既要坚持"两课"内容的开放性、时代性、科学性和先进性，也要坚持理论联系实际，一切从实际出发，使德育理论教育与大学生的思想觉悟统一起来、与当前改革开放的社会现实联系起来，有针对性地解决当前大学生思想认识的困惑和深层次的思想问题。

随着全球社会、政治、经济格局的发展变化，当前大众所关注的"焦点"问题，成为大学生私下谈论的"热点"问题。"两耳不闻窗外事，一心只读圣贤书"已经不能适应当前的形势了。大学生不是生活在真空中，高校也不是与世隔绝的象牙塔，任何人为地割断大学生与社会的联系的行为都是荒谬的，更是不可能的。如何做好校园对接社会的工作，是一个不可回避的问题。德育教师应直面多元化的现实社会，对于时下的一些"焦点"与"热点"问题，运用马克思列宁主义的立场、观点、方法来分析，在了解大学生思想认识上的"疑点""难点"问题后，深入细致地做好疏导与化解工作，给大学生做出正确的、有说服力的解释。加强德育理论的具体化和形象化、提高德育内容的说服力和生命力、增强德育课程的丰富性和生动性、提高德育课对大学生的吸引力和凝聚力，必然会增强德育课的效果与作用。

（二）开展假期社会实践，提高社会责任感

大学生社会实践是指以实践的方式实现高校教育目标，是大学生走向社会、深入基层，直接感受人们的生活，以科学素质培养、劳动技能训练、社会道德和职业理想为主要内容的课外教育活动。社会实践以学生为主体，以学校为依托，以社会为舞台。一个人的社会责任感是认识过程、情感形成过程与意志行为过程的统一，实践是统一的基础。实践来源于认识，是检验认识的唯一标准。大学生只有进行社会实践，才能跟上时代的节奏，了解国情、了解社会，在实践中真正担当起肩上的责任。

《中共中央　国务院关于进一步加强和改进大学生思想政治教育的意见》明确提出，社会实践对于增强大学生社会责任感具有不可替代的作用。这是对思想政治教育理念的重要创新。面对日益开放的社会，学校德育必须开拓整体性和开放性，构建一个多层次、注重参与和角色扮演的社会实践活动体系，面向世界，将校园、家庭和社会教育紧密结合起来，利用寒暑假期，带领学生走进社会、了解基层，以实践为基础，把社会实践和调研纳入教学体系，多为大学生创造深入社会、了解社会的机会。大学生只生活在大学的象牙塔中，其认识也只是坐井观天、纸上谈兵、闭门造车。社会责任感是一种对自身与社会关系的认识，来源于实践，又反馈到实践中去，只有引导大学生积极投身到社会实践中去，才能提升大学生的责任意识。

同时，要在上级团委的指导下，由各院系团委书记牵头，组织学生参与实践，学生根据社会需求和自身的特点，提出学年的拓展目标，重点加强锻炼自己不足的方面，有目标地参与学校的社团活动和社会实践。实践活动结束后，相关部门对学生的实践结果给予评价，在大学生素质拓展证书上予以记录，并盖章验收。毕业时，将大学生素质拓展证书与学习成绩单、毕业证书一起作为用人单位选拔人才的依据。

（三）建立德育基地，保持德育的连续性

把德育与校内外的实践活动结合起来，将理论上的道德观点转化为学生自发的德育行动。高职院校学生的专业实训有很多实习基地，实习基地

经过长期建设，基础雄厚，比较稳定，可以发展为道德教育的实践平台。高校可以结合学生所学的专业知识，使学生在各个实训基地学习和实践职业道德，培养学生的社会责任感，开展自我教育，实现自我提升。建立校外德育基地，既拓展了德育的空间，又充实了德育的内容，还实现了德育的连续性。德育基地包括三类。第一类是红色革命根据地、伟大革命领袖生活学习过的地方、重大革命历史事件发生的地方。这些地方可以教育学生向无产阶级革命先烈学习，进行理想、信念、品格教育，坚定其社会主义信念和共产主义理想，增强责任感和使命感。第二类是重要的历史遗迹、历史名人生活过的地方。这些地方可以教育广大学生了解中华民族五千年厚重的文化底蕴，了解世情、国情、社情、民情，培养爱国主义情怀。第三类是社会主义现代化建设的精神文明成果、社会主义现代化建设光辉业绩的企事业单位。这些地方可以教育广大学生树立正确的世界观、人生观和价值观，使他们时刻心系民族、国家、民生。

高校德育工作的首要目标是培养全面发展的社会主义事业的合格建设者和可靠接班人。德育基地是强化新时期德育工作的有效载体，是社会实践、专业实习和创业基地，是学生深入社会、提升自身素质的发展平台，有助于学生更好地成才成长。一方面，深入社会实践使学生开阔视野、深入社会、认识社会，知晓乡情、民情、国情，有助于他们在现实中明确自身的定位，增强社会责任感，树立社会主义信念，培养奉献精神，树立为人民服务的信念，培养艰苦奋斗的精神，端正人生态度，养成符合社会主流的优秀道德品质，树立正确的价值取向和明确的奋斗目标。另一方面，深入社会实践可以培养大学生适应社会的能力，全面拓展其自身素质，促进大学生了解国情、深入群众、增长才干、锻炼毅力、培养品格、增强社会责任感，是高职院校开展思想政治教育的重要环节。

高校在建设德育基地时，可以结合本校的专业特点及办学特色，充分利用各种社会资源，让爱国主义、社会主义和集体主义成为主旋律，让社会主流文化艺术进入校园，不断满足大学生日益增长的精神文化需求，为大学生健康成长和提高素质营造良好的文化环境，形成体现时代特征和学校特色的校园文化氛围。高校要建立德育平台与社会的联系机制，可以利用高校所拥有的科研、技术优势作为德育基地的有力后盾，或聘请德育基地的专家担任兼职教师，做学术专题报告，参加学生毕业论文（设计）答辩，与学生进行学术上的交流探讨，不断巩固合作基础。高校德育工作要充分利用德育基地，将高年级学生的亲身经历作为"教材"，加强社会实践和教学理论的融合，实现"学校教育—创业实践—学校再教育"的有机结合，顺利地完成对学生"社会化"的教育过程，满足社会对创造性人才的需求。

高职院校要牢固树立实践育人的思想，精心设计和组织各类德育实践活动，创新活动形式，做好实践指导，充分发挥课外教育的育人功能，把社会实践纳入学校的教学计划和考评体系，规定学时，给予学分。要将社会实践制度化、规范化，注重理论与实践的统一，拓展德育工作的时间和空间，构建和谐德育工作体系，全方位推进大学生德育工作，多方面促进大学生全面发展。这是适应社会转型期，培养具有高尚思想品质和良好道德修养的优秀人才，建设社会主义现代化的必然需求。

第五章　高职院校隐性德育教育创新研究

第一节　高职院校隐性德育教育概述

高等职业院校德育是显性德育和隐性德育的有机统一。相对于显性德育而言，隐性德育有其独特的内涵和表征。结合高职院校德育特色探究隐性德育，是研究的基础，也为丰富高职院校德育内涵、提升高职院校德育实效性提供了理论依据。

一、高等职业院校隐性德育内涵

（一）隐性

中国最早系统探究汉字字形和字源的字书《说文解字》记载，"隐，蔽也"。中国第一部词典《尔雅》记载，"隐，微也"，从中可以看出"隐"有隐匿、不显露的意思。"性"是指某事物区别于其他事物的内在结构、特质、需要及与其他事物发生联系的模式。"隐性"与"显性"相对，经常用于生物学领域。例如，隐性遗传指一种基因遗传的情况，在遗传的过程中，某个基因不表现出来，而是有可能"隐藏"起来。此外，1958年迈克尔·波兰尼提出"显性知识"和"隐性知识"。显性知识即通过口耳相传、书刊等可以直接表达出来的知识；隐性知识指的是知道但是难以表述和系统阐释的知识，有"技术"和"认知"两方面。"技术"层面包括非正式和难以明确的技能或手艺，直觉、灵感等都处于这个层面；"认知"层面包括情感、价值观、领悟等，影响我们对周围世界的感受方式。默会性是隐性知识最本质的特点。通过"隐性遗传"和"隐性知识"可以更深入地理解"隐性"一词。从静态特征出发，"隐性"指某事物的性质或性状不显露或不表现在外面的一种特性；从动态特征来看，"隐性"指一种"含而不露"的运作方式，是一种"只可意会，不可言传"的境界。

（二）德育

德育作为人类教育史上产生较早的教育现象，在理论丰富和实践改进中一直备受关注。随着社会的不断变化发展，德育的实质也在不断发生变化，我国教育理论工作者对德育内涵进行了深入研究。综观学者对德育内涵的研究，主要有"内容构成说""转化说""建构说"三类。从静态的角度看，主要是从内容构成上界定德育。德育是向学生进行政治思想和道德品质的教育。德育在中国包括思想教育、政治教育和道德教育，在西方指伦理道德教育及价值观教育。这种把德育内容构成作为德育内涵的界定方式，使德育内容不够全面，同时忽视了德育过程的规律探索，不能深刻地揭示出德育的内涵。从动态的角度看，主要是从德育过程来界定。德育是教育者按照一定社会或阶级的要求，有目的、有计划、有组织地对学生施加系统的影响，把一定社会思想和道德转化为个体思想意识和道德品质的教育。这是一种"外化说"，试图把德育看成一个动态的过程。与此观点相对，孙喜亭将德育看成一种内化的过程，认为："德育是教育者按照特定的社会标准，把特定社会的思想和道德规范内化为受教育者的思想意识和道德品质的过程。"[①] 比起静态的"内容构成说"，这两种界定有一定的进步，但是它们把德育看成一个单向的教育过程，对"转化"的实质表述得不够明确，忽视了教育者与教育对象之间的相互作用。同时，对德育外延的理解过于狭隘，也未能揭示出德育的本质属性。还有观点认为德育是一种建构活动。"德育是教育工作者组织适合德育对象品德成长的价值环境，促进他们在道德价值的理解和道德实践能力等方面不断建构和提升的教育活动。"[②] 这个定义突出了德育过程中学生的主体性，但是对教育者的主导作用没有涉及。

若想对德育内涵有准确完整的认识，我们首先应该追溯我国博大精深的传统文化，同时应该将其与德育基本规律相联系。从词源学来看，汉代许慎

---

①孙喜亭. 教育原理 [M]. 北京：北京师范大学出版社，1993.

②檀传宝. 学校道德教育原理 [M]. 北京：教育科学出版社，2000.

在《说文解字》中提出，"德，外得于人，内得于己"。这八个字清晰明确地讲述了"德"的两个来源，即从他人和自己内心体验上获得。古代的"育"除了有"生养"的含义，还有涵养熏陶的意思。因此，德育主要通过涵养熏陶和体验内化来实现。首先，从德育的基本规律来看，德育的内涵是一种教育活动，具备教育的一般属性；其次，其能够揭示德育过程的规律，是外化和内化的结合，突出教育者与学生的相互作用；最后，要包含德育的组成部分。因此，笔者倾向于鲁洁教授的界定："德育是教育者根据一定社会要求和受教育者的需要，遵循品德形成规律，用言传、身教等有效手段，在受教育者积极主动的参与中，通过外化和内化，发展受教育者的思想、政治、法制和道德几方面素质的系统活动过程。"①

（三）隐性德育

随着研究的深入，学者逐渐意识到，从影响范围来说，学生在隐性课程中所获得的价值、动机等不仅存在于校园环境中，亦存在于社会环境中。同时，这种影响也从教学领域扩展到德育领域，出现了隐性德育的概念。因此，对隐性课程的把握，有助于深刻全面阐释隐性德育。

早在二十世纪初，美国实用主义教育学家约翰·杜威（以下简称"杜威"）就认为，学生在学校中掌握的不仅仅是正规课程，伴随着学习过程而形成的情感、态度等更为重要，杜威将其称作"附带学习"。威廉·赫德·克伯屈对此做了更深入的研究，提出在正规学习过程中获得的态度及道德习惯等"附学习"能够长久地影响学生。这些理论为隐性课程的提出奠定了基础。1968年美国教育社会学家菲利普·杰克逊在《课堂生活》中首次提出"隐性课程"，将那些以间接的、隐含的方式，对学生的理想、态度等产生影响的因素称为隐性课程。西方学者以各个角度为切入点，对隐性课程内涵进行了研究。美国学者范兰丝认为，隐性课程是在学校中没有明确的教育实践和结果。马丁指出，隐性课程指学校内外某种情境中有意或无意产生的学习状态。我国学者对隐性课程内涵的研究主要集中在以下几方面：第一，隐性课程是学生在

①鲁洁，王逢贤. 德育新论 [M]. 南京：江苏教育出版社，1994.

学校大环境中无意识获得的经验；第二，隐性课程是课内外间接的、内隐的，通过学生无意识的、非特定心理反应发生作用的教育影响因素；第三，隐性课程是学生在社会、文化体系等情境中所学习到的、非计划的价值观念和态度。当前国内外学者对隐性课程没有统一的界定，不同学者从不同视角出发有不同的观点，但是他们的观点为提出和深入研究隐性德育奠定了坚实的理论基础。

伴随着隐性德育逐渐走入理论和实践工作者的视野，学者对其的界定也各有不同，综合起来主要有两类。一是把隐性德育作为一种德育因素。鲁洁认为，隐性德育是教育工作者为了实现德育目标，有计划地在学校环境中以各种方式，通过学生无意识的心理反应获得道德情意方面的教育因素。二是教育方式说。这种观点把隐性德育作为一种工作方法，认为隐性德育是教育者淡化德育目的和学生的角色意识，有计划地将德育内容融入学生所处的学习、工作等氛围中，通过学生的感悟，悄无声息地接受教育内容，以实现德育目的的一种教育方式。对隐性德育的两种界定是从不同的层面入手的：一类是从静态的角度出发，把隐性德育看成是一种德育因素；另一类是从动态的角度来看隐性德育。笔者认为，应该从以下几点来理解隐性德育。其一，隐性德育起源于隐性课程，同时是德育的下位概念，要符合德育规律。隐性德育是有目的和计划的活动，其影响范围主要是校园内部，那种把隐性德育看作无计划的，在家庭、社会中普遍存在的观点，泛化了隐性德育，缺乏针对性。其二，隐性德育发生作用的方式是无意识与有意识的辩证统一。教育者在这个过程中是有意识的，通过有计划地创设条件，熏陶、感染学生。学生在某种环境和氛围下，悄无声息地受到启发，接受教育。其三，隐性德育与显性德育既相对独立，又相互补充，联系密切。隐性德育与显性德育在德育过程中各有其特点和功能。显性德育通过明理传道，使学生掌握系统的道德知识，有效地提升了学生的道德认知。隐性德育则在无声无息中陶冶了学生的道德情感、磨砺了道德意志。二者相互补充，能够有效提升德育的实效性。因此，笔者认为，隐性德育是教育者根据特定社会和教育对象的需求，遵循品德形成规律，自觉地在教育对象周围设置某种生活环境和文化氛围，在学生积极主动的参与中，通过活动诱导、环境浸润、人格熏陶等，使学生得到情感陶冶、心灵的感化和行为的启发，从而发展学生的思想、政治、道德等素质的教育活动。

（四）高等职业院校隐性德育

高职院校担负着培养懂技术、有道德的技术技能人才的使命，侧重提升学生的实际应用能力，注重培养学生与人协作和沟通的能力及团队意识等。因此，结合职业特色和实践教学促进学生成长是高职院校德育的重要任务。高职院校的隐性德育是指高职教育工作者按照一定的社会要求和高职学生的身心发展特点，遵循品德形成规律，自觉地在高职学生周围设置一定的环境和氛围，通过实践教学、环境习染、人格熏陶等，使学生得到情感的陶冶、心灵的感化和哲理的启迪，从而提升高职学生思想、道德等方面素质的教育活动。

二、高等职业院校隐性德育的特征

作为一种独立的德育形态，隐性德育有其独特性，其潜隐性、多样性、广泛性、依附性、愉悦性等已成为学者的共识。高职院校承担着为各行各业培养一线的技术人才的使命，教学过程中突出教学做一体，其职业性和实践性决定了高职院校的隐性德育有其特色。德育理念彰显人的主体性，德育内容回归生活和实践，德育过程强调以情感人、以情育人，德育方法注重交往和对话，德育环境具有开放性和愉悦性，德育效果具有稳定性和持久性，这是高职院校隐性德育的主要特征。

（一）德育理念：彰显人的主体性

随着社会主义市场经济的发展，现代人的主体意识逐渐觉醒，培养学生自主全面发展是现代教育的核心目标和中心任务。高职院校隐性德育应坚持以学生为本的德育理念，彰显学生的主体性，尊重学生的需要，充分考虑学生的层次性、差异性，使学生在民主氛围中自觉地体悟道德内涵，增强道德情感，体验道德行为，在不知不觉中实现道德素养的提升。隐性德育彰显学生的主体性主要有以下两方面表征。一是注重学生的主观能动性。显性德育注重直接论述德育知识，学生处于被动地位，容易产生逆反心理和对抗情绪。隐性德育往往隐藏教育目的，将教育内容隐含在学生的学习实践中，让学生自主选择、自主参与，发挥学生的主观能动性，使其在体验中感悟道德真谛，在无排斥的心理状态下接受教育者隐含的德育信息。二是弘扬平等的师生关系。显性德育受"师道尊严"传统理念的影响，教师往往处于权威地位，教师和学生的关系是教育与被教育的关系。在隐性德育过程中，教师和学生民主、平等地参与德育实践和活动。教师作为引导者，在具体的情境中强化学生的情感体验，激发学生内在德行的成长，进而启发学生将德育知识转化为外在道德行为。

（二）德育内容：回归生活和实践

德育内容是指德育活动所要传授的具体道德价值、道德规范及其体系。显性德育注重内容的逻辑性和系统性，往往从抽象的道德概念出发，力求使学生获得"德知"。这种有意识、有目的的德育对学生道德修养的提升固然重要，但是学生通过生活和实践，在悄无声息中受浸润内化而来的道德修养同样重要。高职院校隐性德育内容的设计回归生活和实践，使学生在浑然不觉中受到影响，以不自知的方式在行为中表现出来。一方面，德育是德性生成的过程，德性之知来源于生活的感悟和实践，是"实践之知"，是体验过程中的"亲知"。隐性德育注重从生活中选取具体的、鲜活的德育素材，从学生在真实生活中所遇到的具体问题着手，把德育观点寓于社会生活中，引导学生在体验、感悟中接受暗示，进而提升其道德素养。另一方面，隐性德育凸显高职特色，注重学生的道德实践。道德作为一种特殊的精神，其特殊性存在于它的实践性中。隐性德育强调德育内容与学生的社会实践相联系，注重德育主体的自主参与，通过实践，使学生顿悟并真正认同德育内容，从而将其内化为自身的价值观。

（三）德育过程：强调以情感人、以情育人

受功利主义的影响，教育中的唯理智教育一直占主要地位。高职院校也受其影响，在教育过程中重技能，轻情感。这种理念下的高职德育过程重视外在的要求、纪律对学生的约束，而忽视其情感特征。情感、体验和实践在高职院校德育中尤为重要。情感是道德素养提升的心理基础，寓"情"于"理"，融"理"于"情"，拨动学生情感的琴弦，真正的道德内化才能完成，"理"才能真正抵达学生的内心深处。隐性德育重视学生情感需要，通过创造各种情境，引导学生对道德生活进行感悟和体验，使其从中受到熏陶和感染，从而笃信道德，把道德变成自己的情感需求。具体而言，一是隐性德育注重以情感人。高职学生有着自卑心理强、自信心不足、习惯封闭自己等心理特点，隐性德育强调教育者在德育过程中平等地对待学生，用爱和真诚打动学生，与学生在思想和情感上进行交流，以此达到人格感化、情通理达的效果。二是隐性德育强调以情育人。道德体验是道德生成的基础，在体验中，学生的认知和情感能够有机融合。高职院校隐性德育注重创设良好的职业或实践情境，通过优化环境，使学生在实践教学、社团活动等体验过程中受到高尚情操的熏陶和感染，达到"熏陶浸润，言笑举动，无心于学，潜移暗化，自然似之"的境界。

（四）德育方法：注重交往和对话

德育方法是为提升学生道德修养而运用的各种影响方式的总和，是实现德育目标的重要手段。科学合理的德育方法对于提升德育实效性意义重大。显性德育常常通过灌输、说服等方式，要求学生适应外在道德规范体系，这样形成的道德只处于"知道"的水平上。高职院校在教学中往往倾心于技术领域的传授，而忽视了学生精神的发展。大学真正的功用在于它能够丰富精神生活，而交往是丰富精神生活最有意义的方式。隐性德育注重交流和对话，强调德育方法的潜隐性，在交往中通过理解、陶冶、感悟、体验、对话等方式使学生心有所感、心有所得。道德不能通过教授获得，而是在交往中观察、感悟、体验而来。在交往中，师生是一种平等的关系，这彰显了学生的主体

性。同时，交往过程的每一个要素和环节都可以为学生提供丰富的德育材料和情境，使学生在不知不觉中实现心灵的颤动，进而发展道德理性，提升道德感悟能力。

（五）德育环境：开放性和愉悦性

德育环境，是指影响人的德性生成、发展的外在因素的总和。隐性德育注重环境对学生无声无息地渗透、习染和浸润，强调隐藏德育目标和任务，设定具有教育意义的德育情境。因此，高职院校隐性德育的环境具有开放性和愉悦性。一方面，德育环境在时间和空间上具有开放性。隐性德育贯穿高职教育教学实践过程的始终。除了专门的德育课程等显性德育中隐藏的德育因素，教师的言谈举止，学校的学风、教风等都对高职学生有着潜移默化的影响。同时，工学结合是高职院校办学的基本模式，在实习实践中所蕴藏的德育资源为学生提升道德素养提供了得天独厚的优势。高素质的企业人才和优秀的企业文化为高职学生道德素养的提升提供了鲜活的教材，让学生在无形之中受到感染。另一方面，德育环境具有愉悦性。高职院校的德育环境主要有管理环境、校园文化环境、学习实践环境和生活环境，隐性德育注重和谐环境的营造，如服务育人的学校管理环境、艺术化的校园物质环境、严谨的实践环境等，让学生在愉悦的环境中受到感染，进而自觉地内化教育者所传递的教育经验。

（六）德育效果：稳定性与持久性

高职学生正处于心理发展的关键时期，他们快速走向成熟，但尚未达到完全成熟，自我意识明显增强。显性德育的单向灌输或说教虽然有立竿见影的效果，但是无法抵达学生的心灵深处，而隐性德育往往能够达到"随风潜入夜，润物细无声"的境界，具有稳定性和持久性。一方面，隐性德育是一个日积月累的过程。隐性德育环境具有开放性，德育资源无处不在，无时不有，学生在这种氛围中经过长期的熏陶感染，由此获得的情感、态度、价值观等内化到学生的心灵深处，会长久地保持下去，有很强的稳定性。另一方面，隐性德育是一个逐渐内化的过程。高职学生在隐性德育过程中居于主体地位，高职院校通过营造民主愉悦的德育氛围，将德育内容融入校园文化、活动和学生实践等各种载体中，使高职学生通过自身的体验、感悟，逐渐形成科学的态度和人生价值观，这种通过自己的体验而形成的道德修养对学生的影响更加深远。

三、高等职业院校隐性德育承载形式

同显性德育一样，高职院校的隐性德育也具有依附性，在实践中有其客观的承载形式，如校园建设、教师人格修养、文化环境等，没有这些载体，隐性德育就失去了存在的基础。综观隐性德育的承载形式，有物质空间类、组织制度类、心理文化类，以及显性课程中的隐性德育因素四类。教育者利用这些形式，寓教于具体的活动、实践、交往等过程中，论道而不说教，使学生自觉领悟和内化各种物质载体所隐藏的德育影响。

（一）物质空间类

苏霍姆林斯基曾说："一所好的学校，连墙壁也能说话。"[①] 学校的物质环境对学生德性成长有着悄无声息的浸润作用。高职院校物质空间类承载形式主要有两类：一是指学校的教学设备、校园环境、人文景观等；二是与高职教学息息相关的实践、实训基地，以及"校中厂"的建设等。高职院校的各种建筑、雕塑、壁画及花草树木等，除了具有实用价值，还具有感染和陶冶功能。优美的校园环境和错落有致的校园布局，使学生在感官上得到愉悦，以此启迪心灵，陶冶情感，规范行为。同时，实践、实训基地，"校中厂"的建设，以及校园内悬挂的优秀校友的肖像、警句名言等可以让学生体会到实践的重要性和劳动光荣的社会责任，可以有效地提升学生对高职教育的认同，使其在潜移默化中提升自己的职业认同感和职业道德。总的来说，高职院校的物质空间类环境从多个方面感染、启迪着学生，是高职院校隐性德育的重要组成部分。

---

①B. A. 苏霍姆林斯基. 帕夫雷什中学 [M]. 赵玮，王义高，蔡兴文，等译. 北京：教育科学出版社，1983.

（二）组织制度类

学校组织制度是学校全体师生共同遵守的条例、守则等行为准则。一个学校要良性运行，必须有一套科学的、行之有效的组织制度。高职院校的组织制度包括教育教学管理制度、校园服务制度、校企结合制度等，对学校生活的各个方面都做了全面的规定。同时，这些规章、制度等也体现了学校领导者办学的核心价值体系和理念。因此，学校组织制度除了具有管理职能，其"以学生为本"的服务职能也在无形之中传播了学校的道德理念，对高职学生有着价值引导作用。另外，民主健全、科学合理并尊重学生意愿的学校组织制度能潜移默化地增加高职学生对学校的归属感和认同感，使其不知不觉地实现道德规范的内化。

（三）心理文化类

心理文化类承载形式主要是由高职院校大学精神、学校校风及人际关系等构成的学校特有的校园文化。它反映着学校的历史传统和价值追求，对学生的德性熏陶具有极其重要的作用。其中，高等职业院校的大学精神是其生存和发展之魂，是在学校历史中沉淀并被师生认同的"精神食粮"，是文化精神与技术精神的融合和统一。高职精神对学生的态度和人生价值观等有着重要的潜移默化的影响，其效果是潜在的、长久的、稳定的。高职院校校风是在办学过程中日积月累而形成的风气，其要素包括教风、学风、班风等。优良的校风就像一个大熔炉，对学生有着心理感染的作用。心理文化类隐性德育渗透在学校的各种环境中，使学生在潜移默化中受到感染、熏陶。

（四）显性课程中的隐性德育因素

高职院校显性课程不仅包括德育理论课程，还包括专业课程和实践、实训课程，集中体现了国家主流价值观，直接影响人才培养质量，是体现教育理念和实现教育目的的重要载体。约翰·弗里德里希·赫尔巴特的"教育性教学"及杜威的"将道德目的存在于一切教学中"都体现了要在课程教学中充分挖掘隐性德育资源。例如，文科课程中蕴含的丰富的历史与人文内容，可以在无形之中增强学生对民族的认同，增强其民族自豪感。另外，高职院校实践、实训课程在高职教学中占有很大的比重，挖掘实践、实训课程中的隐性德育资源，可以在无形之中增强学生对职业教育和所从事职业的认同，提升学生的职业道德。高职院校在各科教学中渗透德育，具有水滴石穿的功效，对于培养高素质的技术技能人才意义重大。

第二节　当前高职院校隐性德育教育存在的问题及成因

一、校园文化建设不够完善

校园文化是重要的隐性德育资源，而校园文化建设的不完善影响了高职院校的隐性德育建设。具体而言，一是重硬件、轻软件。我国高职院校大多是 20 世纪 80 年代以来发展起来的，大多数学校在短暂的发展过程中仅重视学校硬件的投入，如配备教学设施、绿化美化校园等。"大学之大，不在大楼，而在大师"，高职院校也是一样。实现学校的内涵式发展，不仅要注重硬件的投入，还要注重大学文化的积淀，为学生创造一个具有浓厚文化氛围的校园环境是教育的关键。当前，高职院校往往投入大量的经费引进新技术、新设备，却忽视对校史的研究和对校史馆的建设。二是重要求、轻需要。高职院校的制度建设往往重视对学生的要求，而忽视学生的需要。如今，在建设"服务型政府"的理念下，高职院校也应当转型，多了解学生的需要，从服务的角度制定更加人性化的制度，让学生能够认同并在这种人性化的环境中受到熏陶和感染。但是，当前高职院校的制度更多的是以命令的形式对学生刚性要求，而忽视学生的主体性和实际需要。

二、德育工作者"工具化"的道德意识强烈

随着工业化的发展，工具理性深刻地影响着现代社会和现代教育。它追求事物的最大功效，而无视生活的价值和意义。工具理性也随之影响着道德教育，德育工作者"工具化"的道德意识强烈，主要体现在以下几方面。其一，

把学生物化。在工具理性的支配下，德育工作者仅仅追求课堂教学的高效率，把学生当作了一个"储存德育知识"的容器。在应试教育背景下，教师关注的仅仅是学生是否掌握了课堂上的德育知识，而对于学生是否认同德育内容却很少关注。而德育是教人向善，是一种抵达心灵的教育，价值认同和情感共鸣是德育成功的关键，因此在熏陶和感染下，德育的主要手段是让学生通过道德体验自然而然地实现德育内化，显然，工具化、效率化的德育意识使隐性德育被冷落。其二，把教学过程标准化。在工具理性影响下的教学过程，就像在工厂加工零部件一样，追求标准化、统一化，注重区分对与错，强调应该怎么做、不应该怎么做。但是教育的对象是人，隐性德育尊重学生的主体性，重视学生的需要，注重其体验和感悟，通过学生的经历、体验和感悟，达到一种"润物细无声"的境界。因此，德育工作者标准化的教学过程，忽视了隐性德育的特点和优势。其三，评价标准标准化。当前，大多高职院校仍然以"一张试卷"来决定学生的道德水平，评价标准单一。学生所达到的道德水平仅仅停留在"知道"的水平上，"实践"水平上的道德践行需要学生内化道德观念。显性德育多重视"明理传道"，能在短时间内让学生掌握道德知识，忽视学生的情感体验，这是一种"低层次"的道德水平。

三、专业教师观念滞后

职业性是高职院校的主要特性，在专业课中渗透职业伦理和职业道德，能够对学生起到潜移默化的作用，促进学生德性的成长。在当前的高职教学中，虽然大部分高职学生认为教师的言行举止对自己的影响巨大，但是高职专业教师的教育作用并没有充分展现。一方面，很多高职教师认为自己的主要任务就是教给学生重要的知识和技能，而情感、态度、价值观等教学目标是德育工作者的任务，对于职业道德或职业伦理更是很少涉及，缺少全员育人的意识和教书育人的观念。现代社会高职院校不仅需要培育具有高技能的"准职业人"，更需要引导学生掌握作为一个现代人应有的素质和德性。在专业课中渗透职业道德，将专业教育和职业道德相结合，在具体事例中让学生逐渐渗透、浸润，让学生从心底意识到职业道德的重要性，进而自觉地将其内化为自己的价值规范。因此，高职专业教师观念落后是隐性德育不完善的重要诱因。另一方面，专业教师在教学过程中，缺少与学生在情感上的沟通，缺少用"爱"去感化学生的能力。情感的沟通有利于营造和谐的氛围，做到情与理交汇相融。高职学生自尊心强，自信心弱，心理脆弱、敏感，需要高职教师用全身心的"爱"去感化学生，让学生在情与理的交融中实现德性成长。当前高职教师或放任自流，或严厉苛刻的滞后观念影响了隐性德育的实施。

第三节　高职院校隐性德育教育创新策略

自实施《国家中长期教育改革和发展规划纲要（2010—2020年）》以来，高等职业教育有了很大的发展。为了培育有道德、有素质的技术技能人才，高职院校特别强调德育工作。为提升高职院校人才培养质量，教育部原副部长鲁昕提出要把立德树人融入教育教学的全过程。当前，高职院校对德育工作的积极性、主动性增强，努力拓展德育工作的途径，丰富德育载体，为德育工作的顺利进行创建了健康的环境。但是长期以来，高职院校德育以思想道德修养、法律基础等显性课程来实现，缺乏全员育人、全方位育人和全程育人的理念，以及真实生动的德育环境，学生的品德发展多停留在"知道"的水平上。"知道为智，体道为德"，德育更为重要的是在认同的基础上，将道德知识内化为道德情感，并最终体现在日常的行为中。隐性德育具有注重人的主体性、回归生活和实践、强调以情育人、重视交往和对话等特点，有效地弥补了显性德育的不足，同时彰显了高职院校的德育特色。完善高职隐性德育，促使显性德育和隐性德育的优势互补，可以提升高职的德育内涵，为培育德才兼备的技术技能人才提供支撑。

一、更新理念，构建"三全育人"的德育体系

德育理念是德育的根本指导思想，提升德育理念是德育深层次改革的需要，是德育改革的最高境界。随着全球化的不断深入和社会物质财富的不断增加，不同的价值观念相互交织，对高职学生的思维方式、价值观念等产生

深刻影响。相比普通院校学生，高职院校学生学习基础较差，主体意识较强但自信心不足，自律性和进取心不强。这些都决定了高职院校必须更新德育理念，以学生为本，建构全员育人、全方位育人和全过程育人的德育体系。

德育是一个体系，需要各方通力合作。从宏观层面来说，全员育人是指德育工作要形成家庭、学校、社会、学生"四位一体"的育人机制。家庭是学生成长的重要环境，父母在待人接物、行为举止等方面对高职学生有着深刻的影响。学校是学生生活、学习的主要场所，肩负着培养学生德性的重任。人生活在特定的社会环境之中，为之感染并受其影响。高职学生正处在成长的关键时期，很容易受到外部环境的影响，因此积极向上的社会环境对高职学生道德修养的提升起着重要的促进作用。隐性德育重视交往和对话，同辈群体由于年龄、兴趣爱好等方面有着极大的相似性，对高职学生的影响超过教师和父母。同时，优秀校友、知名人士等能够激发高职学生的进取心，有效增强高职学生的职业认同感。从微观层面说，全员育人主要是指高职院校德育工作要做到统筹协调，把知识传授和道德培养相融合，实现"教书育人"向"育人教书"转变。这样的德育工作不仅需要专职学生工作的教师和"两课"教师，更需要所有任课教师、学校各部门教职工的积极参与，把德育内容渗透人才培养的各个环节。

全方位育人强调拓展育人的多维空间，着力于高职学生德育的各个方面和环节，实现显性德育和隐性德育的有机结合。具体而言，"全方位育人"包括以下几方面。一是教书育人。教师在课堂教学中有意识地把思想道德等内容融入教学活动中，同时，在教育教学过程中，塑造自身良好形象，做到为人师表。二是管理育人。对学生的管理是高职的重要组成部分，是一项艰巨的任务，需要学校各级职能部门的相互配合。学校各部门的办事作风都会在无形之中对学生产生潜移默化的影响，因此管理育人要注重对学生的尊重和爱护，在"管"的同时，注重情感教育，引导学生自觉地内化道德规范。三是服务育人。服务育人是指高职院校在以人为本的基础上，以学生为服务对象，在心理健康、后勤保障、学生资助等方面，为学生解决实际问题，通过优质的服务，增加学生的认同和归属感，使学生在无形之中受到浸润和感染。四是实践育人。实践性是高职院校的主要特征，高职院校要在实训和实践活动中融入德育，鼓励学生在实践中体验、感悟。五是文化育人。教育部原副部长鲁昕提出，要以高度的文化自觉和自信推进职业院校文化育人，用社会主义先进文化、优秀传统文化育人，同时，用富含特色的职业文化育人，把职业院校建成文化育人的高地。高职院校要通过建设浓情高雅的校园环境，为学生的成长创造良好的氛围，以此陶冶学生情操。

全程育人是以时间为维度，强调育人工作贯穿学生成长、成才的全过程。高职院校要明确高职学生学习成才的基本规律，清楚德育工作在学生不同阶段的要点，根据高职学生的年龄特点和性格特征，进行有针对性的教育，把德育工作贯穿学生学习过程的始终，同时抓好学生成长的关键点进行教育。

二、学科融入，夯实隐性德育的"沃土"

教育既是传授知识、发展学生智力的过程，亦是提升学生德性的过程。在学科教学中，要教书，更要育人。高职院校在学科教学中融入德育就是通过学科教学，以文化基础课为切入点，同时紧扣专业特点，营造一个无声无息的德育环境，通过师生感情交流，引导学生产生共鸣，实现一种春风化雨、润物无声的境界。

（1）以文化基础课为切入点，寓教于知，寓教于德。高职院校的文化基础课主要包括工具类课程、人文类课程、职业规划类课程等。在教育教学中：一方面，高职院校以文化基础课为切入点，紧跟课程目标，不仅强调知识、技能的学习，也要强调情感、态度、价值观的重要性；另一方面，以各类文化基础课的特点为依据，渗透不同的德育内容，在信息技术教学中，传递网络的正能量，弘扬社会主义核心价值理念，鼓励学生文明上网，为营造一个积极向上的网络文化氛围添砖加瓦。这些理念都会在潜移默化中影响学生，引导学生知善恶，增强自律意识。在音乐、美术教学中，教师可以发挥中国传统文化的魅力，彰显现代文明的活力，从而提升学生品味，净化其心灵，陶冶其情感，使学生在博大精深的文化中感悟德行人生。

（2）紧扣专业特点，营造良好的职业道德风尚。职业道德是从事一种职业的人应该遵循的道德规范。专业性是高职教育的主要特性，教师应紧扣专业特点，紧紧围绕"爱岗敬业、诚实守信、办事公道、服务群众、奉献社会"，在专业教学中引导学生增强自律意识，内化职业道德，营造良好的职业道德风尚，如在会计教学中融入诚信教育，在化工原理中融入生态德育等。另外，在"教学做一体化"教学中渗透德育也是培养学生职业道德的有效路径。"在课程导入环节铺垫背景、在训练过程中融入内容、在互动环节引导行为、在总结阶段升华观念"是在实践中渗透德育的主要步骤。

三、加强师德建设，实现人格力量熏陶

苏霍姆林斯基认为，学生道德品质的提升不是靠枯燥无味的说服、灌输，而是通过教师的榜样作用实现人格熏陶的。教师对学生的影响是任何课程、教材都不能替代的一种隐性教育力量。2014年9月9日，习近平总书记同北京师范大学师生代表座谈时提出："教师的工作是塑造灵魂、塑造生命、塑造人的工作……做好老师，要有道德情操……好老师首先应该是以德施教，以德立身的楷模。"因此，教师的人格力量熏陶是高职院校隐性德育的关键，应加强师德建设，让学生不知不觉地受到心灵的启迪，进而提升自己的道德修养。一个让学生敬重的教师，一定是用心育人的老师，能够在教育教学和日常生活中触动学生的心灵。

首先，增强高职院校教师的职业认同感，使高职教师敬业爱生。对教书育人职业的热爱和认同是一个教师高尚道德情操的首要表征。一方面，高职教师要做到为人师表、爱岗敬业。高职教育是理论知识、实践能力和职业道德相结合的教育，教师在教育教学中对自身职业的忠诚能够感染学生，使学生对自己的专业认同。另一方面，高职教师要用"爱"去滋润学生。爱是教育的灵魂，对于略显自卑的高职学生尤其重要。因此，高职教师应用仁爱之心去浇灌、浸润学生，让学生"亲其师，信其道"；用自己的真情拉近与学生的距离，增强学生对学校、集体的认同感；用"爱"去感染学生，提升学生的道德修养。

其次，为人师表，一身正气，塑造高尚灵魂。"学为人师，行为世范"

是对教师职业的完美诠释，高职院校教师要提升自身修养，自觉遵守社会公德和职业道德，引领美好的道德风尚，自觉树立高尚的教师职业形象。同时，对一些违反职业道德、道德败坏的教师，学校应该依法严惩，对侵害学生的行为必须零容忍，真正为学生的健康成长提供一个健康、文明的学校氛围。

四、完善校园文化建设，营造良好育人环境

校园文化指学校在长时间的办学过程中积淀而成的、全校师生共同的价值趋向，体现在学校的办学理念、校风、学风、大学精神等内容中，表征了学校特有的文化氛围和人文精神。高职院校通过营造特定的文化氛围，使学生受到浸润、感染，进而实现德、智、体的全面发展。用环境、用学生创造的情景、用丰富的集体精神生活的一切东西进行教育是教育过程的一个微妙的方法。校园文化所蕴含的德育因素渗透整个校园，无处不在、无时不有，对高职学生具有强大的渗透力和影响力，在学生道德素养形成和提升进程中发挥着潜移默化的陶冶作用。因此，完善高职校园文化建设，营造一个具有高职特色的德育环境，对于学生道德素养的提升至关重要。

（一）在物质文化中凸显德育意蕴

高职院校物质文化作为一种外在标志，是校园文化重要的物质载体，是其存在和发展的基础。高职院校物质文化包括其自然环境、校园建筑规划、艺术景点等各方面所形成的文化环境。文明、典雅的物质环境能带给师生美的熏陶，同时作为一种无声的语言，诠释着高职院校的文化与精神，使学生在无形之中感知学校的道德教育精神，在潜移默化中陶冶情操、美化心灵。在物质文化中凸显德育意蕴是优化隐性德育的重要方式，具体而言，主要有以下几方面。

首先，凸显"美"的园林化自然景观建设。"山光悦人性，湖水静心情"，校园是育人的重要场所，校园中的一花一草、一树一木都蕴含着丰富的内涵，对受教育者的道德修养有着潜移默化的重要作用。高职院校校园自然景观的规划建设要遵循以下几个原则：第一，理念上追求"静"，高职院校最终目

多维视角下高职院校德育教育创新策略研究

的是育人，因此学校的规划建设理念是创造一个以静为主，适合师生工作、学习和生活的良好场所；第二，园林化原则，高职院校的布局强调园林化，如以常绿树为主，穿插种类多样的花卉的设计理念，真正达到了安静优雅的园林化效果；第三，以人为本的原则，高职院校根据师生不同层次的需求，组织不同的活动空间，同时，尽量选用新型环保、无公害的建筑材料，为师生创造一个生态化、园林化的校园环境，将自然与人文融合于景，为学生创造优雅的学习和生活环境。

其次，彰显"德"的人文景观设计。校园人文景观有多种表现形式，如校园雕塑、文化墙、宣传栏、校史馆等，这些景观具有一定的文化内涵。因此，高职院校对这些人文景观进行设计时，要融入"德"的要素，使这些载体成为一个个蕴含深厚底蕴的文化景点，使学生不自觉地受到感染、启发。一方面，高职院校可以从专业特色中提取符号应用到校园雕塑等物质载体中。例如，电子类院校可以将线路、电子管等作为素材，融入校园，让学生徜徉在专业的海洋中，每时每刻都能体会到专业的吸引力，增强高职学生的职业认同感。另一方面，将职业道德融入校园人文景观设计中。例如，财经类院校注重诚信，学校可以设置一些突出"诚信"的主题雕塑，或者建造"诚信大道"等，以"诚信"文化浸润莘莘学子。

最后，将校史馆建设融入校园文化建设中。高职院校校史馆是一种特殊的教育场所，通过文字资料、图片、实物等综合展览，弘扬高职院校在办学实践中积淀的、具有职业特色的深厚文化底蕴。"欲知大道，必先知史"，高职院校校史馆的建设和开放能够促进高职学生爱校、荣校，增强对学校的认同感和归属感，推动高职院校的内涵式发展。校史馆的建设是一项系统工程，需要学校各个方面的精心组织和策划，围绕学校的发展历程，充分展示高职院校的精神，将杰出校友取得的优秀成果融入学校历史，在校史展览中实现思想性、教育性和校园文化的有机统一。同时，要注意定期充实更新校史资料，将各项最新成果展现给师生，让这部"浓缩的画卷"不断绽放魅丽。

（二）在制度文化中彰显德育内化

制度文化长期积淀在人的内心深处，继而形成认知和习惯。从总体上讲，制度文化是制度的观念内核，是设计、执行、监督、变革人们内心的理性原则、价值取向、理念追求、道德标准、利益调整等的观念体系。高职院校制度文化对广大师生的思维方式、行为举止、生活习惯等具有规范、约束作用，它可以分为显性制度和隐性制度两种。显性制度文化是由学校统一制定的成文的规章制度、管理规范等，能够在制度上保障学校的一切工作顺利进行。隐性制度文化是在发展过程中积淀的习惯、价值观念等，渗透于学校各组织机构和规章制度中，使广大师生置身这样的制度环境中，不知不觉地受到感化和熏陶，是一种重要的隐性德育资源。当前高职院校的制度文化建设重视刚性的、显性的制度约束，而忽视隐性制度熏陶，制度文化缺乏人文关怀和服务意识，导致了高职师生对学校制度文化的不认同。因此，完善具有高职特色的制度文化建设能够丰富隐性德育资源，彰显德育的内化机制，是有效提升学生道德水平的重要途径。

一方面，将"以人为本"融入制度文化建设。"以人为本"的中心任务是坚持"以师生为本"，即制度文化的建设要依靠师生，并为师生服务。从高职院校教师和学生的特点出发进行制度文化建设是整个校园文化建设的重中之重。具体而言，其一，制度的制定要以师生的长远发展和实际需要为出发点。对自己职业的不认同是当前高职教师职业倦怠的主要表现，因此学校的规章制度要关注教师的职业生涯发展，为教师的发展提供一个积极宽松的空间。例如，通过教师在职培训，提高教师的学历层次和专业水平，或设置教师教学改革专项基金或教师科研基金，鼓励教师提升自己。同时，各项规章制度应加强人文关怀，提供人性化的服务，关注高职教师生活质量。就学生来说，高职学生自控能力较差，且叛逆心较强，因此制度的制定要克服学生"被管理"的心理定式，尊重学生的权利和需求，增强学生的归属感和主人翁意识。其二，从形式上来讲，多采用奖励性规范。当前高职院校的规章制度较多规定学生不能怎么做，违反了之后如何处罚等，学校的规章制度成为一种僵化的规则条文，师生迫于规定暂时选择服从，但是并没有从内心认同。因此，应多采用奖励性规范，鼓励和引导学生的正当行为，尊重学生权利，让学生从中体会到规则的好处，从而把规定作为一种精神内涵去欣赏。

另一方面，坚持制度文化建设的民主、公开和公正。健全的程序性制度必须平等地体现每个师生的利益。制度文化建设的民主、公开和公正有利于为师生创造良好的制度氛围，促进学生德性成长。首先，制度的出台要考虑利益相关者的权利，体现民主性。在规范条文的制定中，要让全体教师和学生民主平等地参与制定过程，考虑大多数师生的共同利益，这样可以减少师生对制度的心理抗拒。其次，制度制定过程要公开。在制定学校规章制度的过程中，要通过校园宣传橱窗、校园网等渠道让师生了解有关信息，保证师生对规则条文的了解。再次，制度执行过程要公正。正义是社会制度的首要价值，正像真理是思想体系的首要价值一样。在制度面前每个人都是平等的，都要接受制度的约束，谁违反了规定谁就要付出代价。最后，奖惩机制要统一，从小事做起，在制度的制定和执行过程中为学生营造一个民主、公平、公正的制度环境。

（三）在精神文化中追求德育超越

精神文化是高职院校校园文化的核心，是全体师生共同创造的精神家园和文化氛围，是在办学过程中沉淀下来，并被所有学校成员共同认同的价值观、道德观等校园精神的综合。高职院校校园精神文化看似无形，却有着凝聚、约束、规范和熏陶的作用，为全体师生创造高雅、和谐、积极向上的文化氛围，潜移默化地影响着全体师生。因此，应该把社会主义核心价值理念融入高职精神文化建设的全过程，倡导爱国、敬业、诚信、友善，通过校园精神文化氛围的浸润，培养学生高尚的道德情操。

首先，以职业精神为特色，构筑高职精神文化。高职院校肩负着培养高素质的技术技能人才的任务，职业性是其主要特性。当前用人单位最为关注的是学生的职业态度和职业道德，因此高职院校应构筑以职业精神为特色的校园精神文化。职业精神是指某一职业的从业者在长期实践过程中积淀形成的，且被所有成员认同的拥有特定职业特征的精神，包括职业态度、职业责任、职业良心等。一方面，高职院校应引导学生树立科学的世界观、人生观、价值观等，使学生养成敬业、乐业及诚信等意识，将职业道德、职业态度等的培育贯穿在课程学习、技能训练等过程中，让学生不断受到熏陶和感染，同时发挥优秀校友的榜样作用，如请优秀校友开专题讲座，用活生生的例子来激励高职学生；另一方面，高职院校可以利用校园网、校园橱窗等，宣传道德模范的高尚情操，用他们的奉献精神和服务意识去熏陶学生，使其在不知不觉间意识到职业精神的重要意义，体会到劳动的光荣和高尚。

其次，以优秀的教风、学风、校风等推进校园精神文化建设。教风、学风、校风等是校园精神文化的主要内容。高职院校应以"三风"推进校园精神文化建设。具体而言，其一，德才统一的教风建设。教风是教师专业知识和风范的集中体现，代表着学校的精神旗帜，对学生有着无声且深刻的教育作用。高职教师要提升自己的专业素养，让学生感受到知识、技能的力量和魅力，增加对自身、对职业的认同。同时，教师要增强自身的人格魅力，如教师的幽默感，以及爱生、敬业奉献的精神等，给予学生温暖，对学生德性的提升起到春风化雨的作用。其二，严谨有序的学风建设。高职学生自控力差，学习动力相对不足，因此严谨有序的学习氛围能内化为学生的精神动力，引导学生思想品德、价值观等发生变化。教师要在教育教学中帮助学生建立适当的学习目标，使其逐渐认同学习，体会到学习的意义，同时引导学生养成良好的学习习惯，运用正确的学习方法，激励学生自我管理。其三，以教风、学风促校风建设。校风建设是一项复杂的系统工程，学校应凝聚全校师生的合力，将教书育人、管理育人、服务育人体现到学校生活的每一个环节，将学校的优良传统、办学理念等根植于师生内心深处，并内化为言行准则。

最后，在校训、校歌中彰显德育理念。校训、校歌是精神文化的重要载体。在校训、校歌中融入德育理念是完善校园精神文化建设的重要途径。当前，高职院校忽视对校训、校歌的文化价值、德育价值的深度挖掘。以校训的推出为例，高职院校应该紧贴实际和时代特点，在校训中融入德育理念，如育德育能、明德励志等，都彰显了"德"的重要性。另外，高职院校要将校训设置在学校最醒目的地方，并加强宣传，引导学生内化，使其自觉地将校训作为自身行为的价值尺度。高职院校还可通过合唱比赛等方式，引导学生关注校歌、铭记校歌，增强学生对学校的认同感。

（四）企业文化与高职文化有机融合

企业文化是企业在发展过程中积淀下来的全体成员一致认同的价值观、道德观和行为规范。保持企业健康发展的关键是创建良好的企业文化。校企合作、产学结合是高职院校的办学特色，也是高职院校实现内涵式发展的必由之路。因此，实现企业与高职文化的有机融合，用优秀的企业文化浸润学生，使学生时时刻刻感受到现代工业精神和先进的经营理念，可以丰富高职院校隐性德育资源，为高职学生毕业时尽快适应企业、适应社会奠定基础，同时也可以实现高职院校稳定持续的发展。

（1）以活动为媒介，吸纳优秀的企业文化。高职院校可以举办各种活动，为高职文化和企业文化的有机融合搭建交流的平台。具体体现在以下几方面：一是高职院校举办文化节、科技节等活动，有意识地将企业所需要的团队合作、创新意识等文化融入高职活动中，使学生在活动的过程中体悟、感受，受到潜移默化的影响；二是通过举办企业家论坛、校友论坛等，邀请优秀的企业家或高层管理人员到学校开办专题讲座、创业报告会等，拉近学生与企业间的距离，让学生较早接触并了解企业的价值观和经营理念；三是创造机会让学生走进企业，接触真实的企业生产模式和运行方式，以此增强学生对该职业的认同，使其体悟到职业道德的重要意义。

（2）在文化建设的各个环节融入企业文化。高职院校应在人才培养的全过程中融入企业文化，全方位、多角度地实现学校与企业文化的互动与融合。首先，将企业的爱岗敬业、诚信意识、责任意识、职业道德、职业态度等观念渗透专业教学和实践实训过程中。同时，将企业所需要的岗位能力和岗位态度融入高职专业课程标准中，让学生在课堂教学中"悄声"地体味企业文化的张力。其次，以物质文化为基础，实现企业与高职文化的有机融合。例如，构建"优秀校友长廊"，在校园中设置电子管、齿轮等充满工业文化气息的物质景观，让学生时刻感受到身边的企业文化，不断提升其职业素养。再次，以制度文化为保障，为高职文化和企业文化融合保驾护航。用企业对待员工的标准制定校园制度规范，把学生当作企业员工来培养，使学生在校园内受到浓郁的企业文化熏陶，将员工需要的责任感、团队意识等渗透给学生。最后，以精神文化为核心，提升高职文化与企业文化融合的内涵。这包括在办学理念中融入企业元素，在校训、校歌中体现企业精神，在学风、校风建设中融入企业规范。

五、注重实践渗透，铸造学生高尚的道德情操

高职院校学生利用自己的专业知识和技能，发挥自己的优势，以社会实践为载体，深入社会，体验社会，最终服务社会。这个过程对于学生来说意义重大，能够促进学生与社会接触，内化道德规范和价值准则，使其在实践中获得道德体验，对提升高职学生道德修养具有重要意义。在实践中渗透德育，加强社会实践活动的育人功能是高职院校德育工作的重中之重，具体而言，主要从以下三个方面思考。

一是与实践、实训相结合，开展社会实践活动。校企合作、工学结合是高职院校办学的主要模式。因此，应在校企合作中融入德育，铸造学生完美的职业道德。一方面，按照企业生产的真实需要，为学生营造一个真实的实训环境，让学生了解企业尖端的技术和设备，增强学生的职业认同感。另一方面，创造机会让每个学生都能在真实的生产模式下，接受企业员工的指导，为学生营造一个真实的生产环境，在实践、实训中将企业的敬业精神、服务意识、质量理念内化到学生的心灵深处。

二是与校园文化活动相结合，开展社会实践活动。一方面，当前社会生产力水平大幅度提高，但是随之而来的是技术对人的"奴役"，环境破坏日益严重。培养具有生态意识的技术技能人才成为高职院校的培养目标。因此，高职学生的生态文明意识直接关系到整个社会的可持续发展。一些高职院校开展环境保护相关活动，帮助学生把握"低碳生活"等理念，鼓励学生绿色消费，通过校园活动让学生体验到环境保护的重要意义，有效地培养了学生

的生态意识。另一方面，开展勤工助学活动。相当一部分高职院校学生来自农村，一些同学家庭经济条件较差。学校通过对学生家庭背景的了解，给家庭困难的学生提供勤工助学的机会，可以增强学生对学校的认同，将"爱"的种子种在学生心间，提升学生的奉献意识。

三是与社会服务相结合，开展社会实践活动。工业化和现代化的推进使高职院校服务社会的功能越来越突出，高职院校应引导学生服务社会，为社会主义现代化建设贡献力量，开展社会实践是其重要途径。高职院校可以创造机会让学生走进社区和农村等，通过志愿服务、文化下乡等社会服务活动，让学生体会到自己的价值，同时了解我国当前的社会现状，在体验中实现心灵的启迪，提升自身的社会责任感。

第六章 大众化教育背景下高职院校德育方法创新研究

第一节 大众化教育与高职院校德育教育

高职教育即高等职业技术教育，高等职业技术学院是实施高职教育的主体。高职教育在层次上属于高等教育，在中国其学制通常是三年，毕业生会被授予专科文凭。20世纪90年代以来，高职院校在中国迅速崛起并立即融入中国高等教育大众化的潮流之中。在教育大众化的背景下，高职教育面临着许多新的挑战，高职院校的德育问题也变得十分突出。这里的教育大众化特指高等教育大众化及其在高职教育中的特殊表现。教育大众化的结果使高职教育呈现出一种典型的大众性特点，即入学条件的宽松，以及因为入学条件宽松而导致的教育对象的来源变得更加广泛。

一、中国的高等教育大众化

大众化是与精英化相对的一个概念。从精英高等教育向大众高等教育转型是中国高等教育发展史上的一个重要事件。中国高等教育大众化始于20世纪90年代末，当时中国的经济与社会水平已经有了很大的提高，这为高等教育大众化提供了重要的条件保障。

美国高等教育专家马丁·特罗于20世纪70年代提出高等教育大众化理论。他在《从精英向大众高等教育转变中的问题》一文中指出，一个国家的高等教育院校的数量积累必然会引发高等教育功能和结构的变化。他以适龄青年接受高等教育的比例，即毛入学率作为基本标准，把一个国家的高等教育发展变化划分为三个阶段：精英高等教育阶段（毛入学率低于15%）、大众高等教育阶段（毛入学率超过15%）、普及高等教育阶段（毛入学率高于 50 %）。事实上，中国高等教育从 1999 年开始扩招，在不到 10 年的时间内就使毛入学率达到了 15 %，从而完成了从精英型向大众型的彻底转变。高等教育大众化时代已经悄然来临。这种突进式的发展导致了许多高等教育的现实问题。

在精英高等教育阶段，高等教育的规模很小，其主要任务是为国家培养各类精英，使学生在国家管理和一些学术性很强的专业性工作中充当精英角色做好准备。在大众高等教育阶段，高等教育的受教育机会急剧增长。高等教育开始面向大众招收学生，学生的来源变得更加广泛而多样，其定位及任务也开始发生转变。高等教育大众化的意义体现为：适龄青年通过高等教育的大众化，对本民族的整体长远利益具有高度的文化价值认同感，从而提高在知识经济时代本国的国际竞争能力，以及本民族的文化水平和基本素质。当然，随着高等教育继续发展，当其规模扩张到一定的程度，进入普及化阶段时，高等教育的性质又会发生变化，这时高等教育甚至有可能成为一种义务。

中国走高等教育大众化道路有自身特有的原因。随着改革开放的不断推进，当时的中国经济正从计划经济向市场经济转型阶段，与此同时，社会生活也变得日趋复杂，特别是劳动力市场的变化更为显著，社会对人才的需要呈现出一种多元化的趋势。不仅如此，整个劳动力市场对人才的需求表现为数量的急剧增长的同时，也在质量与规格上越来越呈现出多样化的特征。这极大地刺激着高等教育的发展。另外，对学生来说，也想通过接受高等教育来实现自身的发展，更好地融入社会生活。接受高等教育后，个体的就业会更有保障，其就业的质量也会有所提升，因此高等教育的需求变得更加旺盛。正是在这一背景下，高等职业教育找到了自身存在的理由，也迎来最佳的发展机遇。

二、高职院校的德育困境

职业教育要培养合格的人才，就必须搞好德育工作。高职院校的德育工作仍然是中心工作。职业教育始终承担着不可回避的伦理教育使命，是提升社会整体道德水准不可或缺的重要手段。这对职业教育提出了很高的要求：职业教育要培养有道德的，能够勇于承担道德责任，能够主动传播先进伦理道德文化的社会公民。但是，当前学校德育普遍陷入困境，高职院校的德育同样也难逃此命运。高职院校要想实现伦理道德上的特殊使命，首先要摆脱各种德育的困境。这种困境是现代困境，跟现代社会生活有着密切的关联。

首先，这种困境来自学生本身。前文已经就当代大学生思想素质状态进行了简要的介绍，总体上看，在现代社会中受大众文化影响，并在应试教育的整体氛围下成长起来的学生，在思想和行为上极不成熟。有研究者指出当代大学生存在多个方面的问题。例如：理想与信仰缺失，价值观模糊；过分追求自我和个性，团队合作意识不强，社会责任感淡漠；自信张扬，但心理脆弱，耐挫力差；对新事物接受能力强，但辨别是非能力较弱；等等。学生是德育工作的出发点，高职院校学生的当代特点为德育制造了一个难题。当然，这个时代的大学生也有其固有的一些优点和好的品质，而这同样也是德育要关注的重要方面。

其次，这种困境来自部分人伦理道德的滑坡。一些人奉行个人主义、虚无主义，其社会生活庸俗化、表浅化，精神家园无处可寻。如何应对社会上存在的这种不良风气是学校德育所面临的一个严峻的现实问题。

再次，高职院校的德育困境源于网络与大众文化。网络正在制造一个庞大的德育难题。网络生活的虚拟性、个体性、感性化、游离性等特征，也为多元异质的伦理文化提供了最优的滋长环境。网恋、信息焦虑、网游、信息滥发、公共信息安全、数字鸿沟等每一个术语都代表了一个难题。鼠标下的德性已经成了一个时代性的课题。另外，当今时代也是一个大众文化时代，大众文化是指面向都市大众批量生产的文化产品，如电影、电视剧，流行音乐、服装，语言，快餐等，大众文化已经渗透社会生活的各个方面。大众文化本身是没有深度的、模式化的，但能够给人带来消遣和娱乐。大众文化向校园的渗透给学校德育带来了微妙的影响，这是一个不能忽视的问题。

高职院校的德育困境还可以从更多方面来分析。困境意味着挑战，高职院校的德育要走出困境就必须进行创新，而其中德育方法的创新尤其重要。

第二节　大众化教育背景下高职院校德育方法创新的原则

一、高职德育方法创新的教育性原则

高职德育方法是为完成德育任务、实现德育目标服务的。从人才培养角度来说，任何一种德育方法都应具有教育性。教育性即对学生品德的形成产生正面、积极的影响。当代学校教育强调全过程育人，强调环境育人，强调全员育人，这意味着学校情境是一个充满教育性的情境。当一种德育方法被使用时，这种德育方法本身应当是有教育性的，这是学校教育对德育方法的基本要求。如果一种德育方法本身只是一种解决问题的冷冰冰的工具，没有人性味和教育味，那么这样的方法是不受欢迎的。它也许是有效的，能解决部分问题，但是激不起学生的兴趣和热情。当学生对一种德育方法并不欢迎时，实际上这种方法就不可能产生持久而显著的育人效果。举例来说，学校德育方法中有一种惩处的方法。这种方法致力于惩办和处置学生的"错误"行为，并以此达到对学生进行矫治和改变的目的。这种方法如果被滥用就会产生消极的影响。事实上，很多学校特别信奉德育中的惩处方法，而这类方法却并没有产生良好的育人效果。

这里的教育性特指对学生品德和性格等的积极引导和正面影响。从这一角度来看，这里的教育就是教化。教化是一个特殊内涵的教育概念。教化的主旨是以自然的方式，在尊重个人自由的基础上促使人的精神成长、发展和自我形成，包含着精神培养和精神自我创造相结合的意蕴。精神培养与精神自我创造意味着我们个人在追寻存在的可能性时进入了一个个新的现实的自我。在这个意义上，教化成就我们每个人的自我，它在自由中把我们每个人引入可能的生活中，让我们自由地、自然地实现我们的优秀和卓越。教化是相对于具有消极和否定意义的概念而言的，这一概念就是规训。现代教育具有鲜明的规训化的特征。规训意味着教育对人的控制。

二、高职德育方法创新的系统性原则

德育方法创新是一项系统工程。一方面，任何一种德育方法都不是孤立的，它与学校教育情境中的许多教育要素有着复杂的关联。也就是说，在整个教育系统中，德育是一个重要方面，而在德育系统中，德育方法又是一个重要的组成要素。另一方面，方法有着复杂的内在结构，它本身由许多因素组成，如它的使用者、作用对象、应用条件、操作方式、过程环节、反馈、评价等，因此德育方法的创新要遵循系统理论指导，充分发挥系统的作用，并构建一个良好的运行系统，只有这样，德育方法才能取得实质性的、理想的效果。系统论指出，整体性是系统的基本特征，系统是一个整体或统一体，而这一整体都是有结构的，无结构的系统是不存在的。系统的整体性原理指出，系统的功能并不是各要素的功能简单相加，而要受到各要素之间的结构关系的影响。

学校德育方法的选择与创造的过程有一个常见的误区，就是认为德育方法的问题只能交给德育工作者去解决，其他人与这件事情是无关的，也是无能为力的。这很显然有违系统性原则。在高职院校的教育系统中，存在一种重要教育行为，就是专业教育。专业教育通常表现为由专业教师来讲授专业课程。那么专业教育与学校德育又有什么关联呢？很多人认为这两者是相互独立、互不相干的。实际上，专业教育与学校德育在教育系统内部有着密切的关联。以德育"人文渗透的方法"为例，所谓人文渗透就是指要在专业教育中渗透人文教育，也要让专业课教师来承担部分德育任务。一方面，人文渗透在一定程度上体现了系统原理。事实上，教育理论界对此十分推崇，在专业课程教学中渗透人文精神对任课教师来说既是一个崇高的责任，也是一项严肃的要求。它要求教师娴熟地掌握自己所授课程的科学内容，不仅能深入浅出地讲授课程的知识、理论、方法，以及学科发展的来龙去脉，还要有比较渊博的相关学科和人文社会科学知识，熟知所授课程的应用，以及在应用中人类已取得的成就和已经产生及可能产生的问题。教师没有切身对该学科进行深刻的研究，不具有独到的见解，是难以做到这点的。这就是教师在专业方面的良知。另一方面，人文渗透又要求教师对人、对学生有深厚的感情，对社会、民族、国家乃至全人类怀有崇高的责任心。他们能以高度负责的精神对待自己所从事的职业，使自己所钻研的这门科学为人类造福。这是一种感情、一种情绪，是教师在授课过程中自然流露的，但学生会很容易地感知和领会。德育方法创新的系统性原则直接关系到德育方法的科学性和有效性。

三、高职德育方法创新的先进性原则

高职德育方法创新的另一条重要原则是先进性原则，也就是在德育方法的引进、选择与创新上，保证所得到的方法是先进的、卓越的，是有进步意义的，是代表正确方向的。先进性就是要最大限度地体现时代精神，落后的德育方法则是与时代精神和主流价值背道而驰的。对先进性的追求是德育方法创新的基本价值取向，人们无法接受一种创造出来的德育方法是落后的、背离时代的，人们也不可能期待一种落后的德育方法能够产生某种理想的教育效果。在现实的教育实践中，常常有教师运用一些被否定的德育方法，甚至导致了一些恶性教育事件的发生。例如，把学生分成不同的等级来区别对待，鼓励学生之间相互揭发，或者授权"好"学生去惩治"差"学生。

就高职院校来说，德育方法创新是一个迫切的问题，但如何保证所创造的德育方法的先进性则更是一个难题。这无疑是对高职院校德育工作者的一个考验。

第三节 大众化教育背景下高职院校德育方法创新策略

一、对传统德育方法进行现代改造

传统德育方法产生于一个特定的时代，是针对特定时代的德育问题的。随着时代的发展，教育，特别是德育，开始从传统方法转向现代方法，传统德育方法逐渐失去了活力，其局限性也逐渐暴露。但是这并不意味着传统德育方法就已经完全失效了、没有价值了。这些方法其实经过了漫长的检验，

有些已经成为普遍使用的经典德育方法。为了使其焕发出新的活力，对其结合时代精神和学校的实际情况进行现代改造是很有必要的，这也是一项具有特殊意义的工作。但是这种改造不是随意的，更不是一种庸俗的创新，应当体现科学性和先进性。

以说理教育法为例。这一方法作为一种经典的德育方法仍然在普遍使用，但是这一方法的性质、特点，以及运用方式已经发生了很大的变化。传统的说理教育强调通过摆事实、讲道理的方式从外界进行道德知识的传输，并试图以此来影响学生的思想意识，提高其道德认识，而讲解、报告、谈话、阅读则是说理教育的主要方式与手段。传统的说理教育法预先设定一个正确的观点，或信奉一种崇高的思想与原则，然后试图让学生接受和理解这一正确的观点和崇高的思想。为了达到这一目的，说理教育法也会使用各种手段和力量。说理教育要配合使用各种方式，使理论的力量、知识的力量、事实的力量、语言的力量、情感的力量形成合力，增强说理效果。当今时代，在复杂的德育环境下，有很多德育实践者试图对说理教育法进行某种改进和改造。

传统的说理教育法把教师摆在高位上，强调教师对学生的单向控制。学生处于一个被动接受的状态，没有多少话语权。当代学校德育对说理教育的改造强调了学生话语权的重要性，强调师生的平等对话，于是一种基于传统说理教育法的新的德育方法——对话法就此诞生，甚至基于对话理论和交往理论还形成了对话德育和交往德育。对话是一个相对于独白的概念。对话使人与人之间相互沟通、交往、理解，亦使人与世界、与文本间相互认同，"对话"式教育通过"商谈"、共通感的获得及理解能力的养成，使教育中的人共同面对和承受生活的艰辛与苦难，共同分享生活中的愉悦与悠闲，这才是需要守护的精神家园。对话具有深刻的教育学意义，教育理论界对这一点进行了大量的探讨。从说理教育法到对话法的转变，是一个对传统德育方法进行成功改造的典型案例。沿着这一思路，很多传统的德育方法都可以焕发出新的活力。

二、对学校德育经验进行诠释与提炼

每所学校都在自己漫长的德育实践中形成和积累了大量的经验，这些经验是德育方法创新的重要素材。另外，每所学校也都有自己的独特的历史，都有自己的校史人物，还有自己独特的学校文化，特别是学校精神文化。这些都与学校德育有着微妙的关系。一所学校的德育如果植根于这所学校的传统，并且把自己的实践经验融入其中，那么它的德育就会带有鲜明的个性。当然要想把经验提升到一定的高度，使之变成一种科学有效的、能推广借鉴的德育理念与方法，就需要对其进行提炼与总结。这是一个从经验上升到理论、从具体上升到一般的过程。基于学校经验的德育方法创新是一条值得提倡的创新之路。

三、利用信息技术进行德育方法的创新

当今时代是一个信息技术时代，信息技术对人类生活产生了巨大的影响，人类悄然进入了"数字化生存"的时代。基于信息技术的德育方法与途径成了一个研究与探索的热点问题。校园网络的普及使学校教育的现代化程度显著提高。但是，网络是有负效应的，网络一直以来都是学校德育所面临的一个挑战。有研究者认为，在网络制造出的许多的德育难题中，最突出的就是"网络沉溺"，随着信息化时代的到来，网络也正在为高等教育制造德育难题。在网络时代，人必须通过机器才能进入网络世界，人与机器的交往逐步替代人与人之间的交往，人成了机器的附属物。同时，人对网络的过度依赖，造成了人类生活的一种异化现象——"网络沉溺"。网络生活的虚拟性、模拟性与遮掩性是一种对现实生活的疏离，这种疏离隐藏着一种危机，就是人的不完全社会化，其中最突出的表现就是道德冷漠。网络时代的学校德育面临着许多难题，这是一个事实，但也是德育创新的契机。

网络时代德育创新的一个重要思路正是利用网络技术本身。各个学校对充分发挥网络的正面效应和积极影响已达成共识，并对其进行了大量的实践

探索。网络德育成为一种重要的德育模式，也是一种重要的德育方法。近年来，微博的兴起成了一个重要的互联网事件。微博是通过关注机制分享简短实时信息的广播式社交网络平台。微博使每个人都拥有一种话语机会和话语权力，每个人都可以从微博中获取大量的各类信息，同时自身也成为一个信息源。微博提供的信息是多元的、异质的。微博正在影响着当前的学校德育。一些德育工作者敏感地发现了微博所具有的德育价值，利用微博与学生交流也成为一种新的交流方式。

第七章　校企合作背景下高职院校德育工作创新研究

第一节　校企合作与高职院校德育工作

一、校企合作

校企合作，顾名思义，是学校与企业建立的一种合作模式，主要是指职业学校为谋求自身发展、实现与市场接轨、提高育人质量，有针对性地为企业培养一线实用型技术人才的重要举措和人才培养模式，其目的是让学生将书本知识与企业实践有机结合，让学校和企业的设备、技术实现优势互补、资源共享，以切实提高育人的针对性和实效性，提高技能型人才的培养质量。

校企合作教育是提高学生职业素养常用的一种有效途径。它是学校和企业双方在以生存和发展为共同愿望的基础上，将技术、人才、效益结合，利用学院和企业不同的资源与环境，以培养适合生产、建设、服务、管理一线的实用型人才为主要目标的办学形式。

开展校企合作教育是由高等职业教育的特点所决定的。当前社会竞争激烈，教育行业也是如此，大中专院校等职业教育院校为谋求自身发展，抓好教育质量，采取与企业合作的方式，有针对性地为企业培养人才，注重人才的实用性与实效性。职业教育必须坚持校企合作，校企合作是一种注重培养质量，注重学生在校学习与企业实践，注重学校与企业资源信息共享的"双赢"模式。校企合作做到了应社会所需，是一种与市场接轨、与企业合作、实践与理论相结合的全新理念，为教育行业发展带来了一片春天。

目前，各地涌现出各类大中专院校，特别是民办职业教育院校。它们通过对我国传统教育不断反思、对新教育模式不断摸索，逐步形成了不同于传统教育的教育模式。近年来，我国高等职业教育通过借鉴国外发达国家先进的校企合作经验，积极地转变职业教育人才培养模式，使我国校企合作有了长足的发展。职业教育采用"技能＋学历"的教育方法，在对学生进行技能培养的同时，也对学生进行素质教育，采用"七分实践、三分理论"的教育模式，以学生为中心，因材施教，在社会上掀起一股教育风潮。校企合作模式，就是职业教育探索出来的一条新道路。在我国，主要有以下几种以学校为主导的校企合作模式："订单式"培养模式，这种培养模式是企业根据所需人才情况，提出订单，让学校按照企业的要求来进行对学生的培养，校企双方共同制订教学计划，根据岗位的知识、能力、素质要求来确定培养方案；"产学合作式"培养模式，这种培养模式是企业进驻学校或者为学校提供设备，通过企业的生产与设备让学生在学校里就可以真正接触到生产过程的人才培养模式；"工学交替式"培养模式，这种模式是校企双方在长期合作过程中扬长避短、优势互补形成的一种人才培养模式，校企双方签订合作办学协议，企业为学生提供实习基地，使学生将在学校里学到的理论知识与生产实际技能相结合；"专业冠名班式"培养模式，这种模式是指用人单位与学校签订用人协议，按企业用工标准，本着学生自愿的原则，选取若干学生组成一个班级，冠以企业名称，对于冠名班的教学与管理，校企双方共同确定人才培养方案，制订教学计划，充分利用双方有效资源，共同参与人才培养过程，实现预定的人才培养目标，最后由用人单位按照协议约定安排学生就业。

校企合作德育模式是学校在与企业合作开展实习实训、岗位培训、专业人才培养、产学研合作、工学结合等的同时，将学校和企业两种不同的教育环境和资源有效对接，充分利用好企业的育人资源，使学生实现专业技能和思想道德素质同步提高的教育方式。

二、校企合作共建高职院校德育工作的理论探讨

（一）高职德育的特殊性

高职院校绝大多数是从原中专学校或职业大学升格改制而来的，无论是显性德育资源还是隐形德育资源都比较匮乏，文化的积淀和文化氛围相对缺乏，教职员工的总体素质，特别是德育队伍与本科院校存在较大的差距。而高职院校最大的特点就是校企合作办学，学校与企业有着十分紧密的联系，有的学校甚至为企业量身定制、培养各种专业高技能应用型人才。学生的实习时间往往超过总的学习时间的 1/3 甚至 1/2。大部分学生毕业以后都直接到企业或工厂工作。高职教育是一种职业教育，在学校专业设置上紧跟市场，比较灵活，针对岗位、职业设定教学目标和内容，实行实践性教学、"双师型"教师队伍制度，在办学途径上实行"校企联合、工学结合"的模式。高职教育的这些特性决定了高职院校办学的职业性、社会性和实践性，这就要求高职院校德育工作要贴近职业教育和岗位需求的目标，根据岗位和岗位群的实际需求培养学生的核心能力和意志品质，提高学生的思想道德素质。

校企合作推进了高职院校工学交替、半工半读和顶岗实习等新型教育模式的发展，也改变了学生惯有的生活空间、人际交往和传统学习方式，学生的校园角色得到转换。这些环境的改变使高职院校德育工作也由传统的校园内模式逐步走向多元和开放的环境。高职院校大力推行"校企合作、工学结合"的培养模式，改变传统的"以学校和课程为中心"的观念，建立和实行"校企合作、工学结合"培养模式已成为必然。这种教育模式以高职学生为培育对象，培育目标体现企业、行业的需要，着重培养学生的技术应用能力、职业素质、人文素质，教学过程强调"学与做"，通过制定合理、科学的培育方案，在有限的时间内最大限度地提高学生各方面的能力和素质，使学生在毕业之际不仅拿到毕业证，还能拿到多个技能或岗位证书，实现全面、和谐的发展。德育既是人自身发展的需要，也是社会发展的需要，历来都是学校教育的重要组成部分，高等职业教育也不例外。

思想道德品质的形成动力来源于实践，道德根本上就是实践的。实践的

观点是德育首要的基本观点。道德从来都是做人的学问，德育实践性的本质必然要求德育根据社会和学生的需要，遵循品德形成的规律，采用言传身教等手段。从教育学观点看，学生作为社会个体，有活动和交往的需要。高职院校德育的职业性、实践性、社会性等特点与道德教育的实践性本质要求一致，所以说，校企合作共建德育工作是高职院校必然的选择。

（二）主体性道德教育论

马克思也曾说过"人是主体，客体是自然""人始终是主体"。[①]人不是机械地接受道德原则与道德规范的被动客体，而是作为道德活动的创造者和体现者的积极主体。道德原则与规范应被人主动、积极地接受，而不是机械地、被动地接受。人作为道德活动的创造者，同时又是道德活动的体现者。当前高职院校德育工作方法尽管很多，却都具有明显的强制性，忽视学生的主观能动性的强制性灌输必然导致德育主体性的缺失。这种教育最大的问题在于过分突出教师的主导作用及权威，把管理者的意志和意图强加于学生。片面强调德育目标的标准化，用统一标准要求学生，导致了德育目标缺乏层次性。对于教师来说，德育的重点不在于学生是否接受、消化、内化和升华，而在于其是否完成德育任务。其所奉行的道德实质乃是一种"驯服式"的道德，这在一定程度上使教育过程中的"双边关系"成为教师的"独角戏"。

主体性的道德教育是培养和发展学生道德主体性的教育，具有道德能动性和意志自由的道德人格是主体性道德教育所要培养的目标。具体来说，就是使学生在具体的道德情景和道德问题摆在面前时，能自觉做出理性思考、判断和选择，使其自我需求、自我教育被激发，最终积极克服困难，主动地践行道德，并能够对自己的道德行为及其结果负责。

高职院校因为受原有的办学方式的影响，加之办学历史也不长，以能力为本位的思想根深蒂固，所以学生道德主体性容易缺失，学生容易盲从，思想浅薄，缺乏主见，喜欢动手，却不喜欢动脑。而校企合作办学模式能充分

---

①赵凡. 困境与优化：高职院校德育工作的思考 [J]. 中国城市经济，2010（11）：172-173.

提高学生的道德主体性和德育工作的实效。

道德的主体性特征主要表现在整合性、创造性、开放性上，学生在校企合作的顶岗实习中的道德教育符合道德教育主体性的三个特征。首先，道德主体性具有整合性特征，整合性包括内在整合和内外整合。内在整合是指个体道德人格在知情意行上表现出统一的能动性和自主性，而社会实践恰恰给学生一个将道德的知情意行统一、整合的机会。内外整合是指完整的德行必须指向个人生活的整体。每个人在社会生活中扮演各种不同的角色，遵循多重角色所赋予的行为规范。学生在社会生活中所体验的角色比在学校体验的角色要复杂些，在学校中，学生的道德还缺乏真正的考验。顶岗实习、社会实践使学生体验多种社会角色，学生在不同境遇和社会关系中多方面践行道德，在实践锻炼中，学生的道德生活品质得到进一步的提升。其次，创造性是道德主体性的首要特征，学生在社会实践和不断变化的社会环境中，可以充分发挥自己的创造性，可以根据实际情况独立自主地进行道德思考、判断和选择。在新的道德环境中，学生能及时形成相应的道德能力，及时调整旧有的、不适应的道德规范，创造新的、适应社会和学生本人的道德规范。道德主体性的最后一个特征就是开放性。人类的主体性、个人自由的实现是主体从孤独的单向自我中挣脱出来，通过一种开放、接纳的方式走近他人和社会，达到人与人之间的相通、互渗，在与他人的双向互动中，感受别人的苦乐，关心帮助他人，同时也被他人接纳和关爱，从而实现人与人的相通和谐。学生通过在企业中实习，将"小我"融入社会中的"大我"。

校企合作的实践性教学为主体性道德教育提供了条件。首先，生活世界是主体性道德教育的根基，校企合作的实践性教学为学生打开了一扇更加丰富多彩的生活世界的大门。道德是人为了更好地生活而产生的，是更具体的、真实的，存在于日常生活之中。道德教育需要与学生现有的和将有的生活世界相联系，以学生整个生活环境为背景，所以在企业中实习使学生的生活背景扩大，也使其道德教育更加充实有效。其次，交往和实践是主体性道德教育的关键，校企合作模式为学生提供更多的交往和实践的机会。个体道德的发展要依靠于社会认知的发展，体现为关系中的互助、理解与和谐，如果缺乏对他人的存在、思想、感情、行为的意识，就不可能与他人产生联系，也就谈不上对他人的理解和帮助，道德行为也就不会产生。个体只有通过交往和承担社会角色，才能走近他人、体验他人、帮助他人，道德经验才能不断积累，最终实现个体的道德发展。所以，人与人的交往活动能够促进学生的道德发展。到企业中去承担各项工作可以为学生提供更多与人交往的机会和更广阔的生活实践空间，这有助于提高学生的道德观念，有利于其道德意识和道德思维的发展。最后，师生关系平等能保证主体性道德教育的实施，社会实践中更能形成平等的师生关系。独立平等的地位是主体性道德人格形成的必备条件，在传统的灌输式道德教育中，学生处于没有地位的一方，自主判断、自主选择和实现意志的自由道德行为就难以形成，所以主体性道德教育的实施必须建立新型的、平等的、尊重的、对话的师生关系。在学生顶岗实习过程中，学生与老师的关系复杂化，在工作中，学生既要接受教师和企业导师的指导，也是教师和企业导师的合作伙伴，具有同等的发言和行为的权利，教师和学生在工作岗位上更容易形成平等的伙伴关系，他们能够平视对方，相互尊重、相互协作，互相敞开胸怀，倾听和接纳对方，在共同参与、合作的交往活动中，促进师生德行的共同发展。

（三）活动道德教育论

在前文我们已论述过，高职教育的职业性、社会性和实践性特征与德育实践性的本质要求是一致的，学生在企业中实习就是一种实践活动，这种实践活动一方面对学生进行专业教育和技能训练，另一方面也是道德教育的实践课程。这种教学对学生来讲本身就是一种活动，有利于为学生提供更广阔的空间。

校企合作为学生提供实践活动是学生个体道德形成、发展的根源和动力。首先，在企业实习实践活动中，学生通过活动加深了对道德原则、道德知识的理解，为道德的真正获得提供了基础。高职学生在学校德育课程中知道了很多道德要求，而要真正理解这些要求并将其转化成个人内在需求，进而正确地践行道德，还要在实践活动中去实现。人们只有在工作中，跟别人发生适当的关系和在进行思想的统一中，才能形成最好的和最深刻的道德训练。其次，真正的责任感和义务感可以在协作和交往中得到培养和发展。道德的根本关系是人与人、人与社会之间的礼仪关系，这种关系只有通过活动和交往才能体现出来，而基于这种礼仪关系所要求的责任和义务也只能通过活动才能产生。校内的活动从广度和深度上远不及校外实践活动，实习活动中的沟通与协作有着更为广泛的社会关系和更复杂的利益，真正的道德义务感和责任感是在互惠、互利基础上，在通过人们相互协作和交往而彼此尊重、推己及人、由人及我的换位式理解能力发展中产生的，是在交往中产生的、有益双方的心理需求。实际生活中，虽然高职学生的自律能力和整体素质不及普通高等院校的学生，但较早的社会接触和深刻的社会认识，使他们在自身的道德义务感和责任感形成上早于同龄普通高校的学生。没有合作和交往，就没有真正的责任意识，义务也无法履行。所以，校企合作正是培养和发展学生责任感和义务感的良好机会。

自我教育是一种比教育更为深刻、更为根本的教育。通过教育而达到不教，实现学生道德上的自觉自律是任何学校教育的目的所在，从这个意义上来看，自我教育可算得上是教育的最高形态和归宿了。在学校这个相对封闭的环境里，学生的自我认识和自我评价受到局限，而且相当一部分学生也不会客观地评价自己，他们的自我意识缺乏，世界观、人生观、价值观都受到考验。在处理复杂的人际关系和社会冲突时，学生会自觉反思，从而提高道德思维和道德判断的能力。校企合作正好为学生提供了真正的自我教育的机会。

校企合作给学生提供了真正实现个体道德价值的途径。活动不仅是道德形成和发展的根源，而且是道德的个体意义和价值实现的根本渠道。道德的实践可以使人精神丰富充实，使个性趋于完美，得到充分的自我肯定。人通过自己的活动和实践，以及人与人之间的交往，实现道德对自我的肯定和发展的意义。校企合作就为学生实现个体道德价值提供了这样的途径。通过参与生产和服务而获得成果，学生享受到实践道德的快乐和自我完善的满足，进一步强化道德认知和道德践行，从而形成良性循环，真正做到道德自律。

三、校企合作共建高职院校德育工作的指导思想、原则

（一）校企合作德育工作建设的指导思想

高职院校是我国高等学校的重要组成部分，构建高职院校德育工作，既要符合普通高校的一般要求，又要体现高职院校的特殊要求。德育工作的指导思想是实施德育工作的行动指南，是指导高校德育活动的理论体系，是德育工作建设的理论基础。因此，校企合作模式下的德育工作建设应以马克思列宁主义、毛泽东思想、邓小平理论、"三个代表"重要思想、科学发展观、习近平新时代中国特色社会主义思想为指导，全面落实党的教育方针，以科学发展观为统领，以理想信念和爱国主义教育为核心，以思想道德建设为基础，以职业道德教育为重点，以培养合格的职业技术人才为目标，依据《教育部 财政部关于进一步推进"国家示范性高等职业院校建设计划"实施工作的通知》，解放思想、实事求是、与时俱进，坚持以人为本、贴近实际、贴近生活、贴近学生，努力提高思想政治教育的针对性、实效性、吸引力和感染力，坚持"教学育人、管理育人、服务育人、环境育人"的思想，培养德、智、体、美全面发展的社会主义合格建设者和接班人。在构建校企合作德育工作体系的过程中，要认真学习有关文件，深刻理解德育在校企合作办学中的地位和作用，要站在科学发展的角度，深化办学体制改革，发挥多方合作与联合优势，促进教育资源与市场资源的相互结合、相互渗透、相互作用、相互转化，增强办学活力，形成可持续发展的人才共育、过程共管、成果共享、责任共担的紧密型校企合作运行机制，提升高职院校办学整体水平和社会服务能力，为经济社会发展培养大量的高素质技能型专门人才。

（二）校企合作德育工作建设的主要原则

第一，高职主体、依托企业的原则。高职院校德育的重点在于人才培养

和培训，学校是对学生进行系统的思想品德教育的实施主体，所以高职院校是校企合作德育的主体。行业企业是高职教育服务的主要对象，依靠其得天独厚的德育资源，对高职院校德育工作体系组建和良性运行提供支持，高职院校德育的运行基础在于校企合作、工学结合，因此行业企业是高职院校德育工作的依托。

第二，服务企业、企业需要的原则。为企业服务是高职院校德育的宗旨，也是打开校企合作大门的前提和基础，与企业合作取决于企业的需要，积极主动地满足企业的需要，合作才能成功。我们要主动深入企业调研，了解企业人才需要状况、用人标准，积极为企业开展培训，急企业之所急，始终坚持注重企业、服务企业、关心企业的发展，与企业建立友好的校企合作关系，顺利打开校企合作的大门。

第三，互惠互利、良性互动的原则。校企合作双方互利是校企合作的基础。双方不互利就谈不上合作。校企合作既不是企业对学校的单边援助，也不是学校对企业的依赖，而是通过建立一种互动的机制，达到校企双方相互影响、相互作用的目的，通过校企互动，实现德育理论与实践互补、德育理论与实践一体化。互惠互利、良性互动是建立健康稳定的合作关系的普遍原则。

第四，平等守信、资源共享的原则。企业对学校单边援助或学校对企业过分依赖的合作是不能稳定长久的，双方相互理解、相互信任，才能达成互惠互利、独立良性的互动关系。建立校企之间德育资源共享的合作机制，要充分利用现有德育资源，以互利共赢、平等守信为合作基础，以培训、教学、科研和社会服务为内容，以服务为宗旨，以契约为保证，打造德育工作品牌，发挥规模效应，实现共赢。

第五，多样化、集约化原则。校企合作德育工作必须是全方位、多层次的合作，包括学校和企业的合作、学校专业系部和企业部门的合作、人力的合作、资源的合作等，应当充分挖掘校企合作共建德育的内容和形式，促使校企合作德育工作的整体功能得以实现。一方面，校企合作不能一哄而上，要突出重点；另一方面，不能走过场、图形式，要保证德育合作环节的质量，采取务实的态度。

第六，统一管理原则。校企合作共建德育是双项活动，校企双方的利益与责任必须高度统一，必须统一领导、统一管理、统一规划、统一实施、统一检查考评。只有坚持"五个统一"，才能实现教与学的很好结合，实现理论与实践的很好结合，实现校企双向目标，使校方获得高就业率，使企业的人才需求得到保障。

四、校企合作德育工作必要性、紧迫性和可行性分析

（一）校企共建德育工作是高职院校的必然选择

高职教育的职业性、生产性和社会性决定校企合作模式是实现高职院校人才培养目标的必然选择，而这一教育模式的推行又为实施和深化高职院校德育工作提供了良好的契机和平台。大力加强高职院校德育工作建设，培养在生产、服务、管理、技术一线的高素质应用技能型专门人才，十分必要和紧迫。

第一，校企共建德育工作是适应社会主义现代化建设和改革发展的需要。当今世界各国之间的竞争越来越激烈，竞争的核心是综合国力的竞争，本质就是人才的竞争。现阶段，我国经济快速发展，社会不断繁荣进步，迫切需要成千上万的高素质技能型人才。而职业院校的培养目标就是为行业、企业、基层提供技能型、应用型人才。职业教育发展关系国家的长治久安，关系富国强民、社会和谐、国家可持续发展，是目前全面建成小康社会和提高生产力水平的重要举措。这既是企业和社会发展的要求，也是时代发展的需要。高职院校德育是提高劳动者素质的重要环节，所以，加强高职院校德育工作是提高学生思想道德素质，实现高职院校培养目标的必由之路。高职院校德育工作的好坏，直接关系到能否培养出合格的新一代劳动者和接班人，进而影响到我国改革开放和现代化目标能否最终实现。我们必须站在历史、国家和民族的高度，以战略眼光来认识新时期高职院校德育工作的重要性。

第二，校企共建德育工作是解决高职院校德育工作体系存在的问题的现实需要。当前高职院校学生整体素质不容乐观，很多企业、行业、基层普遍

反映高职毕业生思想觉悟、道德行为变得远不如以前，很多学生有好高骛远、不切实际的急功近利行为，缺乏艰苦奋斗、自强不息、勤于思考、认真负责、敬业主动的良好习惯，社会上也经常用"德育乏力""道德滑坡"来概括当前的高职院校德育状况。受当今全球信息网络化、市场经济功利化、人们价值取向的多元化等多种客观因素的影响，加之高职院校德育工作体系本身的原因，高职院校"德育乏力"已成为一个不争的事实。而高职学生又是将来企业生产一线的主力军，大力加强高职院校德育势在必行。因此，通过校企合作来加强和改进职业院校学生德育工作，对提高高职院校德育工作者的素质，加强高职院校德育工作改革，强化高职学生的社会实践，充分调动高职学生在学习、工作上的主动性和创造性，实现学生的成功成才意义十分重大。

第三，校企共建德育工作是学生个体发展的重要途径。高职学生虽然没有优异的学习成绩，学习能力也很平常，但这并不意味着他们一无是处，并不意味着他们会远离成功。目前，我国的教育投入还不能全面满足社会发展的需要，一些高中毕业生不能升入大学学习，这部分学生没有一技之长，如果直接进入社会，将不可避免地加入弱势、困难、问题群体。他们没有文凭，也没有接受过培训，若要生存发展，就只能从事一些简单的劳动。他们动手技能不强，法制、安全、质量意识薄弱，缺少公德和环保意识，如果就这样进入企业，极易引起安全事故和责任事故，企业产品是没有质量保证的，其发展也是低层次的，企业也是没有前途的。任何一家企业和公司都需要有一定技能又有使命感、责任感，工作积极主动、甘于奉献、勇于探索的员工。所以，通过加强校企合作共建德育，探寻合乎高职学生特点的教育方式，是实现学生个体全面发展的需要。

第四，校企共建德育工作是提高教育教学质量的重要途径。学校德育要求知情意行的统一，在德育、智育、体育、美育、劳育中，德育是先导，德育能挖掘学生潜力，充分调动学生学习的主动性和创造性，增强其对自身的客观认识和自我评价。从教学互动来看，师生之间在教学过程中的情感交流、道德感化，可以推动师生不断去探索、发现、总结好的行为和习惯，充分体验教学的乐趣和求知的幸福。校企合作模式是提高高职院校思想道德教育教学质量的重要途径。到企业实习是学生从校园走向社会的过渡，学生通过践行道德责任和义务，通过参加生产和服务而获得价值体验，真正享受到实践道德的幸福，体验到更深刻的自我完善的满足，从而进一步强化其道德认知、道德情感和道德行为，形成良性循环，最终实现道德的知情意行的统一。实践证明，在企业、社会这样的开放性学习实践环境中，教师把教学与生产统一起来，学生将理论与实践结合起来，能够形成平等和谐的师生关系，学生的求知欲也被激发出来，在这种情况下，学生自然会对教师所讲授的内容心悦诚服，教师的教学质量也会随之提高。

（二）校企联合德育是可以实践的德育模式

校企合作德育是指高职院校和企业在校企合作过程中，将学校资源和企业资源有效对接，充分利用校企合作中德育主体、对象、环境等方面发生的变化，通力合作，在提高学生专业技能的同时，对学生进行思想政治、道德法律等方面教育的活动。目前，校企合作这一模式已成为高职院校普遍采用的办学模式，企业的显性资源和隐性资源对高职院校的办学有着重要的利用价值，过去我们对于这些资源在专业建设方面的利用比较多，而对其有德育价值的资源的利用比较少。因此，这些资源的德育价值若被充分挖掘出来，将成为高职院校开展德育工作的一笔宝贵的财富。在校企合作背景下，德育创新的主要思路是学校在与企业合作开展实习实训、岗位培训、"订单式"专业人才培养、产学研合作、工学结合等的同时，将学校和企业两种不同的教育环境和资源有效对接，充分利用好企业的育人资源，充分发挥校企两种德育资源的优势，使学生实现专业技能和思想道德素质的同步提高。校企合作模式下蕴含的德育资源及其德育价值说明校企合作共建德育是可行的。

首先，学校有理论知识和育人经验都丰富的良师、丰富的图书资源、简单高雅的校园环境、丰富多彩的校园文化、具有学校特色的管理制度等。学生从教师和书本那里可以学到很多理论知识，这是德性培养的一个重要条件。校园环境和校园文化对学生德行培养能产生良好的熏陶作用，其对学生素质的形成作用是企业无法替代的。学校有关品德、行为方面的规章制度是以服务于学生的成长为目的的，对于学生的成长帮助非常大。

其次，企业有优秀的企业员工、独特的企业环境与企业文化、具有企业特色的管理与制度等，具有丰富的为人处世经验和良好职业道德的优秀企业员工能够潜移默化地影响学生，是帮助学生快速社会化的宝贵资源。严格的管理及利益导向促使员工自觉遵守各种职业纪律，养成良好的职业行为习惯，对学生的影响及教育效果要比学校更加明显。

在品德的形成过程中，认知和行为都是必不可少的环节。自觉的道德行为依赖于道德认知，道德认知的最终目的则是道德行为。学校主要是知识育人、文化育人，是知性德育。企业主要是生活育人、实践育人。仅靠知性德育和校园环境的熏陶无法把学生培养成为能够很快适应社会的人才。学校主要还是通过加强校企合作，充分利用企业德育资源，让学生在企业这一真实的社会环境中去经受磨炼，使学生能迅速适应职业岗位的需要，实现学校与企业人才无缝对接的理想。总之，对学校而言，校企合作德育既培养了符合企业需求的高职人才，实现了"以能力为本"的办学原则，又有利于实现"以就业导向"的办学宗旨；对合作企业而言，校企合作德育既有利于企业获得高素质毕业生，又避免了企业对毕业生的岗位适应能力的培养；对学生而言，校企合作德育既有利于减轻自身的就业压力，又有利于自身综合素质的提高，增强了在合作企业中的就业能力和对合作企业的岗位的适应能力。也就是说，校企合作德育实现了学校、企业、学生的三方共赢。

第二节　校企合作背景下高职院校德育工作存在的问题及成因

一、目前校企合作共建高职院校德育工作存在的问题

高职教育的职业性、社会性、实践性等特点，决定了高职院校教育与一般普通高校教育的差异。高职院校德育工作的特殊性，体现在高职院校办学

特殊性、生源的特殊性、德育课程设置，以及实习、实训等方面。目前，校企合作是高职院校的主要办学形式。我国高职院校虽然初步形成了相对完善的德育工作体系，但由于受传统教育模式影响，在校企合作德育方面还存在诸多问题。

（一）德育工作组织松散，机构不健全

根据访问调查，高职学院都建立了由院党委副书记牵头、学工部具体管理的德育工作组织机构。许多高职院校的德育工作虽然由党委副书记或副校长负责，但党委副书记分管德育工作一方面缺乏对全局的统领权力，另一方面在精力投入上往往偏重于校内学生的日常管理，而忽视学生在企业实习时的德育工作，即使抓德育也更多地侧重于政治教育和行为养成教育，无形中把德育工作放在了次要的位置。

由于认识不到位、政策不力、措施不到位，许多地方政府还没有建立、健全以政府为主导的各级校企德育合作指导委员会，有些高职院校尚未建立校企合作的德育工作办公室，组织机构不健全，校企合作的德育工作当然难以得到有效实施。许多高职院校还缺乏良性有效的运行机制，学校各部门都有共同的育人目标，许多高职院校的德育工作却忽视了各部门之间配合的德育合力作用。现有的德育工作体系忽视了教师的全员育人职责，在对教师的考核中只重视教师的教学和科研任务是否完成，在学生管理上过度强调学工部的育人职能。虽然目前，各高职院校都建立了校企合作办学的体制，但这仅限于专业上的合作，而忽视了德育上的合作。另外，德育社会化的途径也很单一。健全的德育工作体系应以"教学育人、管理育人、环境育人、服务育人"为指导思想，不断与时俱进，探索有效的教育方法，这样才能培育出优秀的社会栋梁。

（二）德育内容传统，德育方法陈旧

高职院校和企业对学生实施德育时一般多依照上级教育部门、行政部门的安排或指令开展工作，多为思想政治教育，无论内容还是方式方法等都脱离了高职院校的职业教育特点和人才培养目标要求，脱离社会、企业的生产

实际。高职院校的德育从内容上讲一直强调大公无私、毫不利己、专门利人等较高层次的道德教育，将每个人都假设为具有较高思想道德境界的完美之人。没有紧扣高职学生的生活实际和特点去设计有系统、有层次、有特色的德育内容，没有根据高职学生就业、创业需要去设计职业化人才所必备的道德教育内容。高职院校的德育从方法上看，形式陈旧，缺乏自身工作的创新性。根据走访调查，大多数高职院校开展德育工作的方法都是一些常规性的新生入学教育、在校生行为规范养成教育、顶岗实习安全纪律教育、毕业教育等。高职院校虽然在学生日常的学习生活中也常常借助校园文化活动来倡导学生健康成长，但没有好好利用企业中大量的德育资源对学生进行教育。教师并没有在自己的教育、教学方法上进行改革与创新，也并没有激发学生积极投入自我教育、相互学习的氛围中。在现代社会，学生的价值观念已发生转变，其各方面的发展也已不再满足于陈旧的、经常性的、模式化的方式和方法，他们需要更新、更切合生活实际和时代特征的形式来完成个人自我价值的实现和道德水平的提高。

（三）教学设备不足，师资力量单薄

高职校企合作办学的时间不长，在校企合作办学中，资金来源主要还是靠学校自力更生，虽然中央和地方政府采取了一系列的积极扶持政策，但资源设施的配备与高职教育事业需求的迅猛发展相比仍有相当大的差距。近几年，各类高职院校都忙于建专业、扩规模、求效益，高职院校虽实行高收费制度，但在发展中依然感到资金短缺，一些专业的实训课存在经费不足，以及教材、设备、场地、师资不完备的问题，办学经费的紧张直接影响其对德育工作的投入，学校对德育经费的投入全凭学校领导的重视程度。很多德育基地和学生社会实践基地都因为经费紧张而没有建立起来。学校的日常德育管理需要财力支持，德育的设施建设和学生德育活动的开展更需要财力的支持，如果没有资金保障，学生德育活动就难以开展，提高德育工作实效将是一句空话。随着高职院校的普遍扩招，教师数量相对不足、生师比偏高的问题日益突出，重要的是，相当一部分专业的"双师型"教师队伍尚未建立起来，

有限的教师担负着过重的教学工作，教学质量难免会下降，学生的学习热情和积极性受到影响，教师为应付繁忙的专业建设和课程改革只能注重知识和技能的传授，而忽视学生道德品质上的培养。再加上长期以来盛行的一种错误理论，即认为德育是专职德育教师，如思政课教师和学生管理工作人员应该开展的教育，专业教师认为自己在德育方面没有责任，从而在专业教学和实训、实习等过程中忽视德育的渗透和实施。另外，高职院校由于人员和经费的不足，对专职德育工作队伍的建设也不到位，各高职院校专职辅导员的配备离教育部规定的高校学生辅导员与学生人数之比至少应为 1 : 200 的要求相差甚远。学生工作繁杂及教学任务繁忙，导致许多教师不愿专职从事学生工作或担任班主任工作，班主任队伍数量和质量也得不到保障。办学者没有意识到学生德育的重要性，忽视了德育工作队伍的建设，没有将队伍建设纳入学院发展规划中，经费投入没有保障，德育工作人员的待遇、培养和晋升成了悬而未决的难题，无法调动他们的工作积极性。

（四）重智育轻德育、忽视德育主体性

随着市场经济的发展，受一些功利主义和实用主义的影响，高等职业教育也出现把人看作简单的生产工具，把学校看作人力资源"加工厂"的现象，高等职业教育就业导向的驱动性和功利性决定了高职院校都不同程度地存在着重智轻德的发展定式。高职院校仅仅教学生职业技能，而不注重学生精神的陶冶，把一种好的教育变成了"机械教育"。目前，高职院校只重视专业建设，德育工作依然是附属品，如思想政治理论课在高职教育中被"边缘化"。高职院校重智轻德的发展定式带来的后果是：学生有技能但没道德，有知识但没素养，有目标但没信仰。高职毕业生在就业过程中表现出的拈轻怕重、频繁跳槽、个人英雄主义、得过且过等现象屡见不鲜，最终导致市场和企业对高职学生缺乏应有的品德素养而不满，学校为毕业生找不到工作而发愁，学生为自己在工作中实现不了自我价值而苦恼。高职院校的德育工作照搬普通本科院校德育工作经验，传统的高职院校德育的强制性和灌输性，使教师更关注课堂教学的速度和任务，忽视教育规律、学生层次性、学生内化和外

化过程，以及学生在学习中的主体地位。这种教学过程缺乏咨询性和渗透性，学生的主体性难以体现。片面强调德育目标的标准化，用统一标准要求学生，这种缺乏人性化关怀和关爱的教育是很苍白无力的。

（五）合作层面低，思想认识不到位

理论和实践证明，校企合作德育是成功的高职院校德育工作模式。但是，我们也应看到大部分的高职院校在开展校企合作时，更多的是关注学生技能的训练、专业知识的实践，却忽视了道德的教育。有的院校认为"德育说起来重要，做起来不重要"，学生去企业实习就是进行专业技能训练，校企双方并没有在德育方面合作起来，出现了德育的盲区。职院的学生在企业上岗实习时，缺乏严格的内容要求及考核，校企合作教育局限于学生在企业简单上岗实习这一方式，合作企业没有全面参与德育课程设置和德育实训，合作企业的技术或管理专家参与教学的人数及承担的课时偏少，没有派出足够的企业专业技术人员和管理干部等合作参与职院的人才培养；学生到合作企业参加实习的安排偏晚，低年级同学的实践学习诉求不能得到满足；个别专业实施校企合作教育的广度、深度还不够，合作企业少，不能满足学生的实践学习要求。从整体上看，德育合作的层面还比较低，合作的稳定性、长期性还比较差，合作的效能还没有充分发挥。这主要是高职院校对校企合作教育模式的育人目标和校企合作德育的互利性认识不到位，以及政策不得力、措施不当等诸多原因导致的。另外，政府和校企等多方教育主体对德育合作工作的性质和地位认识不到位，校企合作德育工作的组织领导机构不健全，导致德育工作中的合作效能未得到充分发挥，德育工作与校企合作模式的推进不协调。德育工作与顶岗实习、技能训练等结合、渗透不够，且缺乏统筹规划、统一布局，以及强有力的政策措施，如体制、机制和制度的保障等，导致校企合作德育实效和功能并没有完全体现出来。道德品质是一个人的灵魂，高职院校都应坚持以德育为主体的教育思想，应将校企合作开展德育作为高职院校德育的一个亮点和特色进行推广。

二、校企合作共建高职院校德育工作存在问题的原因分析

（一）地方政府对校企合作德育工作的指导和重视不够

校企合作教育的有效开展需要当地政府从政策上给予积极的支持和鼓励，校企合作人才培养需要政策环境的支撑才能让高职院校健康发展。而实际中，地方政府对校企合作教育重视不够，没有将经济发展及其对人才需求的战略性规划与高职院校的人才培养供给能力进行统一规划。当地政府没有出台相应的政策规定和有力措施，没有激励企业将其利润的一部分投入高职院校的应用型人才培养中，企业认为它们没有责任和义务与职院合作培养人才，因此目前企业参与校企合作的积极性不可避免地受到影响，这主要是缺乏法律保障的原因。改革开放以来，我国教育法制进程明显加快，基本形成了比较完善的职业教育法律体系。但是，国家法律对企业支持和参与职业教育方面的有关规定仍停留在一般性号召层面，对于违反者的处罚措施更是不完善。访问调查发现，在实际合作中，限于政策，企业的切身利益难以保障，大多存在要求高、责任重，支出多、回报少等问题，而且存在风险的客观现实，企业甚至觉得校企合作教育是种负担。到目前为止，我国实际开展校企合作的进程很缓慢，这与我国有关法律不够完善、企业对职业教育的作用认识不足有关。我国应更好地借鉴发达国家的成功经验，以法律的形式规范、约束企业参与职业教育的行为，以及职业教育为企业提供服务的方式，保障双方的利益。

（二）校企合作德育工作的经费投入不够

校企合作的基础条件薄弱，经费投入不足，无法为培养人才提供硬件保障。目前校企合作教育多数属于浅层次合作模式，合作企业多数只是提供实习和实践场所，缺乏对人才培养过程的全程监控与深度参与。高职院校基础条件落后，教学方法只能停留在传统模式上，还未真正从传授知识转变为培养能力，导致教育与生产实践相脱离，违背了高职人才培养的规律。一方面，实验设备、专业实践基地、教学设施、实习场地和师资队伍等是职业教育办

学的基本条件，是保证人才培养的物质基础和必需力量。但实际上，地方政府教育经费投入不足，没有企业财力的支持，高职院校办学完全靠自力更生，势必制约高职院校的健康发展。另一方面，目前高职院校的师资不足，还要外聘教师，这些外聘教师多来自普通高校，虽具有丰富的专业理论知识和教学经验，但缺少技术人员应有的扎实的职业实践经验，缺乏组织学生进行全面专业实践活动的工作经验。而企业有大量工程技术人才，他们有多年工作在生产一线的丰富实践经验，高职院校没有从企业聘请一部分素质高、掌握现代生产设备的技术人员和管理人员做兼职教师来改善教师队伍结构，也没有把企业作为在职教师的培训基地，没有按计划和步骤去对"双师型"教师进行培养。

（三）校企合作德育工作的内部精细化管理体系不完善

高职院校校企合作德育内部精细化管理体系不完善，学校、企业、学生没有形成一盘棋，管理松散、不规范，缺乏统筹。校企合作德育的管理有待改进，高职院校没有设立统一的机构对各专业进行规范化管理，合作企业参与人才培养过程管理的积极性不高，管理不到位，很多合作企业没有意识到参与人才培养过程管理的重要性。校企合作共建德育工作需要全面落实科学发展观，可以以示范（骨干）高职院校为载体，以有特色的学校文化建设为中心，在分析全院管理现状基础上，树立全员精细化管理意识；在宏观层面上做好学院精细化管理平台的"顶层设计"，在中观层面上做好学院精细化管理平台软硬条件的"体系设计"，在微观层面上做好影响学校精细化管理质量的"细节设计"，形成高效的领导决策体系、健全的组织保障体系、全面的管理制度体系；围绕行业、产业主导方针，依托学校现有的管理平台，统一规划学院精细化管理平台建设，分步实施精细化管理平台建设，持续改进和完善精细化管理体系，创新精细化管理的新途径、新模式，创建高水准、创新型、有特色的高职院校精细化管理方式。而在实际中，这种内部精细化管理体系在校企合作教育中并没有被完全建立。

（四）校企合作德育工作缺乏利益驱动机制和安全保障机制

校企合作德育工作中遇到的主要难题来自"企业的参与积极性不高"。其原因是企业只追求短期效益，没有从人才战略方面对企业的长远发展加以规划，"人才强企"思想不够浓厚，学校主动、企业被动，难以真正形成资源的优化整合。在市场经济条件下，利益机制是推动校企合作发展的动力和维系校企合作良性运转的纽带。目前，较浅层次的校企合作较多，得利的确实主要是学校，企业并没有得到即时、显性的实际利益。任何一个市场主体都有自身的利益诉求，企业更是以利益最大化为主要目标。在目前的法律体系下，企业没有支持学校的"硬性"任务，一般企业都觉得没有必要自找麻烦，认为完全没有必要为培养学生而增加不必要的企业成本，做"额外"的支出。在用人挑选方面，企业处于"买方市场"，有较大的余地，很多企业认为学生到企业实习可能多数是在给企业"增加麻烦，添加风险"。所以，在实际合作中，企业不可能把校企合作列入工作计划、经费预算和工作实施中，企业处于被动应付状态。鼓励企业参与合作的机制还未形成，从根本上影响了企业参与高职院校的人才深层发展。高职院校开展校企合作应以适应企业需求、争取给企业带来利益作为合作的出发点。

近年来，企业的安全责任意识越来越强，企业在各种活动中都要考虑规避风险。根据有关规定，学生在企业实习时如果发生安全事故，企业要承担道义责任、社会责任，甚至法律责任。所以，企业最担心的是安全问题。以往实体性的合作，大都是企业给学校捐赠资金、设备等物质，学校回报给企业的大都是非物质层面的利益，这种利益流动的单向性与企业利益诉求"投入—回报"的双向性是不一致的。对高职院校的"校企合作"和"订单培养"的调查表明，校企合作能够实现合作企业、高职院校和学生的"三赢"，将学校利益与企业利益捆绑在一起，建立健全安全保障机制，促使企业积极参与高职院校的人才培养，能够有效提升高职院校人才培养的质量。

（五）校企合作德育工作的相关理论研究落后

高职学院是我国发展高等教育的重要力量，有别于普通高校，有自己的独特性，所以不能完全照搬普通高校的管理工作经验。我们对校企合作的人才培养模式探索、研究、实践的时间仅有 10 多年，没有丰厚的经验积累，高职院校的德育工作还需要进行多方面的研究，就目前的研究情况来看还不太理想。目前，在所发表的涉及校企合作高职院校德育工作的论文中，很多作者并没有深入企业行业工作的经验，也没有真正从事过学生德育和管理工作，对校企合作德育的研究浮于表面，缺乏有力的研究成果支撑，论文所提出的观点和建议往往不切实际，不便于实施。校企合作是高职发展的必然趋势和内在要求，高职院校校企合作的实践发展迫切需要研究、编制一套理论性和实用性强的校企合作教育指导手册和一套行之有效的质量服务体系，来明确校企合作的原则、方向和评价标准，为不同地区、不同行业提供借鉴。

第三节　校企合作背景下高职院校德育工作创新策略

一、建设校企合作的高职院校德育工作组织机制

（一）校企合作的高职院校德育工作组织

首先，当地政府应建立以政府为主导的校企德育工作组织机构和政校企德育合作指导委员会，分布在政府、学校和企业中，形成自下而上的管理体系。政校企德育合作指导委员会的主要职能是统筹当地职业教育和企业教育两种资源，发挥政府的组织优势和公共管理优势，统筹各种教育资源，优化德育环境，规划当地的校企合作，规划人才培养的目标和方向，确保校企合作德育工作的有序开展。

其次，高职院校和企业应建立由校企党政主要领导负责的德育管理委员会，形成德育工作齐抓共管、多管齐下的局面。在德育管理委员会组织中，德育工作的实施关键靠校企党政领导的决策和统筹。学校和企业可以成立德育工作办公室，作为德育管理委员会实施机构，校企领导亲自负责德育工作办公室，指派一名中层领导负责具体工作的落实。德育工作办公室成员由企业人事部门领导，外聘的德育专家，思政课部领导，系部书记，教务处、团委、

学工处等领导，以及辅导员或班主任组成。德育工作办公室的主要职能是具体负责企业技能人才德育素质需求预测，制定具体的校企合作德育培养目标和教学计划，决定校企合作共建德育的方针、原则和方法，负责具体组织和管理校企合作中德育工作的各个环节，协调解决校企合作德育中出现的各种问题，指导合作中的德育工作持续有效地开展，保证合作中的德育工作有落实、有检查、有监督、有反馈。

最后，校企应成立学生顶岗实习督察小组。校企在有学生实习的企业各部门成立由企业导师和学校专业系部实训教师担任组长，各实习班学生干部担任组员的学生顶岗实习督察小组。学生顶岗实习督察小组的职责是具体监督并定期上报实习生日常所做的工作及对实习生考勤、管理，定期向校企双方负责人汇报实习生工作中的思想觉悟、心理状态、工作态度、劳动纪律等动态。督察工作一定要坚持公正、公开、公平的原则。这样的组织管理体制既能充分发挥学生的主体性，又能使校企双方德育工作得到全面落实和及时反馈，既能保证校企内部在自己的系统中做到上下贯通，也能使校企之间相互衔接、相互支持，确保德育工作运转有序。

（二）校企合作的高职院校德育工作机制

校企合作德育要取得成效，必须有机制、体制和制度的保障。

第一，建立整体衔接的德育管理机制。校企德育合作指导委员会要不断加强和完善组织管理手段，建立各项规章制度，以保障组织管理系统的正常运转。相应的校企合作德育指导细则、重大事项会议决策制度、调研制度、监察制度、信息通报反馈制度、奖惩制度等要在指导委员会的统一领导下统一建立起来，保证委员会职能的充分发挥。通过调研校企双方实际及其合作状况，政府制定出具体的校企合作德育指导意见，确立校企合作德育的运行机制和组织管理模式，细化企业、学校在德育合作中的责任、权利和义务，充分使用政府投入和政府激励两种手段，调动学校和企业的积极性，推动校企德育合作的健康发展。委员会要充分发挥政、行、企等社会各方在学校办学过程中的作用，深化校企合作、工学结合办学模式改革，吸引行业协会的企业家、技术能手、行业专家参与学校的发展规划制定、专业标准课程体系优化、人才培养模式改革等。要借助大型企业的项目、设备、人员及其他资源优势，探索并实践校企一线人员互聘、轮岗、教学实践组织、给薪与激励等组织形式与管理保障机制建设。这对增强学校办学活力、提高教育质量和办学效益、更好地发挥学校为社会发展服务的功能很有效果。

第二，建立校企合作的德育目标管理机制。目标管理是使德育工作实施由软变硬、由虚变实，系统化、科学化的首要内容。校企合作中的德育目标管理应着力解决好职责、分工的问题，应当把德育工作目标分解到校企各个工作部门和有关人员身上，明确校企德育组织机构中各类人员在德育工作中的职责，充分调动和发挥各个方面的德育积极性，构成一个相互制约的工作责任制体系，使校企各部门和人员能依自身职责，从不同角度，以不同方式开展工作，形成全方位、全过程、全员育人的新格局，最终实现德育工作的总目标。为此，校企双方应明确德育目标，协商制订德育计划，制定德育实施方案和德育工作管理条例，确定德育工作的组织领导，落实德育工作的要求、内容、方法，使德育管理职责分明、范围清晰、奖惩严明，通过推行目标管理给各部门和有关人员以定性与定量相结合的工作目标，做到管理有据、管理有力、管理有恒、管理有效，有利于发挥校企合作德育效能，保证德育工作总目标的逐步实现。

第三，建立德育保障和激励机制。保障机制是指为了实现德育目标而加强硬件建设，以及人力、经费和物质保障等。所谓激励，即激发人动力的心理过程，在某种内部或外部刺激的影响下，人始终维持在一种兴奋状态中。管理中的激励，就是通常所说的调动人的积极性。激励机制是指激发和促进德育目标实现的一切办法、手段、环节等。为保证校企合作德育管理体系的正常运行，一方面，要加强德育工作队伍建设，重点是专职德育工作队伍的建设，要不断充实新生力量，要着力提高现有人员的工作能力和业务水平，同时，努力建设一支专兼结合、功能互补、政治坚定、业务精湛的德育队伍，不断优化队伍结构。另一方面，加大德育的经费投入并提供物质保障。德育经费应列入预算，保证经常性德育教学工作、大型宣传教育活动、理论研究和实践调研、队伍培训和表彰奖励等所需经费，要不断改善办学条件，充实校园文化活动的设施和资源，美化、优化环境。

第四，健全德育反馈机制。健全有效的信息反馈机制是校企合作德育运行过程畅通的基础。根据在合作中各自的德育职责和实施情况，校企双方要建立以实习生思想动态变化和实习生、毕业生主要优秀事迹等为内容的实习生德育管理档案，并将德育管理档案作为校企德育工作交流考核和评价的重要依据。德育督察小组应充分发挥桥梁作用，做到德育信息定期上报和校企双方定期交流，确保德育工作系统中信息畅通。德育工作者通过对大量反馈信息的分析研究，及时提出德育工作中存在的问题和对德育工作加以改进的意见，真正提高校企合作中德育工作的实效性。

第五，完善德育评估和考核机制。建立有效的德育评估和考核机制，将合作中的德育质量与教育主体的切身利益挂钩，能真正提高德育的权威性和德育的实效性。校企要协商建立和完善德育工作的评估制度，将德育合作过程控制和目标管理统一起来。同时，建立科学有效的德育工作考核机制，加强具有政策导向功能的人事管理工作。师德师风、生产育人是考核指标体系中一项重要的考核指标，应将学校教师和企业指导老师工作纳入个人和部门考核中。要在制度上保证德育的应有地位，还应出台科学、完整的德育效果评价鉴定制度和现实可行的学生德育评价办法，并将其作为校企学生考核和学分管理体系中的一项重要制度。

二、完善校企合作的高职院校德育内容

（一）人文素质教育

人文素质教育就是通过知识传授、环境熏陶、社会实践等途径，将人类优秀的文化遗产内化成气质、人格、修养，成为人相对稳定的内在品质的过程。德育和人文素质教育在教学目标和本质上是相通、一致的，人文素质教育是高职教育的核心，是校企合作共建德育工作的基础。高职教育以能力为本位，尤其要重视理论和人文素质教育。人文素质教育就是要教育高职学

生正确理解人的使命和归宿，使其正确认识人与自然、人与社会、人与人之间的关系，促进学生个性的完善和道德的提升，培养学生求真、求善、求美的意识和能力，通过培养学生精诚奉献、吃苦耐劳、爱岗敬业的精神，促进他们的认知能力、情感能力、实践能力的形成和发展。校企合作中企业行业的文化和深厚的人文底蕴，有利于高职学生更深刻、更具体地掌握企业人文精神。良好的人文修养是学生从校门迈入社会的基础。高职院校德育工作者可以根据企业行业的新要求，探索、实践、发掘人文课中表现我们民族优秀品格和民族凝聚力的精华，并以此来作为道德教育的重要内容。

（二）思想政治教育

培养面向生产、建设、管理、服务一线需要的"下得去、留得住、用得上"、实践能力强、具有良好职业道德的高技能人才是高职教育的目标。从现实来看，现在的一些用人单位在招聘时已不再像以前那样仅仅注重个人的业务能力，而是更多地考虑个人的综合素质，如思想政治觉悟、道德品质、团队合作精神及为人处世的能力等。因此，学校必须紧密结合专业实际和企业实际，根据企业需求开展有针对性的思想政治教育，切忌空洞的理论说教，如开展入学教育、三观教育、民族精神教育、形式与政策教育、养成教育、党团知识教育、艺术情感教育、公民道德品质教育、诚信教育、素质教育"十大教育工程"，围绕学生身边发生的实际问题，结合企业的发展和经营讲政治理论、思想道德、经济法规等。学校可以将理论教育融入丰富多彩的活动形式，增强思想政治教育的吸引力，使学生在参与活动的过程中，潜移默化地受到熏陶和教育，从而增强学生的社会责任感，坚定其共产主义理想和信念；将爱国主义、民族精神和企业发展教育嵌入学生的生产实习实践中，使学生在躬身实践中体验到经济的快速发展与科技生产技术水平的显著提高，感知到国家综合国力日益增强与民族愈发繁荣昌盛，从而树立民族自尊心、自信心和自豪感，振奋学生的爱国激情；把公民道德规范教育融入学生实践中，培养学生爱岗敬业、钻研业务、乐于奉献的精神，使他们具备在艰苦条件下坚守岗位的思想作风和工作能力，从而增强思想政治教育的感化力；始终如一地开展以为人民服务为核心、以集体主义为原则、以诚实守信为重点的社会公德、职业道德和家庭美德教育，引导学生自觉明礼诚信、爱国守法、团结友善、敬业奉献、知行统一。

（三）心理健康教育

高职学生中因心理障碍影响健康的人呈增多趋势，应强化心理健康教育，解决学生的心理障碍。当今社会正处在急剧发展变革的时期，受主、客观多种因素的影响，学生的思想和行为变得越来越复杂，有严重心理障碍的人多了起来，有的还相当严重。有些学生由于家庭贫困、高考受挫、就业困难、恋爱失败等原因，容易出现焦虑、苦闷、孤独、抑郁等情绪，甚至会选择轻生。因此，重视心理健康教育，提倡"心理育人"，解决学生心理障碍，促进学生健康成长，也就成了学校德育工作的一项重要内容。从大的方面讲，"心理育人"和"思想育人"是一致的。它们的对象都是大学生，目的都是按照德、智、体全面发展的目标培养人才。但是两者又有区别，它们分属不同的学科领域，接受不同的理论指导。思想政治教育是党的思想政治工作的重要组成部分，属于意识形态领域的工作，必须坚持马克思列宁主义、毛泽东思想、邓小平理论、"三个代表"重要思想、科学发展观、习近平新时代中国特色社会主义思想的指导。而"心理育人"则是一个特殊的服务领域，本身没有阶级性，它是运用心理学理论和心理治疗方法对心理有障碍的学生进行疏导。它的特点是着眼于个人，帮助个体保持健康的心态和积极进取的生活态度，建立起"社会－个人"协调的生活方式，提高个体应对挫折和不幸的能力。它一般采取在较"隐蔽"的地点进行个别谈话，通过学习咨询、择业咨询、人际关系的调整，以及心理障碍的矫治等方法，帮助个体释放内在能量，启发个体探索、反省、领悟，充分照顾个体，以不同的心理激励方式促成个体内心的转变，帮助个体解决心理问题，使之独立面对和处理人生中的问题。因此，学校在构建德育工作体系时，应该把心理健康教育作为一项基础工作列入体系之中，在做好"思想育人"的同时，做好"心理育人"工作，通过开展心理咨询辅导及丰富多彩的活动引导学生正确认识自己、评价自己，

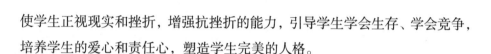

使学生正视现实和挫折，增强抗挫折的能力，引导学生学会生存、学会竞争，培养学生的爱心和责任心，塑造学生完美的人格。

（四）职业道德教育

职业道德是同人们的职业活动紧密联系的、符合职业特点要求的道德情操、道德准则与道德品质的总和，是社会道德在职业生活中的具体体现。职业道德具有职业性和多样性、历史性和继承性、实践性和规范性的特征。它是维护正常的职业活动秩序、形成良好社会风气的根本保证，是发展和完善社会主义市场经济的客观要求，是提高劳动者整体素质、提升企业竞争力的关键因素。作为社会道德的重要组成部分，职业道德与其有共同的要求，我们应对学生进行必要的职业道德教育。职业道德教育是教育主体运用一定的手段，开展多种活动，创设适合学生的职业道德认知、职业道德情感和职业道德行为生成的场域，引导、建构、转变、巩固、提升学生的职业道德，最终使其形成健康的职业人格的过程。职业道德教育要在学生掌握职业道德知识、规则的前提下，着重培育学生正确的职业价值观和工作态度。毕业后，高职学生必须遵循行业中的职业道德才能在一线工作岗位从事各种各样的技术和管理工作。在校企合作教育过程中，要通过学生自身的实践来养成稳定的职业情操和态度。首先，要教育学生树立全局意识、大局意识，把国家利益、集体利益和个人利益结合起来；其次，要教育学生对工作认真负责，要忠于职守、爱岗敬业、廉洁奉公、努力奉献；最后，要教育学生把全心全意为人民服务的意识作为职业道德的宗旨贯彻终身。学生在由普通大学生向职业人才过渡中出现的问题，应通过职业道德教育加以解决。把一名高职高专学生，通过学校三年或五年的教育，培养成为一名符合培养目标要求的、具有某一职业（行业）特点的专门人才，是高职高专院校的根本任务。而具有某一职业（行业）特点的专门人才，其重要标志是具备该职业的职业道德。因此，在构建高职高专德育工作体系的过程中，应以职业道德教育为重点。这样既能突出职教特色，又能保证人才质量；既体现了学校定位的要求，又符合培养人才的特点。

（五）创新创业教育

加强以培养开拓精神为主要内容的创新意识教育和以提高自主就业能力为目标的创业能力教育。首先，创新教育是一种以培养学生的创新能力、创新精神为宗旨，发掘学生创新潜能，发展学生的主体精神，促进学生个性、全面、和谐发展的教育。高职院校加强创新创业教育和实施职业指导就是让学生及早树立终身学习、终身教育、终身发展的意识，以创新精神、创新才能和创业本领自谋职业，主动适应社会需求以求得自身发展和自我价值的实现。因此，应当爱护和培养学生的好奇心、求知欲，帮助学生自主学习、独立思考，保护学生的探索精神、创新思维，营造崇尚真知、追求真理的氛围，为学生潜能的充分开发创造一种宽松的环境。面向生产、建设、管理和服务一线培养高等技术应用型人才的高职院校，所培养的对象既具有一定的理论基础，又掌握高级应用技能，对其进行创业教育、培养创业能力是一种拓宽就业渠道、帮助学生立业成才的明智之举。

三、整合校企合作的高职院校德育文化资源

在德育文化体系建设中，高职院校可以着重利用企业文化潜移默化的教育功能，来构建德育文化体系。可以将企业文化建设纳入德育体系，挖掘学院为企业办学的特点，实现德育的企业化、社会化特点，坚持把企业文化渗透校园文化建设，进而形成校企共同办学、共同培养的高职企业文化，实现校园文化与企业文化的无缝融合，推动高职院校与企业的可持续性合作。

（一）充分利用企业文化资源开展德育工作

在将企业文化建设运用于德育时，要注重挖掘和提升企业文化精神，为我所用，将其基本特点与企业育人要求结合，实现培养企业所需的合格人才的目标。打破单纯的"为文化而文化"（为建设校园文化而引入企业文化）的误区，明确企业文化在德育中应是服务和服从于培养职业人、企业人的基本目标。高职院校应将职业素质教育纳入专业教学计划，实现每一年级的每一学期都有配套的职业素质教育方案。通过教学进程中的实践性、职业性环

节，巩固教育成效；通过实行毕业证与职业素质认证证书双证融通的培养模式，强化德育中职业素质的效果；通过情境教学、工学结合的人才培养模式，以及"产业 - 企业 - 专业"校企合作共建的专业建设模式，实现学校教育与企业教育的对接。具体做法有以下几点。

第一，在校企合作背景下，应该充分发挥校企两种德育资源的优势，实现优势互补。学校的思想政治教育工作者和德育教师可以深入企业，了解企业的制度、管理及文化，以便在学校开展针对性教育，充分利用企业德育资源，培养高素质人才。例如：请优秀的企业员工到学校来，结合他们的生产实践经历对学生开展思想道德教育，和学弟学妹谈理想、谈人生、谈道德；按照企业特点开展半军事化管理，培养学生良好的职业习惯；开展企业文化教育，帮助学生端正职业思想；适度借鉴企业的制度和管理模式，培养企业需要的、能够迅速适应岗位的人才；等等。学校可在学生企业实习、实训期间，对其开展职业道德、职业纪律、企业文化等方面的教育，同时严格按照企业的制度和管理模式要求学生，把学生转变为"准职业人"。企业也可利用学校的人才优势，帮助企业设计企业文化，开展思想政治教育活动。若能做到这几点，校企合作将达到一个较高的境界。

第二，模拟企业情境进行学生日常管理，使德育教育包涵企业文化内容。培养学生的团队意识，引导学生逐步接受、适应职场化人际关系，真正做到：学生是员工，但不完全是员工；教室是车间，但不完全是车间；教师是师傅，但不仅仅是师傅；校长是企业家，但不完全是企业家。以企业方式管理学生，引导学生适应职场化关系。

第三，将企业文化融入日常教学中，实现职业道德教育常规化。德育是一项长期的工作，教师必须在日常教学中不断对高职学生施加影响，培养和强化高职学生的职业道德，做到职业道德教育日常化。课堂教育是日常化教育的重要手段。这就要求教师在课堂教学中要以价值观为核心，在教学中渗透企业文化内容。教师还要走出课堂教学，要经常性地组织学生到学校的实训基地、实训室、企业进行技能训练，使学生感受生产一线的环境，养成良好、严谨的职业习惯。教师要规范学生的日常生活行为，使学生严格执行按时熄灯，按时就寝，不迟到、不早退的规章制度，增强学生对学校纪律的认同感，使他们自觉养成严谨的学习生活习惯，以适应现代企业对员工的纪律要求。

第四，营造学习职业道德模范的氛围，做到职业道德教育典型化。通过职业素质典型评选活动、评优评先等活动，挖掘学院师生职业道德先进典型。充分发挥宣传窗、黑板报、图书馆、阅报栏、校园网、广播站、校园电视台等宣传阵地的作用，大力宣扬职业模范的事迹和精神。

第五，利用校企合作、校外实训、社会实践等体验活动，实现职业道德教育的体验化。高职职业文化氛围的营造是一种强调实践先于理论的文化开拓，必须从高职人才培养全过程、全细节中，全方位地在职业教育实践中激活全体师生的职业素养。高职院校要将这种职业化的文化应用于学生德育教育中，就必须通过校企合作培养、校外实训、社会实践等载体，运用实践体验的教育形式，实现职业文化潜移默化的作用。同时，高职院校也可以在校园内通过制度建设、素质拓展团体训练、开展质量管理、工学训练业绩竞赛、模拟职业面试、职业生涯规划、高职学生创业争霸、校企订单学生成果汇报演出等具有企业化特征的社会性校园活动，让高职学生可以身临其境地体验到校园之外的职业文化生活。

（二）深入挖掘校园文化资源，促进德育工作

1. 通过环境文化建设，培养学生的环境意识，实现环境净化心灵的德育效果

人是社会环境的产物，特定的校园文化环境是教育人、塑造人的重要条件。良好的育人环境在无形中规范和引导着学生的行为方向与价值选择，激发广大学生蓬勃向上的精神追求。通过环境文化建设，实现环境育人、环境感人、环境熏陶人的德育教育效果，将良好的环境营造与学生良好的日常行为规范教育结合起来，实现环境净化心灵的德育效果。自然环境陶冶学生爱护环境、注重言行的情操。学校的建筑、设施、装饰、雕塑、景点，以及一草一木、一砖一瓦、一情一景，都能够陶冶学生的品性和心理，让他们在美

观、优雅和文化内涵丰富的环境中，养成健全的人格和高尚的品德。校园景点多半是学生在课余或有情绪时游憩的场所，其文化内涵对学生的熏染将起到相当重要的作用。这是一种显性文化，高品位的校园景点文化建设会潜移默化地影响人的精神和思想。学校是育人的好场所，能让师生置身于浓郁的文化环境中感受和熏陶，让一届又一届的学生去享受和感悟，体现人文关怀。校园景点文化建设是环境育人的重要手段，校园景点更是学校在高速发展中显示文化底蕴的历史见证。例如，我院在校园内树立鲁班塑像，建造鲁班文化长廊、鲁班文化广场，对鲁班其人其事进行展示，让学生系统地了解鲁班、认识鲁班的发明、创造及其对土木工程历史的贡献，激发学生争做鲁班传人的热情，帮助他们树立从业信念。校园亭台雕塑是校园环境的重要组成部分。学院通过进一步美化现有亭台雕塑，增设部分雕塑，同时将学院雕塑的设计风格与艺术原理附在其后，制作宣传窗或宣传手册供学生学习，从而实现环境的艺术熏染效果。我院还通过建设一些彰显学校特色的标志性建筑，种植一些具有人文化风格的花草树木，建造突出建筑特色的校园亭台楼阁，建设适量能反映学校传统、当地文化和中华传统文化的雕塑、壁画、宣传标牌、文化长廊、阅报栏，设立人性化道路标识标牌、树木标志牌，安放环保垃圾桶、安装节能灯具，开展"文明教室""文明寝室""党员示范寝室"评比，优化学生学习、生活环境，加强校园环境综合治理，美化环境，形成环境育人的氛围。

2. 通过制度文化建设，形成德育教育的制度化管理氛围

大学的制度文化主要指学校的人事、干部、教学、分配、学籍等管理制度、规章与纪律，以及保证学校正常运行的群体行为规范、组织形态、习俗等方面所建构的激励环境与范导氛围。高职院校通过制度文化建设形成德育教育的制度化管理氛围，从而培养学生行为有礼貌、做事有规矩。

首先，利用以 ISO9001 质量管理体系为主体的精细化管理，强化学生的行为规范，培养学生严谨的工作习惯。在高职院校教学与行政管理上引进企业先进的 ISO9001 质量管理体系，是一个高等职业教育可持续发展的、值得探索的有效途径。ISO9001 质量管理体系强调过程管理，注重持续改进，明

确了各个岗位的职责、权限和相互关系，确定了各项工作的程序，依靠严格的管理制度控制整个管理过程，杜绝中间任何环节出现不规范行为，以确保学校每一个管理层和工作环节的准确性和高效性，从而提高人才培养的质量，使学生、家长和用人单位对学校的人才培养质量产生安全感和信任感。

其次，建立和完善师德考评制度，培育校园教书育人的浓厚氛围。高职院校大力倡导教风，鼓励和引导教职员工自觉在道德品质、政治思想、学识教风上率先垂范，弘德精业，正己立人，为人师表；建立和完善师德考评制度、激励与约束机制，把教职员工的道德自律和有关制度的外在约束结合起来，引导教职工德才兼修，保证师德建设的时效性和长期性，评选先进，树立典型，加强宣传，提供示范；对违反职业道德的教职工予以及时处理，以严肃教风，净化师德环境。高职院校利用这一系列的措施，形成学院浓厚的教书育人氛围，通过全体教职工的爱岗敬业精神，影响学生的行为，从而促进学生进步发展。

再次，建立和完善学生管理制度、学生组织规范、学生行为规范和各类规章制度，充分发挥制度文化在育人和高雅行为养成中的功能。高职院校要将全院各方面的规章制度汇编，将其作为处理院内各项工作的依据，在加强校园制度文化建设中体现以人为本，做到既约束人又激励人，既依法治校又以德治校，真正贯彻实施一种尊重、理解和关心人的人性化管理制度。在科学技术高速发展的今天，人们将更加关注人的自由与情感、尊重与理解、沟通与信任、存在与价值，因此，在校园这个特殊的环境里，人性化管理显得尤其重要。为满足不同特长、不同个性的学生的发展需求，高职院校要大力开展各类渗透人文关怀的活动，通过开展各类竞赛活动和奖励活动，激励学生更加发奋学习、勤勉工作。要完善和健全以人为本的学生管理文件体系，在校园内创造一种良好的制度环境和文化氛围，积极地影响、熏陶、启迪，甚至要求、规范、教育学生积极追求人生真谛，为学生实现自我价值、完善美好人格创造条件。这将促进整个社会文化不断向前发展。所以，高职院校要设置好人性化的制度，始终将学生放在首位，才能使高职制度文化拥有灵活性和生命力。

最后，加强后勤制度建设，让服务育人贯穿后勤管理始终。加强后勤制度建设，完善各项管理制度，不断制定、修改、完善切合实情、易操作、行之有效的规章制度。例如，对学校财务制度、食堂管理制度、寝室管理制度、领导带班、教师值班制度、门卫小时值班制度等重点制度进行反复研究和修改，使它们更加符合学校工作实际。主管后勤工作的院领导对后勤工作做到勤思考、勤观察、勤检查。完善和健全服务育人的后勤管理体系，才能有效地规范和约束后勤工作人员，使其在服务育人方面发挥应有的作用。学校后勤改革需要不断深化，服务育人工作更需要不断改进。只有后勤工作者不懈努力，积极探索后勤服务育人工作，才能更有效地发挥自己的职能。

3. 通过行为文化建设，形成德育的行为指南

校园行为文化是一种具有科学性、生动性、严肃性、主导性的文化，具有德育资源整合和导向的功能。校园行为文化通过政治、社会实践、文体、普法宣传、扶贫济困等活动，帮助师生员工形成正确的价值取向、严谨的治学精神、自觉的行为规范、高雅的行为方式。所以，高职院校应大力加强校园行为文化的建设，着力营造朝气蓬勃、积极向上的氛围和诚实守信、文明礼让的风气。

第一，学生通过行为文化建设增强参与活动与组织活动的能力。在校园文化建设实践中，学生既是校园文化建设的主力军，又是行为主体，是校园文化的参与者和组织者。学校发挥学生的主体作用，让他们在校园文化实践中正确地认识自我和评价自我，激发他们参与校园文化建设的创造性和积极性，对广大学生的成长具有非常重要的意义。丰富多彩的校园文化既可以培养学生的兴趣特长和创造能力，提高学生的动手能力，使其掌握多种技能，树立热爱劳动的观念，还可以磨炼学生的意志，提高学生的组织管理能力，为其以后走向社会奠定坚实的基础。因此，高职校园文化活动必须发挥学生的独立性、创造性和自主性，放手让他们自己组织开展各种文化活动。在自主性的文化活动中，学生的实践能力得到锻炼和提高，学生的思想政治素质也会得到发展和完善。校园文化建设的终极目标就在于创设一种氛围，以期陶冶学生的情操，构建学生的健康人格，全面提高学生的素质。

第二，学生通过行为文化建设具备健康的体魄和健全的心理。在高职教育中要加强技能行为、智能行为、体能行为和道德行为的教育，全面提高学生的素质，让学生具备健康的体魄和健全的心理。在加强爱国主义教育和集体主义教育的同时，我们也不能忽视学生的健康教育，要加强学生的体能锻炼。通过校运会和各种体育竞赛活动培养学生对体育运动的爱好，以此引发学生自觉的体魄锻炼行为，还要通过各种形式的实践活动，开启学生的智能和提高学生的生存技能，使之快速适应社会。

第三，学生通过行为文化建设掌握与人沟通交往的正确方法。高职院校培养的是高级技能型人才，实践教学、顶岗实习、半工半读是高职特色的重要表现形式，也是高职行为文化的有机组成部分。随着科学技术更新与发展的不断加快，高职院校应将学生的沟通能力、心理适应能力、人际交往能力、信息获取与处理能力等跨职业行为能力的培养纳入高职特色行为文化建设体系中，因为这涉及学生的可持续发展问题，高职院校可通过专业技能大赛、鼓励学生考取职业资格证书等一系列技能培养行为方式，来促进学生正确地与人沟通。

第四，学生通过行为文化建设提高自我安全防范意识。人的需要是多重的，在人的需要体系中，安全需要处在十分基础的地位，构成了其他各种高层次需要的前提。在高校校园行为文化建设中，师生必须提高自我安全防范意识。高校校园是广大学生和教师学习、生活和工作之地，校园安全直接关系着广大教师和学生的切身利益。校园安全措施得力，师生自我安全防范意识强，是广大教师和学生正常学习、生活的重要保障。因此，在行为文化建设中，学校要构建符合校园特色的网络化校园安全防范体系，注重发挥各个方面的积极性，使广大师生提高自我安全防范意识。要倡导"校园安全大家共同建设"的理念，促进大家都关心校园安全建设，共同维护良好的校园秩序，维护校园的安宁，如建立以学工保卫处为龙头，以大学生校园安全志愿者为主体的安全小组，强化安全防范意识，经常性地进行校园安全大检查，及时发现问题、排解安全隐患，注重加强学生安全教育，使其提高安全意识，增强自我保护能力等。

第五，通过教师日常职业行为规范来影响学生。教师职业行为是指教师在思想、观念和行为方式上所具有的、深刻而稳定的内在规定性。教师的一言一行对学生有着不可忽视的影响。俗话说，"名师出高徒"，学校所需要的名师不仅要学富五车、教学有方，更要师德高尚，传道、授业与解惑并举。教师的言行直接影响着学生的德育教育效果。例如，我院下发的《教职行为规范》就是从教职工行为规范入手，着重发挥每一位教职工行为示范的德育功能，做到全员化德育，人人都是德育的一个环节。全院教职工处处以身作则，用自己的好思想、好品德、好作风为学生树立好榜样，促进学生的进步和发展。同时，我院着重引导师生建立和谐的师生关系，通过教师（特别是学生管理人员）与学生的友好关系，使学生更容易接受学院教育，从而自觉把学校纪律、规范和要求内化为自身的需求，进而把讲文明、求真知、树正气作为自觉行为。

4. 通过廉洁文化建设，培养学生廉洁自律、诚信守法的意识

第一，将廉洁文化渗透学校党建及日常管理工作中。各部门要把校园廉洁文化建设与党建及日常管理工作紧密结合，一并纳入师生员工的日常思想政治教育内容中，通过举办廉洁文化论坛、辩论赛、文艺演出、书画展，观看反腐倡廉影视作品，建立廉洁教育网站等多种形式的活动，加强师德、师风、校风和教风建设，增强教职员工依法从教、廉洁从教的意识，使他们争做师德表率，提高育人模范的自觉性，自觉抵制学术不端行为和浮躁习气。学校在学生入党、考试考核、评奖评优、论文设计、论文答辩等重大活动的学生管理的关键环节，在学生教室、寝室等关键活动区域中，在新生入校教育、毕业生择业就业指导等关键时段，严格把关，坚决查处弄虚作假行为，对学生进行潜移默化的教育。

第二，将廉洁文化渗透德育教育工作中。要将校园廉洁文化建设的相关内容及要求自然地渗透德育教育工作，融入学生党团课、思政课及就业指导课的教学计划，纳入党员干部的教育培训计划，纳入院报、网络等媒体的宣传计划，使它们融为一体，互相促进。通过开展理想信念教育、基础德育教育、传统美德教育、法制意识教育和考风考纪教育，切实加强师

德、师风和学风建设，使作弊可耻的观念深入学生心中，让学生在潜移默化中养成"以廉为荣、以贪为耻"的道德观念，使其树立高尚的道德情操，培养其良好的道德品质。

第三，将廉洁文化渗透其他专业课的教学中。既要充分发挥德育教育主课堂、主渠道、主阵地作用，又要在其他专业教学中，紧密结合行业的特点，紧紧依托教师在项目建设领域的专业优势，以正在开展的项目建设领域突出问题专项治理工作为切入点，有意识地挖掘、利用廉洁教育资源，使学生既学到了文化知识，又受到了廉洁文化的熏陶。

第四，将廉洁文化渗透校园文化建设中。充分发挥校园文化生动活泼、形式多样的优势，利用现有校园文化的平台，加载精神境界、价值观念、道德修养、敬业精神、人格品德、廉洁操守等教育内容，进一步扩大校园文化的内涵，提升校园文化的品位，使广大师生在丰富多彩的文体活动中受到廉洁文化的教育和熏陶。

第五，将廉洁文化渗透反腐倡廉"大宣教"工作格局中。深入研究廉洁文化教育的规律，进一步改进教育方式方法，充分运用各种媒体和载体，在校园网、广播站、院报中开辟反腐倡廉教育栏目，多途径、多渠道、多手段地开展全方位、多层次的校园廉洁文化建设，切实增强教育的针对性和实效性，使廉洁文化教育真正入情入理、入脑入心，取得实效。

四、优化校企合作的高职院校德育工作队伍

高职院校德育队伍是指高职院校德育的实施者，构建一个健全、合理、运行正常的队伍体系，是提高高职院校德育质量的重要保证。我们要通过德育队伍建设，倡导"管理育人、教书育人、服务育人、生产育人、实践育人"的全员育人观念，树立"人人皆可为师，人人皆应为师"的全员育人思想。我们可以将建设的重点放在实训基地、企业导师和专职德育教师队伍建设方面。

（一）加强实训基地、企业导师队伍建设

学校德育工作内容繁杂，包括思想政治教育、职业道德教育、规则法制教育、心理健康教育、日常行为管理、奖惩工作、社团实践、勤工俭学、就业指导等，涉及学生学习生活的各个方面。结合培养高素质技能型应用人才的目标，高职院校的德育工作更应体现职业性和社会性，而目前单纯依靠专职德育教师（思政教师、辅导员、班主任、其他部门学生工作人员等）难以切实发挥德育工作的实效。这种情况下，专职德育教师只有与企业导师密切联合，充分挖掘和有效利用企业的德育资源，积极探索各种有效的德育途径，才能使高职院校德育工作体系更有特色、更具实效。而这其中，企业导师是校企德育合作中最主要的衔接者和推动者，拥有企业员工和兼职教师的双重身份，可以将技能教育与职业素质教育、学校教育和企业教育有机衔接起来，在德育工作中起着不可或缺的作用。高职院校要搭建有效的德育平台，积极发挥企业导师的德育作用，具体做法有以下几点。

第一，通过"课堂进企业"，加强职业环境的熏陶。校企合作模式为德育的实施提供了一个开放性的环境，使高职学生直接接触企业、社会的时间得到增加，空间得到拓展。虽然企业就是一个"小社会"，但规模较大、管理规范的企业，其制度环境、文化环境、人际环境等德育环境相对优越于复杂的社会环境。企业环境作为学校和社会间的中介环境，也作为学生全面社会化的一个缓冲、过渡环境，对学生德育素质的培养起着独特的作用。将课堂搬进企业，就是以企业环境为载体，充分认识德育工作的特点，积极挖掘企业环境的正面作用，从而提高德育工作的实效性。这种模式对实习生、毕业生具有可操作性，有利于他们提前进入现实的工作环境，了解企业，进一步明确自身的职业目标、职业规划，从而调整自身的职业素质，使其与企业相适应。对于非毕业班学生，企业导师可以运用德育实践课的形式不定期组织学生到企业参观、交流，让学生以最直观的形式了解企业的运作模式，参观员工的作业场景，进一步引导学生去自觉感知、认识和思考自身所选职业的工作环境、工作环节、工作内容及职业素质要求，从而使学生在思想上进一步明确职业目标，在行为上将其直接转化为自身奋斗的动力。

第二，通过"企业文化秀"，加强职业素质的内化。现代企业文化十分注重员工职业道德教育，强调责任意识、敬业精神、纪律观念和人生理想等，高职院校将优秀企业文化融入德育，引入企业的竞争意识、市场意识、服务意识、品牌意识、工作效率、用人机制等，有利于学生接受优秀企业文化的熏陶，逐步培养良好的职业素养，同时也是全方位、深层次地推进校企合作的重要举措。企业导师作为企业文化的最好传播者，可以通过多种形式搭建"企业文化秀"的平台，将优秀企业文化融入德育工作。校企双方可以通过各种实践活动在企业导师的桥梁作用下将该公司的优秀企业文化融入学校、融入德育。例如，指导学生社团活动。企业导师通过指导"技能节""文化节"等社团活动，将企业实施的 ISO9001 质量管理体系标准与学生技能比赛的标准结合，将爱岗敬业、务实态度和科学管理精神融入"文化节"中，让学生在实践活动中深切感悟到该企业深厚的企业文化。又如，举行校企合作文艺晚会。学生通过观看校企双方员工的同台献艺，不仅领略到校企双方团结合作、积极高昂的精神面貌，更感受到企业精神和坚持以人为本、诚信为本的服务理念。再如，营造实验、实训场地的德育氛围。学校可以依托企业导师，充分挖掘企业的安全文化理念，将企业的经典标语用于实验、实训环境布置，营造规范高效的德育氛围。企业通过规范现场，营造一目了然的现场环境，培养员工良好的工作习惯，其最终目的是提升员工的素质，革除员工的马虎之心，使其养成凡事认真的习惯。学校可以借鉴这种方式，强化学生的现场管理意识，以提升学生良好的职业素质。

第三，通过导师大讲堂，加强职业道德的引领。导师大讲堂以专题讲座、报告的形式将不同企业的管理精英、劳动模范和行家能手请到学生身边，让其用自身的优秀事迹和强大的精神力量接近学生、感化学生，从而引导学生树立坚定的职业信念和科学的人生价值观，是有效的德育大课堂。目前，社会上的一些"拜金主义""享乐主义""利己主义"等错误思潮从不同渠道对学生产生了不同程度的消极影响，给德育工作带来了新的挑战。管理精英、劳动模范和行家能手作为企业导师中的优秀代表，既是专业上的技术能手，又是培养学生树立高尚职业道德的"活榜样"。例如：邀请劳模、公司董事长来校讲座，使我们的德育对象——大多是娇生惯养的"00后"，牢固树立劳动光荣的优良传统，明确"历史印证劳动伟大，时代崇尚劳模光荣"；聘请企业精英骨干定期给学生进行有关职业生活、职业安全、职业制度等方面的专题讲座，让学生从他们的亲身经历中感受到扎实的专业功底、稳定踏实的工作状态、艰苦创业的工作精神、安全生产的责任意识等对于职业成功的重要性。

第四，通过行家展示台，加强科学品格的培养。行家展示台是同一行业的不同企业导师、专家能手同台竞技，或在企业导师带领下与本校学生一起参与的师徒同台竞技，向学生开放地展示自身高超的专业技能和最新的技术研究成果的专业擂台。擂台分为技能展示和科技创新两部分，不仅具有强烈的专业性和竞技性，还具有明确的德育导向性，引导学生在观赏、学习专业技能之余，对科学技术、科学精神、科学道德和科技创新有更深入的了解和认识。科学技术是第一生产力，科学精神直接影响企业科学技术发展的方向和速度，科学道德影响并决定企业履行社会责任、实现自身的社会价值，科技创新是推动企业发展的核心竞争力。同时，这种生动的形式在无形中也向学生展示着技术创新的"中坚力量"正在我们身边——企业导师、专业教师和学生自己。

第五，通过企业奖学金，加强职业理想的激励。企业奖学金是校企合作企业针对特定专业的品学兼优的学生设立的奖励制度，获奖学生不但可以获得物质资助，而且可以优先进入该企业就职。企业奖学金在职业技能和职业道德上具有明确导向性，企业导师可以担任企业奖学金的咨询顾问、评审委员和颁发者，指导学生不断奋斗，实现职业理想。校企双方要重视企业奖学金的设立所营造的良好德育氛围，每年的颁奖仪式，学校不仅要邀请获奖学生的家长参加，以资鼓励，还要隆重邀请该公司的企业导师来校颁发奖学金。企业导师亲自颁发奖学金并与每位获奖学生合影，不仅可以表达个人对获奖学生的鼓励，还可以通过向全体学生讲述该公司的发展历史、与学校合作的渊源，热切鼓励学生朝着明确的职业目标努力，鼓励学生毕业后加盟公司，开创锦绣前程。通过奖学金颁发仪式，企业导师也可以以其自身丰富的职业经历和渊博的学识为内容，为学生举办一场别开生面的讲座——规划学生的职业生涯，使学生对自己的职业生涯有更深切的认识，对自己的人生有更具体的规划，从而有效激励学生为自己美好的职业理想而不懈奋斗。

第六，通过模拟招聘会，实现职业能力的展示。就业工作是德育工作的重要环节，也是对高职院校人才培养工作的最终检验环节。面对日趋严峻的就业形势，学生普遍希望能尽快地融入社会，找到自己满意的工作。然而，往往有很大一部分学生在迈出校园、走进社会的起跑线——应聘上就已经比其他人落后了。为了提高高职院校学生的就业竞争力，同时也为企业与学校、学生开展更广泛的交流建立一个平台，团委、招就办、学生会等部门可联合起来，在企业导师的指导下举办模拟招聘会，使在校学生提前感受社会就业方式，了解社会就业形势，充分展现职业能力，提高职业素质并产生对自我职业生涯规划的思考。在模拟招聘会举办前，学校可以邀请招聘企业的导师（企业人事主管）面向全体学生开展一系列的就业指导，具体阐述就业形势、职业规划、求职应聘技巧、基本礼仪，并现场教授学生如何制作个人简历、如何针对求职就业做好准备。在模拟招聘会上，学校邀请各家企业的导师（各企业人力资源部负责人）组成招聘专家委员会，直接面向参加模拟招聘会的应聘者做实际招聘。模拟招聘会的主要环节可以包括学生的自我介绍、对所应聘职位的竞职演说、实力展示、职场问答（评委现场提问）等。最后，根据成绩，由各企业为应聘成功者提供各种实际的就业、创业或实习锻炼的机会。这种竞争性的模拟招聘会是校企德育合作实现双赢的一个平台。对于企业来说，企业导师通过这个平台不仅可以大力宣传和展现本公司的企业文化和管理经验，在学生当中树立良好的企业形象，又可以提前介入人才招聘程序，发现优秀人才，进行人才储备，还可以让企业更好地了解学校的教育状况，有针对性地开展人力资源工作，为公司以后在本校选拔优秀人才创造平台，提供机会。对于学校来讲，模拟招聘会可以让学生体验招聘场面，了解招聘的礼仪，提高应聘和就业技巧，特别是各参赛选手在企业导师的指导下，借此平台充分展示了职业能力，深入了解了就业形势，学会了更清晰

地剖析自己，同时扬长避短，为将来的职场之路做好更充足的准备。

（二）提升专职德育教师队伍素质

1. 建成一支具有较高素质的德育理论课教师队伍

高职院校要按照相关规定比例配齐思想政治课教师编制，有计划地安排思想政治课教师开展社会调研，实地感受、了解社会各方面的变革，接受再教育；切实解决思想政治课教师科研立项、资助研究、发表学术论文渠道、学习培训及攻读学位等问题，为培养马克思主义理论教育和思想品德教育专业学科的学术带头人创造条件；加强团队带头人的培养，提高带头人的教育教学能力、科研与社会服务能力及团队建设指导能力，充分发挥带头人的引领、凝聚作用。

高职院校要有计划地培养德育课教学团队带头人和中青年骨干教师，努力培养省教学名师，形成骨干教师梯队，建立由行业企业专家、校外专家学者、社会成功人士、成功校友、典型先进人物组成的德育课素质教育校外专家库，将其个人资料建档保存，供德育活动需要时聘请，经其本人同意，可将其聘请为学校客座教师。

高职院校应鼓励德育教师向"双师型"教师发展，对教师进行包括理论知识学习、教师技能训练、实践锻炼等内容的定期培训，通过培训提高德育教师的基本理论、专业知识和技能水平。同时，高职院校要定期组织德育教师进入企业考察，使其一方面了解企业的情况、学生实习的情况，另一方面对实习生进行职业道德培训，在实践中发现问题，找到德育的新方法和新途径。

2. 建设好一支稳定的专业化、职业化的学生辅导员队伍

高职院校要把德育师资队伍建设作为学校教师队伍体系建设工作的重中之重。要建设好一支稳定的专业化、职业化的学生辅导员队伍，就要严把"入口"关，坚持面试考核制度、定期实习制度、定期培训制度，严格按照有关文件要求对辅导员进行聘用和配备，即每个系（部）的每个年级设专职辅导员，总体上按师生比不低于1∶200的比例配齐一线专职辅导员岗位。学校

组织人事部门要把德育专职队伍的建设作为干部队伍建设的重要方面予以安排，有计划地进行梯队建设，分期、分批安排辅导员进行理论和业务培训，或不脱岗攻读硕士及博士学位，保证队伍的稳定性。辅导员的管理水平直接关系德育的效果，因此学校要将专职辅导员队伍建设放在与教学、科研队伍建设同等重要的位置，统一规划，统一领导。学校党委应每学期召开专题会议，专题研究辅导员队伍建设工作，提出加强和改进辅导员队伍建设的要求。学校要根据相关文件及学校实际制定出切实可行的学生辅导员工作条例，明确辅导员的工作职责、辅导员的任职和选拔条件、辅导员的培养与发展方向，建立和完善辅导员考核机制，完善辅导员评优奖励制度，强化辅导员岗位责任意识，加强辅导员工作的过程管理。学校要为辅导员的工作和发展提供政策保障和支持，充分调动辅导员工作的积极性和主动性，以提高辅导员队伍的整体战斗力。

3. 加强班主任队伍建设，实行"每班一班主任"制度

班主任是配合专职辅导员对学生进行思想政治教育和管理的直接组织者和实施者，是学校教育管理的重要力量。作为高职院校德育工作体系的重要组成部分和有力助手，班主任在高职院校德育教育中发挥的作用越来越大。随着社会的发展与进步，学生管理工作面临新的挑战和机遇，建立一支符合高职院校学生管理特点的、高素质的、职业化的、稳定的班主任队伍是做好新时期高职学生思想政治工作的重要保证，加强班主任队伍建设对于做好高职院校德育工作体系，为社会培养更多德才兼备的高技能实用型人才具有重大意义。例如：根据相关文件及学校实际制定班主任工作管理条例，规定班主任的聘任和配备应具备的基本条件，明确班主任工作的内容和职责；规定凡具备班主任基本条件的校内在职职工都有义务和责任承担班主任工作，均在应聘范围内，在每五年内，凡符合条件的职工至少应承担两年以上的班主任工作，在晋升职称前，必须有两年以上班主任工作经历，并且考核为称职以上的职工方可申报高一级技术职称的晋升；原则上，每个标准班（40人）配备一名班主任，工作经验较丰富者在时间、精力许可下可带两个班，但总人数不宜超过100人；在人数不够的情况下，可适当选聘高年级优秀学生代

理部分辅导员工作。班主任的聘任可以由系党总支、学工办负责拟聘（一年一聘），报学工保卫处主审，经学院主管领导审批后，统一下发聘任文件或聘书。在工作需要、个人自愿的前提下，可连聘、连任，确有特殊情况或不能胜任的应及时解聘、撤聘。高职院校应制定班主任工作的考核、评估与奖励制度，积极支持和鼓励班主任连聘、连任，对连续担任班主任工作五年以上、成绩较突出、班级工作效果较好的给予单项奖励，对非学生工作部门老师连续两年被评为优秀班主任、学生工作部门老师连续三年被评为优秀班主任的予以奖励。

五、创新校企合作的高职院校德育工作方法和途径

在校企合作过程中，要将德育工作从学校延伸到企业中去，构建新的德育途径和方法，完成德育知识与道德行为的衔接，达到巩固并延伸学校德育工作的成效。现代社会已进入信息网络时代，而学生是网民中的最大群体，高职院校要充分利用时机，建设德育工作网站，运用信息网络技术优势积极开展在线活动，开辟德育工作新途径，消除德育工作盲区，占领德育工作新阵地。

（一）不断加强德育理论课教学

思想政治理论课是开展德育工作的主要途径。由于办学体制具有局限性和思想意识不到位等特点，高职院校在思想政治理论课的教育效果上还是逊于本科院校。因此，第一，高职院校迫切需要加强思想政治理论课教学，肯定其在课程设置中的重要地位，增加对学生思想政治理论课的教育投入和重视的力度，改善教学科研条件，统一各职能部门的思想。第二，改革思想政治理论课教学，鼓励教师积极开展课程研究，对教学手段进行创新和研究，遵循课堂教学贴近学生、贴近实际生活、贴近社会现实的原则，提高思想政治教育理论课的针对性和实效性。第三，学校和企业要充分利用校内课堂和企业课堂，将思想道德教育贯穿人才培养的全过程，如在校内课堂教学期间，学校要根据企业需要开设方向性课程，调整德育的内容。学校应开设职业道

德课，带领学生去一些管理科学的企业参观，学习针对不同专业所提出的不同的道德标准和要求，强化学生的道德意识和观念，促使学生在实践中有所感悟，形成自己的认识。第四，加强法制教育，通过讨论、案例分析等方法强化法律意识。例如，在校外实习中，企业进行岗前培训，让学生明确自己的基本责任——爱岗敬业、团结合作，形成良好的文化氛围，用各种方法手段实施道德渗透教育。企业应利用企业文化对实习生的道德教育常抓不懈，随时与学校沟通，将毕业生、实习生的表现及时反馈回学校，以便学校调整教育内容和方式方法。学校选派专人进入企业对学生进行道德引导，鼓励德育教师去企业参加实践，每年定期进入企业为学生进行指导，引导学生进行自我教育，变单纯的言语德育为行动德育。教师在校内课堂教学中，可运用课堂讲授法、讨论法、参与教学、渗透教育、自我教育等方法；在企业实习、实训的企业课堂中，可以运用讨论法、自我教育、渗透教育、环境熏陶等方法。

（二）充分发挥学生党团组织的作用

积极开展党团活动，充分发挥党团组织和学生组织在德育中的重要作用。利用高职学生加入共青团和加入中国共产党等人生成长的重要时机，有针对性地开展具有深刻意义的教育活动。同时，还要发挥学生会的桥梁和纽带作用，积极开展生动有效的德育工作。对入党积极分子注重早期培养，加强制度建设，严格发展程序，进行系统的党的基本知识教育和实践锻炼；坚持把党支部建在系部，建在学生顶岗实行的企业，努力实现学生班级"低年级有党员、实习岗位有党员、系部有党支部"的目标；坚持教师党员联系班级、系部、企业的制度；选拔优秀学生辅导员和青年教师担任学生党支部书记；建立学生党员联系学生班组、学生公寓、实训基地、实习企业的制度；推广"党员示范岗"，开展"一个党员一面旗帜"活动，通过实行学生党员和入党积极分子挂牌制，在每间寝室门上张贴标志牌，标识该寝室同学中的学生党员、学生干部、重点培养对象、入党积极分子的基本情况，发挥他们在校园文明建设中的标杆作用；组织学生党员、入党积极分子进行社会实践，使其在各种实践中自觉地将道德理论、道德情感转化为道德行为，巩固和加深教育成果，使素质教育更加深入。榜样的力量是无穷的，要善于发现和树立先进典型，鼓舞和引导学生培养良好的道德品质，形成正确的价值取向，以榜样的力量影响学生。

（三）深入开展学生社团活动

学生社团是以共同的观念、兴趣、爱好、目标为基础而自发组成的学生组织。社团的群众性特点决定了社团对于造就和培养新时期全面发展的优秀人才有着不可替代的优势，能更好地加强德育工作的效果。社团活动是突出德育主体性特征最好的载体。在校企合作中，高职院校要加强社团工作建设，引导学生社团健康、自主发展。学校要擅长开展各种各样、形式生动的道德活动，广泛开展各类主题教育和社会实践活动，用学生喜闻乐见的方式提高他们对纪律制度的接受度，让学生在丰富多彩的德育实践活动中亲自去体验和感悟，促进学生的行为由他律向自律转变。教育者不能只重视空洞的理论说教，在校企合作德育工作中，学校的道德教育要与企业相结合，组建学生社团深入企业，开展丰富多彩、积极向上的系列活动。要充分利用学院先进的体艺馆、校园广播电台、校园网，每年举办校园文化艺术节、读书节、技能节、就业节、体育节，使学生活动制度化、经常化，使学生全员参加，达到活动育人的目的。例如：我院团委指导国旗仪仗队、理论学习协会、普法协会、志愿者协会、公关协会、清心协会开展理论学习实践活动，指导各专业协会、创业协会、数学建模协会开展科技创新活动，指导各球类协会、武术协会、龙狮队、体操队开展体能训练活动，指导天鹰文学社、书法协会、诗词协会、合唱队、管乐队、舞蹈队开展文化艺术活动。我院的这些社团活动内容健康、形式多样，集思想性、知识性、娱乐性于一体，不仅展示了学生才能，还提高了学生的综合素质，陶冶了学生的思想情操，所以深受学生欢迎。学校应有计划地组织学生参加建校劳动、社会调查、社会服务活动、文体活动等公益性、集体性活动，培养学生艰苦奋斗、自强自立的意识。

六、健全校企合作的高职院校德育考评制度

（一）加强企业考评

首先，企业要建立和完善德育工作的评估制度，把校企合作中的德育目标管理和过程管理统一起来，使德育工作得到有效调控和管理。同时，还必须结合评估，建立科学有效的德育工作考核机制，强化人事管理工作的政策导向，把生产育人工作纳入部门和个人的工作考核，把师德、师风作为学校教师和企业指导教师工作考核的一项重要指标，既要注重德育工作和过程的情况，又要注重德育工作的效果。在考评的标准上，应坚持全面、具体、重点突出的原则；在考评的目的上，坚持加强德育工作实效的原则，肯定成绩，找出不足，明确方向；在考评主体上，应坚持民主、公正的原则，采取校企领导小组、考评小组、德育工作者和德育对象结合的方式；在考评方式上，坚持定量与定性分析相结合、定期考评和日常考评相结合的原则。

其次，建立完整科学的德育效果评价鉴定制度和现实可行的学生德育评价办法，并将其纳入校企学生考核和学生学分管理体系，从制度上保证德育的应有地位。在对学生的德育素质进行双重考核时，应根据其岗位职责履行情况、岗位适应能力、职业道德、工作态度、工作能力、劳动纪律、创新精神等学生德育素质进行全面考察，做出评价、鉴定。实习、实训结束后，企业应组织学生进行自我鉴定和总结，在此基础上对学生的道德素质做一个全面评价，将对学生的道德评价作为录用员工的重要标准。

（二）深化学校考评

首先，学校应建立三级考评机制。校企德育工作领导小组代表学校考评（一级考评），系党总支对各学生班级考评（二级考评），班主任对班级每个学生考评（三级考评）。各级考评根据需要形成具体的考评指标体系，可以包括评优率、获奖率、党员人数比例、入党积极分子培养合格率、学生团体活动参与率、违法违纪率、出勤率、学雷锋活动人次、学生心理健康状况、学生成绩合格率等项目。一级考评结果是各系学生干部年终考核的重要依

据；二、三级考评结果是班主任和班级个人评优、评奖、年度考核，以及班级个人毕业就业的重要依据。

其次，确定具体评估形式。可以从以下形式中选择一项或多项进行操作：每学期期末向学生、企业、学生家长发放问卷调查进行分析统计；每学年组织教师进行一次学生德育调查；每学期组织一次教务处、招生就业处、团委、党委宣传部、学工保卫处、财务处各职能处室的座谈，了解德育工作中育人工作的落实情况；每学期组织公共课部、各系党总支、各系主任参与的座谈会，了解德育工作中教学工作的落实情况；每学期组织一次学生干部及学生管理队伍（辅导员、班主任）参加的学生思想状况座谈；每学年组织一次家长代表座谈；每学年组织一次用人单位（企业）对毕业生思想素质的座谈。根据座谈、调查等形式整理、撰写出学院德育工作综合情况的报告。

再次，结合不同的方式进行整体评价。可以采取家校结合的方式进行评价，即学校通过电访、家访、家长会和问卷调查等方式和家长来共同评价学生。父母或其他监护人对子女的学习兴趣、学习态度、生活动态和思想倾向等方面有全面的、具体的了解，学校据此对学生进行全面、客观的评价。家长参与德育评价，使学生某种一贯的、综合的品德行为方式更容易表现出来。家长对子女一贯的行为方式更为清楚，也更容易做出真实客观的评价。可以采取师生结合的方式进行评价，即以帮助被评对象及时弥补不足、调整思想行为、改正缺点、完善自己为最终目的，教师与同学共同评价学生。过去的德育评价以教师评价为主要方式，没有体现民主和公平，学生思维被教师的思维代替，学生和教师之间不能实现沟通和理解，这大大地降低了学生德育活动的积极性。在德育评价中，教师充当良师益友的角色。师生结合评价时，教师对学生提出以后发展的希望，学生也能认识到努力的方向，从而增强自身的发展动力。评价主体的多元化和公正性在师生共同评价学生当中得到充分的体现，学生学习的能动性被调动起来。可以采取生生结合的方式进行评价，即学生自评和互评。学生有对自己评价的权利，可以依据评价指标对自己的德育水平进行评价。学生的自我反思、自我教育和自我发展的能力在自评中得到提升。同学互评就是学生之间，按照公正、公开、合理的原则进行真实评价。同学之间朝夕相处，对彼此的思想、兴趣、爱好、行为等最为了解。学生的自尊心和自信心随年龄增长在逐渐增强，他们会特别在乎自己在同龄人心目中的形象和地位，并且会努力地去克服缺点、发挥长处、激发潜能，不断完善自我。所以，要发挥学生积极参与评价和管理的作用，使其在实践中认识到自身价值，激发其自觉努力奋进。可以采取成绩与非成绩结合的方式进行评价，成绩和非成绩结合评价以激励学生上进、期待学生发展为目的，实现评价的真实性和全面性。德育评价中的道德认知、道德情感、道德意志、道德信念和道德行为都属于道德教育的内容。其中，除了道德认知属于智力因素，其余都属于非智力因素。因此，道德教育的基础以非智力因素的培养为主，当然在道德教育中也要考虑智力因素。智力因素的发展状况和非智力因素的评价相结合，使学生的进步和发展得到全面的反映，有助于引导学生找到适合自己的发展方向。

最后，评比、表彰。依据考评结果，可以在校企中评选德育工作先进集体或单位；在学校教师、企业导师中评选"优秀德育工作者""德育标兵""优秀企业导师"，在教师或企业员工的提拔、晋职、进修、收入分配等方面优先考虑德育工作成绩突出的工作者；在学生中评选"十星公民""优秀团员""优秀学生干部""三好学生""优秀毕业生"等，树立典型、表彰先进。在校企中不断挖掘先进事迹和具有高尚道德品质的典型，加以宣传和示范，使广大青年学生和德育工作者自觉寻找差距，把激励竞争机制引入德育工作中，以提高德育工作的整体效率，调动各类人员的积极性、主动性和创造性，形成一种健康向上的氛围，增强德育工作队伍的生机和活力。

第八章　网络背景下高职院校思想政治理论课教学创新研究

第一节　网络背景下高职院校思想政治理论课教学概述

一、网络的定义

"网络"一词有多种意义。实际意义上的"网络"有电路或线路中的一部分、流量网络、节或点连成的图等意义；比喻性的"网络"有人际关系网络、信息交流网络等意义；抽象意义上的"网络"有城市网络、交通网络、交际网络等意义。但是，随着科学技术的迅猛发展，又产生了与人们生活息息相关的"网络"，即计算机网络。本部分中的"网络"特指利用计算机网络对信息传输、接收、共享的虚拟平台，它的功能在于把来自不同方面的点、面、体的信息联系到一起，实现资源的共享。由此可以看出，网络是人们信息交流的一种工具，也是对资源进行有效共享的重要手段。

20 世纪 90 年代以来，网络在促进全球信息传播和资源共享方面发挥着越来越重要的作用，也引起了人们对网络的极大重视。现在，网络的应用已经涉及社会各行各业、不同群体及各个角落。其中，大学生精力较为充沛，善于学习和研究新事物，网络文化逐渐渗透大学生这一群体。目前，大学生群体是受网络影响最大的群体。在网络与校园文化相结合的情况下，校园网络文化也成为校园文化中的主要成分。

二、网络的特点

当今，网络成为人们社会生活中不可缺少的重要手段，对人们的学习、工作、生活等发挥着越来越重要的作用，这是由网络自身的特点所决定的。

（一）便捷性

网络环境具有绝对开放的优点，绝对开放就决定了意识表达的自由性、便捷性。在网络环境下，人们通过一台电脑、简单的上网设备，或者一部手机等，不受时间、空间等条件的限制，自由地发布信息。人们可以突破物体条件和时空的限制，轻松、便捷地获取到各种信息。因此，网络具有便捷性的特点。

（二）及时性

在网络环境下，任何人都可以即时表达自己的意识需求，以求获得援助、安慰或交流。与传统的表达方式相比，网络环境下的意识表达摆脱了地域、空间等条件的限制，以这种迅速便捷的方式传播海量信息。因此，网络具有及时性的特点。

（三）互动性

网络为不同地域、不同种族、不同文化的人们提供了交流机遇，搭建了沟通的平台。在网络环境下，人们能以多种方式、各种途径进行沟通。相互交流信息的互动性使个人价值得到了前所未有的发展和展现。因此，网络具有互动性的特点。

（四）匿名性

网络环境下，因为没有限制性障碍，人人都有平等发布信息的机会，既可用真姓实名，也可用隐蔽的身份来表达自己的真实意识和虚拟意识，网络为人们自由发表言论提供了途径。正确的、真实的意识表达能够有效地净化社会风气，如可以通过网络匿名发帖举报他人的违法行为。而虚拟的、错误的意识表达又可危害社会风气。因此，网络具有匿名性的特点。

（五）广泛性

由于网络环境下的网络虚拟化特征，信息传播失去了条件限制，网民可以在各个领域传播信息，人人拥有平等的表达权利。因此，网络具有广泛性的特点。

三、网络环境下高职院校学生的特点

网络带给高职院校学生学习和生活方面的便捷，正因为如此，他们在网络的运用上呈现出了以下特点。

（一）具有兴趣的广泛性

网络具有便捷性、及时性、互动性、广泛性等特点，引起了不少高职院校学生的兴趣，他们在网络上进行各种各样的活动，如网上聊天、语音视频、传播信息等，并且涉及政治、经济、文化、社会等各个方面。由此可见，网络环境下，高职院校学生的兴趣较为广泛。

（二）具有较强的依赖性

高职院校学生一般对网络有较大的兴趣，他们积极关注网络上的各种信息，如新闻等。因此，网络已经成为高职院校学生获取信息的重要途径，部分学生对网络具有较强的依赖性，尤其对发生在自己身边的各种事件非常关注，他们会利用网络对其进行广泛传播，从而促进了信息的传播。

（三）利用时间的长期性

学生利用网络的时间较长，网络已经成了学生生活中必不可少的重要内容。

四、网络环境下高职院校学生思想政治教育的特点

在网络环境下的高职院校学生思想政治教育，除具备网络环境下的一般特点之外，还体现了其教育内容的针对性、教育手段的多样性、信息容量的广泛性及统计数据的便捷性等特点。

（一）教育内容的针对性

利用网络对高职院校学生进行思想政治教育，一般都在建立了思想政治

教育的数据库之后。思想政治教育的数据库对学生的年龄、性别、爱好等基本信息进行广泛的采集，这些基本资料可以帮助思想政治教育工作者对学生进行分析，结合学生自身的特点，制定有针对性的教育措施。

网络技术更新较快也方便了思想政治教育工作者有针对性地对学生进行跟踪、调查。所以，网络环境下高职院校学生思想政治教育呈现出针对性较强的特点。

（二）教育手段的多样性

传统的思想政治工作只是通过面对面沟通、电话沟通等方式对学生进行教育，而在网络环境下，可以通过建立思想政治教育网站等手段对学生进行教育。生动的动画等各种多媒体方式更容易激起学生的兴趣，学生无论是在教室里、在寝室里、在网站上还是在旅途中，只需要点一下鼠标就可以接受教育。因此，网络环境下高职院校学生思想政治教育表现出了教育手段多样性的特点。

（三）信息容量的广泛性

在传统的授课模式中，50％以上的学生不愿意听课。而网络环境下，庞大的信息存储量是课堂教学难以达到的，学生可以在自主掌控的时间内获取更多的信息，无形之中也就提高了思想政治教育的效果。因此，网络环境下高职院校学生思想政治教育凸显出了信息容量广泛性的特点。

（四）统计数据的便捷性

传统的思想政治教育方式是难以对一些数据进行统计的，而在网络环境下，高职院校思想政治教育工作者可以对学生经常浏览的网页的浏览次数、浏览内容、点击率等方面数据进行统计。这不但可以发现学生的共性，而且可以发现学生的个性，对进一步有针对性地开展高职院校学生思想政治教育工作提供了基本资料。

五、网络与高职院校学生思想政治教育的关系

（一）网络为高职院校学生思想政治教育发展提供了重要载体

随着网络技术的迅速发展，我国大学生网民数量也在不断增加。网络已经成为他们在日常学习和生活中获取信息、表达个人意识最重要的途径。正是因为高职院校学生中存在着使用网络的庞大群体，所以网络也为高职院校的学生思想政治教育工作提供了重要的载体。同时，根据网络的特点对高职院校学生进行更好的思想政治教育，就成了摆在高职院校教育工作者面前的一道重要课题。

（二）高职院校学生思想政治教育为网络发展提供了重要内容

高职院校学生思想政治教育的教育对象、教育目标、教育模式、教育内容都具有特殊性，这与普通高校有着一定的差别。因此，全社会应根据高职院校学生思想教育的特点，增大思想政治教育的容量，努力净化网络环境，研发网络技术。由此可见，高职院校学生思想政治教育工作为网络的发展提供了契机和发展空间。另外，根据高职院校学生思想政治教育的特点，更好地对高职院校学生进行思想政治教育，不仅是高职院校思想政治教育工作者的任务，也成了网络环境下全社会的重大责任。

第二节　网络背景下高职院校思想政治理论课教学创新的必要性

加强高职学生思想政治教育是提高学生思想道德素质，促进学生全面发展的根本途径，是学生甄别海量信息，增强辨别是非能力的必然要求。

一、思想政治教育工作的目标特点要求对策创新

思想政治教育工作以培养中国特色社会主义建设者和接班人为目标。必须有效引导学生形成正确的思想道德观念，与客观实际相符，具有鲜明的先

进性；必须立于最先进的思想理论基础之上，与社会的整体发展方向相一致。只有保持思想政治教育工作的先进性，思想政治教育对策创新才行之有效。

高职院校学生思想政治教育的主体是以培养技能为主的群体。总体来说，学生的主流价值观是积极向上的，但是仍然有一些学生不同程度地存在政治信仰迷茫、理想信念模糊等问题。面对新的变化，如何采取切实有效、灵活多样的方法，针对存在思想问题的学生，提高思想政治教育的实质性、吸引力和感染力，是我们需要面对的实际问题。

二、思想政治教育工作的环境变化要求对策创新

思想政治教育工作的环境因政治、经济、文化变化而发生变化：从外部环境来看，受世界多极化、经济全球化的影响，人们的价值取向多元化；从内部环境来看，受市场经济和多种所有制经济结构的影响，人们的利益主体多样化。国内各地区经济发展的不均衡、贫富差距的拉大、资讯信息的快节奏传播等都会或多或少地影响学生，以至于使学生形成错误的价值观念及不健康的生活方式。

高职院校的学生相比于其他高校的学生而言，道德素养及知识水平不高，在思想观念上，更缺乏辨别是非和自我控制的能力。随着网络信息时代的到来，各种文化思潮涌动，高职院校的思想政治教育工作亟须改造环境，在建设校园文化方面进行对策创新，与时俱进。

三、思想政治教育工作的方法现状要求对策创新

思想政治教育的方法是思想政治教育工作中的重要组成部分，是实践、总结及升华成果的高度理论概括，是连接教师及学生之间的桥梁。只有保持思想政治教育方法的推陈出新，高职院校思想政治教育对策创新才有迹可循。

目前，高职院校的教育方式仍然存在着以下几个方面的问题。其一，教育方法机械化。学生的选择性和差异性表现在各个方面，学习方式、生活习惯和心理素质都有所不同，而面对这些特殊性，思想政治教育工作的开展并

没有遵循学生自身的特点，"填鸭式"的教育方式依然没有被完全摒弃。其二，教育方法滞后性。"两课"是进行思想政治教育的主渠道，学校在传授知识的同时，也会将思想意识传授给学生。但是，目前的课堂教学是一种成形的系统理论知识传授模式，其教学内容滞后于飞速发展的社会，与学生的实际情况相脱离，达不到最佳效果。

由此可见，在高职院校思想政治教育的方法中，如何改变机械和滞后的现状，是我们在高职院校学生思想政治教育工作中必须正视的问题。

第三节　网络背景下高职院校思想政治理论课教学创新策略

习近平新时代中国特色社会主义思想是马克思主义中国化的最新理论成果，是我们党必须长期坚持的指导思想，是新时代的精神旗帜，是实现中华民族伟大复兴的行动指南。高校思想政治课是对学生进行思想政治教育的主渠道、主阵地，是实现习近平新时代中国特色社会主义思想"三进"，即进教材、进课堂、进头脑的关键。就高职院校思想政治课教学而言，"三进"问题实际上就是解决习近平新时代中国特色社会主义思想如何和课程、课堂、学生对接的问题。思想政治课"三进"教学，并不是强调天天在课堂上讲习近平总书记的讲话内容，而是通过讲述历史、连接现实、展望未来，传承习近平总书记高屋建瓴的治国理念和思想，使广大青年学子在内心真正感悟习近平新时代中国特色社会主义思想，使共产主义事业蓬勃发展、后继有人。高校思想政治工作关系高校培养什么样的人、如何培养人，以及为谁培养人这三个根本性问题。思想政治课"三进"教学不能将其简单灌输成僵死的高端理论知识集群，其本质是贯穿充满生机活力的教育思维理念，最终把国家意识形态烙印到大学生个人具体性格、修养、情操上，完成党和国家价值理念在大学生日常人生价值观中的渗透，从而使思政课最终成为教会学生树立理想、成就格局、认知自我、锤炼自我，使学生完成个性与社会性的兼容，肩负国家担当与使命的人生大课。育人育心，思想政治课要想打通学生心脉，需要从理性、人性、一般性、特殊性、传统性、时代性等方面多角度思考思想政治课"三进"教学的落脚点。高职院校既有和普通高校一样的育人使命，又肩负高职特色的教学实际，在思想政治课"三进"教学中，需要树立科学理性的思维，合理运用教育教学策略，因材施教、得法育人，最终使广大高职学生德才兼备、健康发展、成人成才。

一、高职院校思想政治课"三进"教学现状及学生特点分析

在教学上，高职院校思想政治课"三进"最大的问题是"教"与"学"没有实现更高阶、更充分、更完美的融合。理论教学偏向浅层次讲解，说教与灌输痕迹依然可见，缺乏符合高职学生思想实际的教学体系和话语体系，教师"讲"与学生"听"呈现两面性。实践教学实效性项目不突出，理论与实践结合度不够紧密。在教学方式方法上，教师更多地注重自己如何去教，符合学生认知逻辑、学习特点的教学模式运用得不够精细、不够精准，与学生现实需求缺少更深层次的融入，"教"与"学"错位，课堂缺乏足够的生动性与吸引力。在学情上，高职学生相对本科生重学轻思，学生普遍的理论基础及主观判断力较差，发散思维不足，不善于进行更深入的理论思考与探究，他们甚至也不喜欢抽象理论思考。学生欠缺良好的学习持久力，学习时呈现容易活跃又容易气馁的特点，学习自主性不强，重专业轻文化，重视知识学习，忽视能力提升。在信息量大、信息传播快速但内容碎片化、凌乱化的现实冲击下，高职学生习惯于快速粗略的学习方法，对思想政治课学习兴趣不高，学习内驱力不足，甚至和思想政治课产生疏离感，思想政治课"三进"教学实效性、学生获得感不尽如人意。但高职学生也具有潜在的可塑性，学生质朴真诚，动手能力较好，虽然不善于理论分析，但依然有着报效国家、认可权威、纳悦真理、遵守核心的或显性或隐性的意向，在多元价值观和多重矛盾冲突下，渴望实实在在地获得认知自己、观察客观世界、分析社会现象、解决现实问题的思路与方法。因此，对高职学生进行系统的马克思主义最新理论成果教育显得尤为重要。

二、高职院校思想政治课"三进"教学纵深推进策略

（一）理念为先，"三基于"理念是思想政治课"三进"教学的前提条件

（1）基于规律。思想政治课"三进"教学的学习效果不是教的结果，更不可能速成。教育的根本旨归在于推动学生主动地去构建自己的精神世界，使学生将个人经验升华为个人的信念、理想，实现从经验领域到信念系统的转化，推动学生不断地调整、扩充自己的知识系统、世界观、人生观、价值观、道德观。思想政治课"三进"教育一定不是外铄的、强制的、灌输的，而是一种理解、移情、发现、唤醒、激活。在这一过程中，教师需要使学生发挥出知情意行等内在精神的整体功能，需要结合高职学生的特点，对其传授多种学习方式，为其提供丰富多彩的学习途径，工学结合，讲做结合，专业融通，知行合一，实现转识成智。

（2）基于人本。传统思想政治课着重对马克思主义理论的讲解，习近平新时代中国特色社会主义思想是对历史结果的正确提炼，它从总结上升到观点，从观点上升到科学理论，这正是思想政治课"三进"教学的传承点所在。但历史过程是不能还原的，这影响了没有历史经历的学生对历史结论的认知和信仰度。若要使思想政治课"三进"教学回归到学生，宏观理论就需要进行细节化体现、情境化再现、亲情化显现，最后触及学生心灵，熔铸知行合一成效。这就需要从人本角度思考思想政治课"三进"教学的落脚点，即教师要结合高职学生的基础思维特点、成长需求、专业环境、心理接纳力、容摄力、承载力，通过学生自己的严格判断，使其表现出对内心自我意识形态的价值肯定。思想政治教师对"三进"的传播并不需要天天讲大道理，而需要一点点从史例讲起，从现实讲起，将其无形植入学术认知和价值观引领，使学生慢慢有了感受，有了好奇，引动学生对思想政治课的探源心，通过设置思考题、小项目、小课题、小研讨等，引导学生体验自身的创造能力和潜能，使其凭借自身的理性力量和理性激情来完成学习活动，从中获得信心和动力，使国家政治价值观和学生真实思想对接吻合，完成政治价值观的引导与人性

诉求的巧妙结合。

（3）基于责任。思想政治课及思想政治课教师是替国家完成主流意识思维的引路、引领、引航任务的人。意识形态这个战场，你不占领必然被别人占领，既然是战场，就要做到有令必行。国家意识形态就是令。完成了传播国家政治主张的任务，你就是合格的思想政治课教师；完成得好，你就是优秀的思想政治课教师。高职院校思想政治课"三进"教学可能还存在很多不足，但思想政治课教师的追求应该是无瑕疵的，那就是就高不就低，扬长避短，因材施教，聚拢优质资源，采用针对性教学方法手段，竭尽所能达到最佳的教学效果。习近平总书记说过，"办好思想政治理论课关键在教师，关键在发挥教师的积极性、主动性、创造性"[①]。成功的教育在任何时候都需要教师的自觉，需要教师的自我觉知与觉醒。有道德影响力的教师必须既有人文情怀，又能够践行人文情怀。思想政治课"三进"教学效果最终得益于教师的用心和创新。教育用"心"的人，让人感受深刻；教学创"新"的人，使人耳目一新。

（二）重点着眼，注重教学"三化"，是思想政治课"三进"教学的重要基础

1. 化繁为简、化高为低、化大为小

《关于深化新时代学校思想政治理论课改革创新的若干意见》（以下简称《意见》）指出，大学阶段重在增强使命担当，引导学生矢志不渝听党话、跟党走，争做社会主义合格建设者和可靠接班人。"三进"教学的主旨就是要扎牢学生"政治核心、做人基本核心、文化核心"三核心，树立"理论自信、道路自信、制度自信、文化自信"四个自信。在"四个自信"中：关于"理论自信"，高职学生谈不到多深的理论；关于"道路自信"，高职学生还看不了那么长远；关于"制度自信"，高职学生的体会也不那么深刻。唯独"文化自信"是首选突破口，"三进"教学中一定首先抓牢文化自信教育，文化自信解决的是人心和人性的自信，这个问题不解决，"三

---

①人民日报评论员. 办好思政课关键在教师 [N]. 人民日报，2019-03-20（001）.

进"教学就会大打折扣，甚至是失败的。习近平新时代中国特色社会主义思想是上下五千年历史的宏大综括，"三进"教学的实际就是讲历史的结论，把历史结论直接抛给新时代的年轻人，他们根本驾驭不了，或者说也不想驾驭。思想政治课教师要善于把宏大、宏观的东西微观化，"三进"教学的切入点一定要与青年学生相适应。"三进"教学架构得过大，过于抽象化、理论化，不接地气，就成了说教；架构得过小，没有思想政治味道，缺乏政治性、理论性、思想性，发挥不了主阵地、主渠道作用，虚无思政是必须摒弃的。"三进"教学要遵循、运用从特殊到一般的规律方法，而不是把过去年代特殊历史背景下形成的东西一股脑儿照搬、照抄、照转给年轻人，思想政治课教师要学会一种"去"的本领，要把历史背后的精神凝练、转化成现在我们在新时代下要坚守的东西。

2. 科学化、主体化、本土化

（1）科学化。习近平新时代中国特色社会主义思想，其理论的科学性是其思想深邃性和理论洞见力的具体表征。《意见》指出，本、专科阶段重在开展理论性学习。思政课"三进"教学内容为王，理论为王，科学为先。教师在教学过程中一定要将其提升到人文教育、社会科学教育高度，要讲出科学透彻的道理，以理服人。马克思曾讲："理论只要能说服人，就能掌握群众；而理论只要彻底，就能说服人。""三进"教学一定要建立在具备严密科学逻辑、严肃推理演进的学理性特征基础之上，旗帜鲜明、鞭辟入里地讲科学理论，以彻底的思想理论说服学生，以透彻的理性分析回应学生，以强大的科学理论积淀力感召学生，从而弥补高职学生原有的理论基础薄弱的问题，廓清似是而非的认知，以真理性光辉浸润学生。思想政治课的根本不是点头率，而是挖掘思想政治课的科学理论魅力。

（2）主体化。落实"以生为本"，落地"学生主体"。教师重视将教学扎根于学生个人的生活领域和经验领域，并努力将其扩展。学生不再是传统教学中的"客体"或新潮教育中的"中心"，而是处于教学情境中的一分子。纯粹形而上的理论，会因为不关心时间、空间内存在的主体价值诉求而被抛弃。"三进"教学要特别注重分析高职学生的内心意识形态是什么，内心深处主流价值观是什么，考虑学生的实际缺失及实际需求，准确回应学生心理状态和学习动态，精准滴灌、精准施教。人文教育目标的实现链条是"理解—接受—内化—外行"，其中接受是承上启下的关键一环，研究学生就是研究接受，只有接受才能内化，才是有效教育。

（3）本土化。本土化是解决如何将大的历史视角切入高职院校本土微观问题的方法。要结合高职学生的心理特点、群体特征，结合高职培养目标及专业特色，结合高职院校地域资源、校本资源、文化资源来实现思想政治课"三进"目标。高职教育是以培养高素质技能型人才为核心的高等教育类型，产教融合、校企合作、项目驱动、任务导向等是高职教学措施和方法的重要内容，高职院校思想政治课教学要贯彻因材施教，要适应高职教学类型特点。高职院校的思想政治课"三进"教学要善于利用丰富的线上、线下资源及智慧平台，发挥出高职特色优势化长板，不盲目模仿，实行差异化战略；要选用项目化运作，优化适用性强的任务型教学设计，提升高职院校思想政治课品牌的辨识度及特色性；要借助团队化组织，苦练教师内功，打造师生命运共同体，实现内涵度高、针对性强、理论与实践相结合的高职院校思想政治课"三进"教学实效模式。

（三）合理架构，"三融合"教学模式应用是思想政治课"三进"教学的有效路径

1. 理论教学与实践教学相融合，实现学生多时空思想政治锤炼

习近平新时代中国特色社会主义思想既是理论又是实践，从理论与实践的结合入手，让新理论融入大学生头脑，就是要让大学生以理论指导实践，在实践中更深刻地理解理论，把握这一重大理论的核心要义，使之成为大学生的行动指南。高职学生良好学习习惯不足，思维相对简单化、表面化，缺少真正深层次的主见和独立性，趋同心理、从众心理强于其他学生，对高职学生的价值引导要尽早，防患于未然。高职学生非常需要马克思主义理论的积淀，但他们自己还没有强烈意识到这一点，对其进行系统的马克思主义最新世界观理论教育显得尤为重要。思想政治课理论教学需要教师

用扎实精湛的理论功底将学生原有的各种对思想政治的浅见与不经意的意识理顺归置，从五花八门、多种多样的现象中把握一般的本质和规律来稳定学生的浮躁行径，使学生与时俱进地跟上指导思想的节奏，培养他们用新思想、新规律解析现实热点、国情现象的能力，在新的理论基础上更稳定、更有效地激活学生。

高职院校的特点决定高职思想政治课真正有效的实践教学要在教师的正确指导下，依托项目化形式，采用任务型驱动，形成课内、校内、校外实践教学体系化，实现体系性、针对性的统一，带领学生领受新思想、感受新时代、体验新变化。价值观意识的觉醒需要在具体情境中获得内心的自觉，需要亲身体验。实践教学教会学生自我认识、自我反思、自我锤炼、自我觉悟，遵循生命的内在需求，是"三进"教学的重要教育形式。理论教学与实践教学这两种教学方法融合进行，表明"三进"教学的理论教学形态、实践教学形态是"一块整钢"，彼此并不孤立、割裂，理论教学、实践教学高度融合，有利于将习近平新时代中国特色社会主义思想内化于心、外化于行。

2. 线上与线下教学相融合，实现学生全方位思想政治熏陶

在新时代背景下，随着网络智慧教学工具的广泛应用，线上、线下混合教学全面开展。思想政治课"三进"教学也必然以此为契机，引导学生线上、线下自主、全面、合作、创新学习，激发问题意识，在互动、合作、实践中领悟教学内容，使其获得过程性综合评价。线上、线下混合教学把师生互动、生生互动、人机协同推向高潮，多法结合，相互配合，所有学习者协同参与、共同演绎，伴随学习共同体不断获得学习过程中更强烈的获得感、成就感。在混合教学中，线下实体教学与线上网络教学融合在一起，极大地拓展了学习的广度、深度，有效引导学生参与学习，使激励学生参与的手段更加丰富，利用技术平台工具有效扭转学风、学纪。混合式教学手段和工具的应用不是目的，其重点是抓住技术带来的机遇和可能，使"教"与"学"在整体上精准对接，体现教学掌握学情具体化、教学设计一体化、教学结构系统化、教学过程互动化、教学特色差异化、教学空间延展化、教学合力共同化特征。学生变得积极、热情、自信，熔铸出对教师、课堂、课程的感情，教师遵循

教学规律，利用激励方式带着学生往前走，趁势解决思想政治热点、痛点、难点问题，实现"教师主导，学生主体"。

3. 教师与学生相融合，实现师生彼此精神共进互享

从某种意义上说，思想政治课是最灵活、最能让人进行各种思考的课程，而高职学生长于技、惰于思，所以"三进"教学中教师需要加大力度发挥千锤百炼、精工细匠的精神，要比对本科生更多、更频繁地跟进、敲打他们，全力和全方位培养其思考能力，将学、思、比并进的思维变成习惯，变成常态。思想政治课"三进"教学特别强调不能将生命对话变为概念演绎，思想政治教师要关注更加细微、平常、不起眼的烦琐小事。教师的熏陶是点点滴滴的"雨露"，春风化雨，无声润物。用超出人的本能的感觉去要求人，使学生不由自主地扬弃旧我，从而促进其知、情、意、行等方面的全面进步和蜕变，这就是思想政治课的陶冶作用——陶冶学生富有人格心灵的深层感，对学生道德情操的养成意蕴深远。思政课教师用一辈子淬炼自己的感情，努力在每个学生心中播撒希望的种子，教师的鼓励及殷殷期待具有极强的浸润力，具有人格觉醒功效，能使学生从日常的事物推及更大的人、事、物系统中去，并从中发现、找寻到那个"得其大者可以兼其小"的自我。思想政治师生同心、同气、同场，当师生双方同时进入同一种境界时，课堂情感维度与价值尺度有效贯通，理解与交流真正开始产生效果，师生双方紧跟时代脉搏，共话时代真言，正能量互相交融，精神文化共进互享。学生领会教师自身的思想感情，体验教师的精神境地，从而受到震撼并懂得进阶，将教师的谆谆教诲转化为自己的内在要求，思想政治课教师的创造性就随之生动而实在地体现出来。

（四）方法得当，"三性"教学特征是思想政治课"三进"教学的关键因素

教学有法，但无定法，重在得法。高职思想政治课"三进"教学方法彰显思想政治课政治性、理论性、思想性"三性"特点，体现高职教育职业性、学做一体性、项目性"三性"特性，突出针对性、适用性、实效性"三性"

特色。具体教学方法的应用包括：①案例教学。高职学生文化基础不强，理论理解力受限，案例教学有利于吸引学生，有助于教师讲透、活化理论。案例选取要典型、新颖、真实，兼具生动性、启发性、针对性特质。教师讲解案例时要注意旧案新讲、巧用对比、设置悬念、细节感人等。②情境教学。"三进"教学需要将抽象的、概念化的、结构化的思想政治课程，转化为丰富、生动、具体的情境课程，即创设完整的教育教学过程，为学生道德情感，即完整人格发展提供适宜的支持性环境，从而利于学生吸收和内化。做中学行动教学、理虚实一体化教学、虚拟仿真教学都是具有新时代特点的情境教学方法。根据教学要求而外化的环境氛围与学生的情感、心理产生共鸣，触动学生心灵，使学生的德性得到涵养，在现实环境与主体能动活动交互作用的和谐统一中提升与发展，极大提高了课程感染力与说服力。③问题意识教学。高职学生问题意识不强，需要强化。教师在教学中需要着眼社会发展进程中的新问题、新挑战，对接高职学生岗位需求，联系新业态、新技术、新工艺、新规范，就创新与发展、全面与协调、生态与绿色、拓展与开放等时代话题，在启发式教学、专题式教学、模块式教学应用中唤起学生的问题意识，增强发现、剖析、透视问题的能力，增强用理论解读、解释、解决现实问题的能力，使学生澄清认识，形成正确的价值判断与行为选择。在"三进"实际教学中应该更加注重学生对于基础理论问题的理解、疑难问题的探究、自身问题的关注、社会问题的回应，在此基础上逐步提高学生分析和解决问题的意识和能力。学生在追问、思考、发现的过程中，不但提高了原本薄弱的逻辑性能力，明晰了模糊认识，引发了自信心、成就感等道德情感，还通过艰辛努力的思维养成，锤炼了意志品质，这一切都是高职学生需要整体唤醒和发展的过程，也是将外在于学生个体的知识经验转化为内在个人化的经验领域的有效教育路径。④任务型教学。有成效的教学方法不是一讲到底，而是由设计活动带出教学内容。活动的精髓是让学生带着要做的事情有时间和空间去消化及反思活动的成果，从而实现更加丰富多样的交互，体现师生协同、生生协同、专业协同、人机协同效应，体现由教师主导、以学生为主体的翻转课堂样貌。协同学习、分组学习、研究型学习、思政与专业统筹学习等都是任务型教学手段的具体应用。对高职学生落实任务型教学，优势在于可以更多地对接专业，发挥学生个体兴趣特长，讲做结合，专业融通，让学生通过专业或其特长有机会证明自己所学，展示学习成果。学生如果在思想政治课上获得了合适的学习机会，就会打破思想政治课原有的沉闷局面，这会极大地促进学生学习思想政治课的兴趣，调动学生的积极性，达到良好的预期学习效果，甚至超越预期。各种赛事、角色扮演、大学生讲思想政治课、实地走访调研等任务型项目的开展，已经证明学生学习思想政治课的热情和潜能是可以通过教师对其思考和开发获得的。

参考文献

[1] 中国德育杂志社，教育研究杂志社. 当代中国德育研究新进展 [M]. 北京：人民教育出版社，2011.

[2] 邓达. 知识论域下高校德育课程改革研究 [M]. 北京：中国社会科学出版社，2011.

[3] 赵敏. 新媒体环境下大学生道德教育创新研究 [M]. 济南：山东人民出版社，2012.

[4] 张鸿燕. 网络环境与高校德育发展 [M]. 北京：首都师范大学出版社，2009.

[5] 陈志勇. 新媒体时代的大学生思想政治教育 [M]. 北京：中国文史出版社，2014.

[6] 严宏伟. 微媒体舆论引导策略、方法、案例 [M]. 北京：国家行政学院出版社，2013.

[7] 李东，孙海涛. 在大学生中培育和践行社会主义核心价值观研究 [M]. 北京：中国书籍出版社，2015.

[8] 肖斌，李岩鹏. 构建开放性高职德育体系的重要意义 [J]. 统计与管理，2013（03）：158-159.

[9] 舒醒. 以红色文化为核心的高职院校德育体系的构建 [J]. 职教论坛，2012（36）：54-57.

[10] 温文妮. 工学结合背景下高职德育体系建构研究：以河源职业技术学院为例 [J]. 职业技术教育，2012，33（23）：86-88.

[11] 涂晓琴，陈杏冰. 工学结合模式下高职德育体系构建刍议 [J]. 职教通讯，2012（08）：70-72.

[12] 林韧卒，高军. 基于项目化教学视角的高职德育创新探究 [J]. 思想理论教育导刊，2014（02）：100-102.

[13] 吴亚东，冯金丽. 高职学生德育评价体系创新探讨 [J]. 教育教学论坛，2013（19）：

53-54.

[14] 郑永廷，张彦. 德育发展研究：面向 21 世纪中国高校德育探索 [M]. 北京：人民出版社，2006.

[15] 程妍. 职业院校隐性德育在学科教学中的渗透 [J]. 天津市教科院学报. 2011（06）：52-53.

[16] 檀传宝. 学校道德教育原理 [M]. 北京：教育科学出版社，2000.

[17] 刘伟. 西方发达国家隐性德育的基本特征及其启示 [J]. 前沿. 2012（13）：25-27..

[18] 刘青. 利用校史资源开展高校思想政治教育 [J]. 教育探索，2012（01）：140-141.

[19] 叶鑫. 大中小学德育目标一体化的逻辑进路 [J]. 思想理论教育，2017（02）：58-62，100.

[20] 彭忠祥. 基于系统理论的学校大德育工作体系建构 [J]. 中国教育学刊，2016（S1）：176-178.